審文館

THE DAILY DRUCKER

366 Days of Insight and Motivation for Getting the Right Things Done

Peter F.Drucker Joseph A.Maciariello

德鲁克日志

366 天的洞察力和灵感

〔美〕彼得·德鲁克 约瑟夫·马恰列洛 著 蒋旭峰 王珊珊等 译

上海译文出版社

目 录

推荐序（一）　忆彼得·德鲁克　吉姆·柯林斯 …… 001

推荐序（二）　伟大的探索者和奠基者　赵曙明 …… 001

推荐序（三）　"创建一个新社会"　黄建东 …… 001

前言（一）…… 001

前言（二）…… 001

一月 …… 001

二月 …… 035

三月 …… 067

四月 …… 101

五月 …… 133

六月 …… 167

七月 …… 199

八月 …… 233

九月 …… 267

十月 …… 299

十一月 …… 333

十二月 …… 365

398 ······ 参考书目与网上材料注解

404 ······ 每日主题汇总

409 ······ 每日材料来源

421 ······ 彼得·德鲁克著作总表

435 ······ 译后记

忆彼得·德鲁克

　　1994年12月，我驾驶着租来的汽车，来到彼得·德鲁克家门前。当时，我又重新查看了一遍地址，因为这栋房子看起来并不宽敞。不过，房子还是挺漂亮的，所在街区离克莱尔蒙特学院也不远。房子旁边还有几栋和它类似的郊区住宅，车道上停着两辆丰田小轿车。如果这是当地学院里某位教授的家，那么这房子可以说是挺相称的。但是，我找的人可不是当地学院里的某位教授，我找的可是彼得·德鲁克。他是管理学的奠基人，也是20世纪下半叶管理学领域中最具影响力的思想家，彼得·德鲁克管理学院的创始人！

　　但是，门牌号码和我手里的地址完全吻合，所以我就快步走到门前，按了门铃。我在门外等着，可是屋内没有任何声响。我又按了一次门铃，"好了，好了，我来了，"这回我听到屋里传来了说话声，"我现在可走不快喽！"声音听起来有些焦躁，我想开门的人准是个性格乖戾的人。没想到，我见到的是一张微笑的脸庞，让我觉得主人见到我非常高兴，尽管我们素未谋面。"柯林斯先生，非常高兴见到您，"德鲁克先生边说边和我握手，热情地把我迎进屋子，还对我说了一声，"请进。"

　　我俩在客厅坐下，德鲁克先生坐在他自己最喜欢的柳条椅里，不断向我提问。他的问题尖锐、直接并且发人深省。他毫不吝啬地与我分享他的智慧，而不求从我这里得到什么。他只是希望他的话能对我的职业发展提供帮助，当时我的职业生涯正处在一个关键的发展时期。我那时才 36 岁，也没什么名气。德鲁克先生对我却慷慨大方，这恰恰说明了为什么他会享有这么崇高的声望。事后，我又再次拜读了他的大作《卓有成效的管理者》，重温了他的忠告：要重视为他人作出贡献，而不要只想取得成功。德鲁克先生认为，关键不在于"我如何取得成功"，而在于"我能作出什么贡献"。

德鲁克先生最大的贡献不是提出了某个单一的想法，他著作等身，而且这些鸿篇大作都有这样一个优点：内中绝大部分思想都是金玉良言。德鲁克先生有着这样一种令人惊奇的魔力，他能够对现实世界提出探赜索隐的洞见，之后它们还会得到历史的证明。他的第一部巨著《经济人的终结》出版于 1939 年，书中对极权主义的根源进行了剖析。1940 年法国沦陷后，温斯顿·丘吉尔将这本书列为英国军官预备学院学生的必读之作。德鲁克先生 1946 年出版了著作《公司的概念》。在该书中，他凭借对通用汽车公司的深入了解，对技术专家管理的公司模式进行了分析。书中对公司王国将会面临挑战的阐述入木三分，使得通用公司的管理层大为震动，以至于在斯隆掌控通用汽车的时代，德鲁克的学说理所当然地被贴上了封条。德鲁克先生 1964 年的著作划时代地论述了"公司战略"的原则，以至于出版商都觉得这一概念过于前卫，劝说他放弃《商业战略》这一书名，而改用《成果管理》这一名称，因为出版社认为"战略"对于当时的商业而言，完全是一个全新的陌生名词。

有两种方式可以改变这个世界，第一种是用笔（思想）来改变世界；第二种是用剑（武力）来改变世界。德鲁克先生选择了用笔来改变世界，而且重新改造了很多手握宝剑者的思想。1956 年，当戴维·帕卡德（David Packard）先生坐下来勾画惠普公司的发展目标时，肯定受到了德鲁克先生很大的影响，很有可能借用了《管理实践》中的许多经典思想——这本书至今堪称是管理学史上的巅峰之作。当我和杰瑞·波拉斯在写《基业长青》一书的过程中，对很多大公司进行了分析研究，发现大多数大型公司的领导者都深受德鲁克思想的影响，其中包括默克、宝洁、福特、通用电气和摩托罗拉公司等。由于德鲁克先生思想也广为各种组织所接受，他的影响力也变得更加广泛，德鲁克先生的思想渗透了警局、交响乐团、政府机关和商业公司，这让人不得不承认德鲁克先生的确是 20 世纪最具影响力的人士之一。

在和德鲁克先生见面的那天，我曾经这样问道："在您的 26 本著作中，哪一本令你感到最自豪？"

"下一本。"德鲁克先生果断地告诉我。

当时德鲁克先生已 85 岁高龄了，但却依然精力充沛，每年会为读者献上一本新作，而且还发表了许多影响力深远的文章。在和德鲁克先生见面后的 9 年中，他又有 8 本书与读者见面了。当他 94 岁的时候，他还依然笔耕不辍，探讨在 21 世纪和我们息息相关的一些挑战。对于德鲁克先生而言，动笔写作已经成为他的一种习惯。他有着多产的写作细胞，所以他的著述才能够如此丰富。当在回答"为什么能够写得如此之多、如此之快"这样一个问题时，德鲁克先生说道："我从前是一个记者。我不得不写得快，因为我必须要在截止时间之前完成稿件，这样我就成了一个快枪手。"我不知道德鲁克先生到底写过多少文字，但是他写过的书就已经超过一万页了。因此，德鲁克先生成为世上难得一见的奇才，不仅睿智，而且多产。

德鲁克先生的才能中有一个最耀眼的亮点，那就是面对纷繁芜杂世界中的诸多现象，他能够用极具穿透力的片言只语将它们阐释清楚，并且揭示出其中的真理。他就仿佛是一位禅宗诗人，能够用寥寥数语道破玄机。我们可以反复品味德鲁克先生的思想，每一次都会有更深的理解。这本书将德鲁克先生很多真知灼见汇聚在了一起，这样你每次就可以领略到德鲁克先生思想的精华，而无需阅读那一万页的原著了。马恰列洛教授成功地将德鲁克先生最经典的思想结集成册，对于他的这种贡献，我们应该报以诚挚的谢意。

德鲁克先生喜欢讲述这样一个故事：大约在公元前 5 世纪，有一个工匠受希腊雅典城的委托雕刻一座石像，这座雕像将矗立在神庙的顶上。（这个故事的标题叫作"追求完美"，你可以在本书 10 月 1 日的那一页找到它。）这个工匠比预期时间晚了几个月才完成雕塑，因为他把雕像的背面雕刻得和正面一样漂亮。雅典城的官员因为他超时而非常生气，问道："你把雕像的背面雕刻得和正面一样漂亮有什么用呢？又没人看得见背面。"

"是吗？可上帝能看见！"工匠回答道。

这本书就好比把所有雕像的正面放在了一起，展示给我们看。但是雕像的正面之所以那么漂亮，那是因为在雕刻的全过程中，工匠投入了大量的心思和努力——这是大家也是我所看不到的，但如果没有这样的付出，整件作品就不会完美。当然，我们知道自己可以信赖德鲁克先生的金玉良言，因为在他所有作品精心雕琢的文字背后，是我们这个时代最深刻的思想家之一——德鲁克先生本人数十年苦苦思索与反思的精神结晶。

1994 年那天，我拜访德鲁克先生后，我俩在他最喜欢的一家当地餐馆共进午餐。当我把德鲁克先生送回家后，我问道："我怎样才能表达对您的感激之情呢？怎样才能回报您的帮助呢？"我知道，和德鲁克先生在一起的这一天，对于我而言，其价值是难以估量的。

"你已经回报我了，"德鲁克先生说道，"今天和你的谈话中，我学到了很多。"刹那间，我顿悟了为什么德鲁克先生是与众不同的，因为他并不把自己当成一位大师，而是把自己当成了一个学生。对于许许多多的管理学的专家而言，他们必须要说些什么，而德鲁克先生则觉得自己必须要学些什么。德鲁克先生的作品是饶有趣味的，而他本人也是很有意思的一个人。我想如果借用已故的约翰·加德纳说过的一句话来形容德鲁克先生，肯定非常合适，这句话就是——"他总是对什么都感兴趣。"

"好好干吧，争取成为有用的人。"这是当天德鲁克先生对我所说的最后一句话。没有再说别的，他打开车门走下车，走进他那并不气派的房子，很有可能是又走到了打字机旁，继续细细雕琢起了美丽的智慧女神像的正面，还有背面。

吉姆·柯林斯
于科罗拉多州布尔多市

伟大的探索者和奠基者

——怀念德鲁克先生

2005 年 11 月 12 日，我应邀到澳大利亚墨尔本参加"澳大利亚和新西兰国际企业管理大会"。会议期间，我突然接到母校加州克莱蒙特研究大学校长 Robert Klitgaard 教授的电子邮件，告知我德鲁克先生去世的消息。对此，我异常震惊、难以置信。在我的印象中，德鲁克先生正如他的思想一样是永远年轻，不会老去的。随后我打电话给 Jack Schuster 教授，电话确认以后，我才不得不相信，再伟大的人也有终了的一天。现在回想，今年夏天我参加完世界管理学大会，我们全家转道回母校拜见德鲁克先生，竟然就是我与老师的最后永别。

记得在这次的见面中，先生告诉我，自从 2002 年癌症动过手术以后，他的身体就远不如前。现在他只能依靠轮椅来行动，依靠助听器来与人交流，甚至连最喜欢的游泳也不能了。但他依然在坚持写作和研究，只不过写作的速度减缓了很多。当时想到德鲁克先生依然在坚持写作，心里就宽慰了很多。一个依然在从事写作的人，怎么可能会突然逝去呢？我们一直以为德鲁克先生会活到 100 岁的。现在想来，写作就如他的生命一样。先生停止写作的一天就是离开我们的一天。但我又逐渐释怀：先生虽然走了，但是其作品、精神和思想将永远陪伴着我们，仿佛先生就在我们身边一样。

第一次亲密接触

我与德鲁克先生第一次见面是 1981 年的夏天，在一间教室内听他的讲座。虽然在母校听过他多次的讲座，但当时由于我对管理学还没有足够的认识，总认为，中国实行的是高度的计划经济管理模式，一切都是通过计划，学了管理也没有用。直到 1983 年我读完硕士回到南京大学工作后，才感到后悔。由于中国实行经济体制改革和对外开放政策，特别是 1984 年实行社会主义的有计划的商品经济体制后，我认识到管理的重要性。从此，我下决心要回到母校攻读管理学博士。1987 年我终于如愿以偿，再次回到母校，攻读高等教育与人力资源管理博士学位。从此，我就有了更多的机会与德鲁克先生见面，向他请教。

我们经常想当然地认为世界著名的管理大师一定是一个严肃、超然、不食人间烟火的得道高人。但是当我初次见到先生的时候，顾虑立刻就消除。站在我面前的，是一位身躯高瘦、因年纪大而微微驼背、前额略秃的高贵长者。在一张满布皱纹的脸上，漾着慈祥的笑容。在讨论问题的时候，他习惯用很重的口音加强语气，意在让听者接受他的观点。总之，在他身上，你更容易看到一个行为保守、知识渊博、循循善诱的老者形象。

激进的"旧知识分子"

德鲁克先生保留了传统欧洲的"旧知识分子"的人文魅力。举一个简单的例子，德鲁克先生虽然在 20 世纪 50 年代就预测到了计算机对管理的重大影响，但是其本人却一直不使用电脑。数十年来，德鲁克先生一直坚持用一台老式的电动打字机完成了数百万字的著作。我问他"为什么不换成现代化的电脑"，他说："我不习惯用电脑，因为它总让我觉得写文章好像是在咬文嚼字。"一个如此保守的人怎么会提出"自我管理"、"后资本主义社会"等激进的管理思想呢？先生生活上的保守与思想上的激进，始终让我们感到匪夷所思。

先生的多产、智慧、洞察很容易让人产生天生英才的感慨。殊不知先生付出的努力远远超过了常人。正是由于先生超乎常人的对事业的无比热情、对完美的不懈追求才造就了先生的伟大成就。先生经常对我讲起一件对他的人生影响很大的事情。先生毕生喜欢看歌剧。18 岁的一天晚上，他到汉堡歌剧院看意大利著名作曲家威尔第的歌剧《福斯塔夫》，并且完全为之所折服。但后来，他惊奇地发现，这样一部充满热情、活力四射的轻歌剧竟然是威尔第在 80 岁时所创作的。当别人问威尔第："你是 19 世纪最重要的歌剧家，为什么在如此高龄还要继续从事创作，是不是对自己的要求太高了？"威尔第回答道："我的一生就是作为音乐家为完美而奋斗的一生。完美永远躲着我，我当然有义务去追求完美。"这件事对德鲁克影响很大。他下定决心，无论从事什么行业，无论到了什么年纪，一定要追求完美，决不放弃——即使"完美永远躲着我"。因此，当有人问德鲁克先生"您认为您哪一本书最好"时，他总是微笑着回答："下一本。"在长达六十几年的职业生涯中，德鲁克总共出版了 39 本书，平均每 2 年就有 1 本书问世。德鲁克先生在他 94 岁高龄的时候还完成了放在读者面前的这本《德鲁克日志》。

他在《哈佛商业评论》上发表了 30 多篇论文，并且有 6 篇获得了麦肯锡最佳论文奖（在《德鲁克日志》中有收集）。这一成果足以令当今最杰出的管理学家叹为观止。德鲁克经常告诫经理人："一定要知道你自己是如何利用时间的。"他本人就是有效利用时间的典范。一次，我问先生，您是如何打发工作以外的闲暇时间的？德鲁克先生反问我：什么是闲暇时间？德鲁克的高产再次验证一个再有天赋的人，也需要目标和愿景，也需要对目标的不懈追求。我从德鲁克身上学习到对工作的态度、对人生的追求、对学习的热情，这不仅是一个学者成功的基础，同时也是一个"卓有成效的管理者"成功的基础。这远胜于任何的管理方法和技巧。

永远的"旁观者"

当然，一个人光有目标和满腔热情远远不足以成为一名成功者。德鲁克先生之所以能够让人们记住他，还是因为他对现代管理理论的业绩和贡献。德鲁克先生讨厌别人称他为预言家，而是自称为旁观者。年轻的时候，他曾尝试成为一个经济学家。他曾经用经济计量工具分析纽约股市，并且预测纽约股市未来将不断繁荣。但1个月后，纽约股市即发生大崩盘。德鲁克先生说，"这是我所做的最后一次市场预测。"他说，"任何人都无法预测未来，我唯一能做的就是以旁观者的身份，观察已经发生并对未来可能产生影响的重大事件。"他意识到经济学家只对商品的动向有兴趣，而他关心的重点在于人的行为。从表面上来看，管理似乎离不开以商品为主的范畴；然而在德鲁克先生的眼中，"人"才是管理的全部内容。德鲁克先生对管理理论的贡献，提出的管理理论和管理思想，是任何人都无法比拟的，随便列举就有：目标管理、自我管理、顾客导向的组织、高层管理团队、效能与效率、时间管理、企业愿景、业绩管理、知识工作者、组织分权、以知识为基础的组织、扁平组织、团队、后资本主义社会等。就连最近流行的平衡记分卡等管理方法也能够从德鲁克的著作中找到影子。毋庸置疑，德鲁克先生是有史以来对管理理论贡献最多的大师，现代管理学的奠基人。

许多年前，德鲁克先生回绝了哈佛商学院聘请他担任研究生院教授的邀请，主要原因就是，学校要他教的对象几乎全是刚从大学毕业的学生。德鲁克先生强调："没有丰富工作经验的学生，是不会从我这里学到任何东西的。我从他们身上也学不到任何东西。"管理是一种责任和实践的思想始终贯穿于德鲁克先生的所有著作。当我今年夏天与德鲁克先生谈及中国经济改革和企业管理时，他告诉我"中国经济改革和企业管理取得了巨大成功，一定有很多值得总结的东西。管理实践总是领先于理论。要总结中国企业管理的特征一定要从实践入手。我当年为了学习和研究日本管理经验，也曾多次到日本考察。"想到中国经济的飞跃发展，中国企业取得的巨大成就，再想想中国管理学术研究的现状，我不由得感到惭愧。今年夏天我与著名的美国管理学者徐淑英教授等人在夏威夷讨论筹办 2006 年中国管理研究国际学会南京年会时，就也曾为此问题深感不安。德鲁克先生的遗志将激励我们所有华人学者的共同努力。我们唯有秉承德鲁克先生的学术态度和学术精神，才能够实现中国管理学术研究的腾飞。

赵曙明

南京大学商学院院长、教授、博导

兼澳门科技大学研究生院院长

"创建一个新社会"

　　很多年来，彼得·德鲁克一直是世界公认的现代管理学之父。人们之所以给予德鲁克如此高的评价，称之为"大师中的大师"，绝不仅仅是因为他著述众多，更在于他在研究管理中体现出的历史和社会深度，以及他对所研究对象的洞察力和真知灼见。他的很多思想不仅得到了企业界、政界的广泛认可，甚至很多非专业人士都将之视如至宝。

　　如今，这些思想的精华第一次集中在了一起，这就是《德鲁克日志》。该书收集了德鲁克从 1939 年发表的第一本著述《经济人的终结》到 2002 年出版的《功能社会》中几乎所有重要著作中的精辟论断。同时，德鲁克还将以往许多并未用传统的印刷方式出版的重要而且集中的论点收纳进去。其中有些论点还包括在德鲁克亲自为管理者做的远程教育的网络课程中。该书的特点之一就是，根据管理者业务繁忙、时间紧张，但又渴望学习的特点，把这些论断精选成每天一段，每段不超过一页。这样，管理者可以在繁忙的事务中，逐步领略大师的风采，结合自己的工作，逐步学习到大师的管理理念。此外，该书在每一段德鲁克关于管理的论述后，都有一个精心设计的"行动指南"，以利于管理者在实践中应用这些基本的管理理念。可以说，德鲁克不仅教给管理者"管理是实践"这样一个理念，同时在他本人为管理者写的书中，也在实践着这样一个理念。

　　阅读《德鲁克日志》，正如纵览德鲁克一生的思想轨迹。大师早期的著作绝大多数创作于20世纪30年代到60年代,内容主要专注于新的社会现象、组织及组织结构、组织的管理、组织的作用等。从50年代后期开始,另一个主题在德鲁克的著作中出现了:知识作为一种核心资源的兴起,知识社会,知识的特点,责任,知识工作者的地位和作用,知识工作者的生产力。但是,不管怎么看,在德鲁克的著作中,从早期到晚期,始终贯穿着一个主题:自由、尊严和社会中人的位置,组织的作用和功能,人的成长、组织的成长以及社会的健康发展。

德鲁克并不是简单地就管理论管理,而是把社会、组织和个人置于一个大的系统中研究管理。他从研究法学和政治学入手,渐渐深入到构成社会的基本单位——组织。

在对组织进行研究的时候,德鲁克发现,管理是一种专门知识。管理使各类组织(包括各种机构和企业)产生绩效,所有这些组织组成了社会;组织是社会的器官,管理层则是每个组织的器官;组织是为了担负社会的某种特定功能,完成某种特定的任务而存在的;否则,组织就失去了存在的意义;而组织的生存取决于管理。

因为德鲁克把社会、组织和个人置于一个大的系统去研究,所以,他的著作涉及人文学科的多个领域:哲学、社会学、经济学、管理学。他研究组成社会的不同部门:政府部门、企业以及非营利机构。这也使得他能够站在一个不同于其他管理学家的全新的高度来研究组织,研究人,研究社会。

德鲁克式的管理学的基本理念和理论来源于管理实践,而不是从抽象的概念到概念的堆砌、推论、抽象化。德鲁克认为:"管理是一种实践,其本质不在于'知',而在于'行';其验证不在于逻辑,而在于成果;其唯一权威就是成就。"从《管理实践》(1954)和《成果管理》(1964)中,我们可以清楚地看到这一点。也正因为他从实践出发,经过总结,又回到实践中去,所以德鲁克的管理理念能够为广大的企业界、非营利界以及政府部门所接受。

德鲁克认为，一个社会包括了政界、企业界和非营利界。"管理"原本不是应用在企业上，而是应用在非营利组织和政府机构。"管理就是企业管理"的想法很普遍，但它只不过是一种过时的假设。"因此我们很有必要大声疾呼，管理不等于企业管理，正如医学不等于妇产科一样。"正因为德鲁克式的管理学的基本理念和理论来源于管理现实，所以，他的管理理念不仅得到企业界的欢迎，也受到政府和非营利机构的欢迎。

更为重要的是，德鲁克能够把"管理"在社会的政界、企业界和非营利界这"三界"融会贯通，使这"三界"互相学习、共同提高，以改善人们的生活，促进社会的进步。德鲁克指出，社会把资源交付给企业，因此，企业需要为社会创造财富，为客户创造价值。而非营利组织是要改变人们的生活。在对非营利组织进行了长期的研究后，德鲁克在《非营利组织教给企业什么》这篇文章中一针见血地指出，"我们的非营利组织正在成为美国管理方面的先驱。在战略和董事会的有效性这两个领域，他们正在从事绝大多数美国企业还停留在嘴上的活动。而且在最关键的领域，即调动知识工作者的积极性及提高其生产力方面，他们是真正的先驱者。他们制定的政策及其实践是企业界明天必须加以学习的东西。"

德鲁克在管理上，对于"人"的研究也是鞭辟入里。他很早就把对管理的研究重心从资金、机器、原料、提高工作效率等方面转移到对"人"的研究上来。在德鲁克看来，每人都有长处，也都有短处。管理者的责任是要把人们组织起来，使平凡的人在组织中发挥不平凡的作用。因此，德鲁克的管理思想是真正的"以人为本"。他重视人性，重视人的作用，尊重人的自由，发挥人的积极性。这在德鲁克关于如何提高知识工作者生产力的论述中是看得最清楚的。他还把"使工作富有成效，员工具有成就感”列为管理的三大任务之一，把"培养人才，包括培养自己"作为管理者的五项工作之一。德鲁克把自由与责任相结合，以人的发展为重点，来构思有效的经营管理、组织结构、制度与管理者的工作。他希望管理者把眼光放大，以使命感和智慧来帮助人们发挥所长，并和组织结合成一个整体。他认为身为最高主管并没有什么值得骄傲，即使已成为一个有效的最高主管，人生还有更高的境界。

德鲁克之所以非常强调管理者的卓有成效，是因为"管理者的有效性已成为今天的社会需要。我们社会的凝聚力和优势的发挥，有赖于知识工作者的心理需求和社会需求，能否与组织及工业社会互相融和而定"。

这样，德鲁克又回到了他的"系统"：社会、组织和个人组成的一个大系统。因此，尽管世人所认识的德鲁克是一个管理大家，是现代管理学的奠基人，但是德鲁克自称自己是一个社会生态学家，而且认为："社会生态学是一门实务，就好像医学或法律，或是自然环境的生态学。它的目的一方面是要延续和保存，一方面是要变革和创新，并在两者之间求得平衡。它的目的是在动态的不平衡中，创建一个新社会。只有这种社会才能同时具备稳定性和凝聚力。"

"创建一个新社会"，这解释了德鲁克为什么研究管理，也解释了为什么德鲁克的管理理念得到了那么多人的认同，使得德鲁克成为"大师中的大师"。

黄建东

德鲁克研究会

北京光华管理研修中心

常务副院长

前言（一）

"我应该阅读你的哪一本书？""在你的著作里，我从哪些地方能够找到你关于安排员工的最佳论述？"每周都会有六七个人向我提出类似的问题。在过去的 65 年中，我一共出版了 34 本书，甚至连我自己都会感到这样的问题难以回答。

《德鲁克日志》一书正是试图给上述问题一个答案。该书系统地从我过去的作品中节选出一些经典段落，并在段落后面附上几行我自己的评价或解释。该书涵盖了我过往作品中的许多主题，其中包括管理、企业、世界经济、变革中的社会、创新与企业家精神、决策制定、变革中的劳动力结构、非营利组织及其管理等。

书中每页最下端空白处的"行动指南"部分是本书中最为重要的。相信读者能从中汲取灵感，从而改善自身的行动、决策以及决策的成效。请牢记，本书是一本"行动手册"。

该书的完成要归功于约瑟夫·马恰列洛教授，他是我多年的好友和同事。正是他提议把我以前著作中的精华结集成册，还是他从我以往的书籍、手稿和文章中精心挑选了贴切的引语和评注。最后成型的这本书是经理人有效管理的一本全面指南。我和我的读者们都要对马恰列洛教授致以衷心的感谢。

彼得·德鲁克

2004 年夏

于美国加利福尼亚州克莱尔蒙特市

前言（二）

在编写《德鲁克日志》的过程中，我尽力对彼得·德鲁克已经发表的以及他正在撰写的作品的知识"框架"进行提炼与综合。为了完成这一任务，我选编了 366 篇文章，以全年而论，每日一篇，连 2 月 29 日也包括在内，每篇探讨一个重要的主题。这些文章都以一个标题、一句"德鲁克式谚语"或是能揭示真谛的引语来开头。这些警句格言、机智妙语以及精华摘录，都是对每个随即要探讨的主题的提示，之后我编排了直接从德鲁克作品中摘录的内容。再接下来就是为你提供的"行动指南"了，你可以按照它"行动起来"，将书本所学应用到你个人或你的组织中去。

在每篇文章之后，材料出处或是材料所引书目也被列作参考文献。除非另有注释，在"每日材料来源"中所列出的参考文献均指的是每本书的最新版本。每部参考文献的内容概要也可以在书后的"参考文献简释"中找到，当中收录了大部分作为本书参考文献的德鲁克著作，尤其是那些涉及较多的著作。如果你愿意对某个具体问题进行更深入研究，也可以查阅这些参考书目。

去探寻"已经发生了的未来"，这是我所要给你的一句忠告。如果你能洞悉到当前正在成形的某种潮流并顺应潮流采取行动，便是将"德鲁克传统"付之于实践。

我听过许多彼得·德鲁克给经理人所做的演讲，却很少见到他亲自为某人担当顾问。在他的教学与咨询建议中，我印象最深的是他所使用的研究方法的连贯性与有效性。首先，他总是能确保正确地给问题作出定义。其次，他在构建理论框架的时候，能把他渊博的知识运用于解决某一具体问题，并对具体细节提出解决方案。最后，一旦问题界定清楚、框架建构妥当，他便能将解决问题应当采取的具体行动勾勒清楚。他这样告诉他的听众："别跟我说你们喜欢听我讲的这些，而是告诉我下周一早上你要做出什么样的改变。"

尽管他的研究方法有连贯性，但德鲁克的每本作品或每篇文章却是各具特色的。一旦彼得·德鲁克完成了全部手稿，对一个在"社会中"或是"管理中"的重要主题的系统化且又有深度的讨论便成型了。而当我们对他在过去的65年中完成的著作进行研究，那个我所谓的"德鲁克社会与管理的框架"也便非常清晰了。

我从1962年大学毕业以来，便致力于德鲁克著作的研究与应用。尽管如此，要对他的著作进行提炼与综合，并为每篇文章提出适当的"行动指南"，对我而言，也着实是一种个人的"改革"经历。我也非常希望这本书能够使你实现这种自我的"改革"。

我深深感谢彼得·德鲁克先生给了我这次毕生难得的机会，并感谢他给我的建议和多年来对我的友情。哈珀·柯林斯出版集团的斯蒂芬·汉斯曼和里恩·斯彼罗帮我将这一机会转变成了现实。斯蒂芬·汉斯曼负责本书的设计，里恩·斯彼罗为本书的写作提出了具体意见和支持。我要特别感谢里恩，他为我复核了每篇材料并协助我撰写了"行动指南"。西西·亨特负责整理我的手稿，我也要感谢她提供的技术支持与辛勤劳动。我还要向哈珀·柯林斯集团的戴安娜·埃荣森主编和诺克斯·休斯顿表示感谢，他们也为本书的筹备提供了帮助。

除了对哈珀·柯林斯集团表示感谢以外，我还要向彼得·德鲁克/马萨托·依托管理学院的德克卢伊弗院长表示感谢。同时，我要感谢克莱尔蒙特研究生院给我长假，以便我全年中有大量时间专注于完成这部书稿。我还要提及安东尼娜·安东诺娃，她是我的研究助理；勃纳黛特·兰勃特，她是我整段写作期间的助手；彼得·德鲁克文献馆的戴安娜·威利斯，她帮助我整理了部分附录内容。在此，我一并向她们表示感谢。

最后，我要向我妻子朱蒂表达我诚挚的爱意。在我写作期间，她为我分担了许多家事并给了我很多支持。

约瑟夫·马恰列洛

2004 年夏

于美国加利福尼亚州克莱尔蒙特市

一　月

1月1日

领导者必须正直

组织的精神是自上而下树立起来的。

当考察管理者是否诚信时,人们必定会非常重视他人品是否正直。这一点必定首先会在管理者的人事任用上体现出来。因为领导者正是通过其正直的人品,才能够实现其领导。领导者也正是通过其正直的人品,才树立了别人效仿的榜样。在人品这一点上,人们无法弄虚作假。一个领导者的同事,尤其是他的下属们,只要和领导者共事几周,就会知道他是否正直。他们可以原谅别人的无能、疏忽、缺乏安全感甚至是粗鲁无礼,但是他们却无法宽恕别人不正直,他们也无法宽恕领导者选用不够正直的人。

这一点对企业最高领导层的重要性是毋庸置疑的,因为一个组织的精神是自上而下树立起来的。如果一个组织富有精神,那是因为它的最高领导者精神崇高。如果一个组织腐败,其根源在它的最高领导者。正所谓"上梁不正下梁歪",如果一个员工的人品不能成为其下属效仿的榜样,最高领导者就决不应该将他提拔到重要的工作岗位上。(摘自彼得·德鲁克《管理:任务、责任与实践》)

行动指南:

当得到工作机会时,要仔细考量公司的首席执行官和其他高层管理者的人品修养。使自己能和正直的人在一起共事。

1 月 2 日

把握未来

关键在于把握"已经发生的未来"。

未来主义者往往会衡量他们对未来的预测和实现预测的几率，从而来计算平均成功率。为此，哪怕发生了很多重要的事件，但如果它们不在未来主义者的预测范围之中，他们对此也不会在意。然而，预言家所预言的每一件事情皆有发生的可能。但是预言家有可能并未关注到已发生事实中的要义，更糟糕的是，他们有可能对此根本不曾留心过。在预言的过程中这种偏差是不可避免的，因为价值、观念和目标的转变才是最为重要的，而这些要素都只可领会而不可预言。

对于管理者而言，他们更重要的工作是要把握住已经发生了的变化。在社会、经济和政治领域，管理者都面临着一个巨大挑战，就是洞察已发生的变化，并从中把握机会。关键就在于把握住"已经发生的未来"，并采用一套系统的策略来观察并分析这些变化。在我 1985 年所写的《创新与企业家精神》一书中，对这套系统的策略给予了详细的论述。通过解释，人们可以明白我们可以如何从系统的角度来看待社会、人口结构、内涵和科技方面的变化，并从中获得创造未来的机遇。(摘自彼得·德鲁克《生态愿景》、《不连续性时代》)

行动指南：

把握住市场上出现的重要动向。在这些动向产生影响期间，抓住机会写下属于你自己的篇章，这会影响到你的一生，也会给你公司带来巨大的影响。

1月3日

管理的必要性

谁能在原先只长单叶草的土地上种出双叶草，那么他就要比所有思辨的哲学家或是玄奥的系统创建者更有功于人类。

自从西方文明诞生之日起，管理也就应运而生了。伴随着人类从蛮荒时代走向文明，管理作为一门学科，一直占据着基础而又重要的地位。因为管理植根于现代工业体系的特性和现代商业企业的需求之中，而工业体系必须把有价值的人力和其他资源投入到商业企业中。然而，管理的范围并不囿于此，它体现在西方社会的根本信念之中。借助系统的经济资源组织，人们的生活可能得以调节，这是"管理"对这种根本信念的一种诠释。经济变迁可以形成人类自我批判和社会公正的最为强劲的推动力，这是"管理"对西方社会根本信念的另一种诠释。在这一点上，乔纳森·斯威夫特早在300多年前就曾郑重地指出："谁能在原先只长单叶草的土地上种出双叶草，那么他就要比所有思辨的哲学家或是玄奥的系统创建者更有功于人类。"

管理部门，作为特定的社会组织，承担着使资源更有利用效率的重任，亦即承担着实现经济在组织下进步的重任，为此体现了当今的时代精神。事实上，管理是不可或缺的。这也是它为什么一旦产生，就如此迅猛地飞速发展，而且发展过程中没有遇到任何阻力的原因。(摘自彼得·德鲁克《管理实践》)

行动指南：
在读报以后，应该思考并精选出一些案例，从中考察为什么在自由的世界中，管理者的能力、品质和绩效对于他们取得成功是至关重要的。

1 月 4 日

组织变革的"惰性"

所有的组织都应该具有约束机制以面对现实。

所有的组织都应明确这一点：如果没有变革和调整，任何一个项目或是活动都无法长期具有生命力。事实上，不变则亡，没有变革，就要被淘汰。但是有很多组织却往往忽视了这一点，政府就是最极端的例子。政府在采取行动改变现状时软弱无力，这正是政府的痼疾所在，也是政府内部问题丛生的症结所在。在摆脱过去的羁绊方面，医院和大学的表现和政府相比也只能算是差强人意。

商界人士对过去的眷恋也和政府官员一样执迷不悟。面对产品和项目的失败，他们的对策往往只是加倍努力而已。幸好商界人士行动时不能随心所欲，因为他们有约束——市场的约束。他们面临着一个超脱于个人衡量标准之外的目标——市场利润率，所以他们迟早会被迫放弃业已失败或是效率低下的项目。与此相反，在政府、医院、军队和其他社会组织中，经济效益仅仅只是其中一种制约而已。

所有的组织都必须能够吐故纳新。市场"测试"和利润率指标给商业机构带来了独特的理念和衡量标准，我们也应该将其应用到其他组织中去。这种市场"测试"和利润率指标将和以往的衡量标准截然不同。(摘自彼得·德鲁克《不连续性时代》)

行动指南：

尽管你身处非营利组织之中，也应该吸纳市场"测试"和利润率指标，把它们作为绩效衡量标准。

1 月 5 日

抛弃过去

没有比使尸体不腐烂更困难、更昂贵又更徒劳无功的事了。

高效的管理者深知：他们每天必须要高效地处理很多事务。为此，他们必须要专注。专注的第一法则就是要抛弃"行将就木"的过去，要立刻把组织内部最有价值的资源，尤其是弥足珍贵的人力资源从无效的领域中释放出来，并投入到充满机遇的未来中去。如果管理者不能摆脱过去的羁绊，抛弃过去，也就不可能创造未来。

如果不能学会在系统中有条理地、有目的地放弃，一个组织就会疲于应付各种突发事件。该组织内最宝贵的资源也会浪费在本不应该、或不再应该投入的事情上。因此，未来的机会也就牺牲在了昨天的祭坛上；因为组织内的资源，尤其是生产率最高的人才都束缚在了过去之中。愿意抛弃过去的公司寥寥无几，以至于很少有公司掌握着能把握未来的资源。(摘自彼得·德鲁克《卓有成效的管理者》、《动荡时代的管理》、《变动中的管理界》、《21 世纪的管理挑战》)

行动指南：
将资源从无效的事情之中解放出来，让有能力的人自由地施展才华，从而把握住未来的机遇。

1月6日

勇于放弃

假如我们从未做过这件事，今天还会不会去做？

我们必须要问，而且要很认真地问这样一个问题："假如我们从未做过这件事，以我们今天的所知，会不会去做?"如果答案是否定的，我们就应该继续问："我们现在应该怎么办?"

在下面三种情形下，我们应当采取的措施都应该是：直截了当的放弃。第一种情形：如果一个产品、服务、市场或流程"还有几年好日子"可过，那么就应该选择放弃。正是这些奄奄一息的产品、服务或流程，常常需要耗费最多的心力和最大的努力，并且牵绊着生产效率最高、最能干的人。第二种情形：如果一个产品、服务、市场或流程惟一留存的原因，只是因为在会计账目上完全注销了，而没有任何其他价值的话，我们就应该将它放弃。从管理的目标角度来看，没有"不花钱的资产"（cost-less assets），只有"沉没成本"（sunk costs）①。第三种情形，也是最重要的一个应该放弃的理由，就是为了保存而保存。其实，保留那些"行将就木"的产品、服务、市场或流程，反而使得处于成长期的新产品、服务或流程受到阻碍或被忽略。(摘自彼得·德鲁克《21世纪的管理挑战》)

行动指南:

对照上述问题进行反思，若答案是上述情形，那么就要坚决放弃那些看似很重要的事情。

---

① 对于企业而言，当企业不进行生产和经营活动时，不会遭受损失的那一部分不变成本称为"准不变成本"（quasi-fixed cost）；如果它不可避免，或者说是沉没的，这意味着当企业不进行生产和经营活动时，也得有这部分支出，那么不因决策而变化，即与决策无关的成本就是"沉没成本"。——译者

1 月 7 日

知识型员工："资产" 而非"成本"

管理的任务在于用心保护组织内部的资产。

知识型员工拥有自己的"生产工具"，那就是他们头脑中的知识。知识完全具有流动性，也是巨大的资产。因为知识型员工拥有自己的"生产工具"，他们可以来去自由。体力劳动者对工作的需求度，比工作对他们的需求度大得多。但是，知识型员工对组织的需求度，也许并没有组织对知识型员工的需求度那么大。对于大多数知识型员工而言，他们和组织之间看似存在着对等的共生关系，但这只不过是象征意义上的共生。

管理的任务在于用心保护组织内部的资产。而当知识型员工的个人知识成为一种资产，而且日益成为组织的核心资产时，这意味着什么？对于人事制度而言，这又意味着什么？怎样才能吸引并留住具有最高生产率的知识型员工？怎样才能进一步提高他们的生产率，并将他们提高的生产率转化为组织的绩效能力呢？（摘自彼得·德鲁克《21世纪的管理挑战》）

行动指南:
只有将知识型员工及其知识视为组织内最宝贵的资产，才能吸引并留住具有最高生产效率的知识型员工。

1月8日

知识工作的自主性

知识工作既需要自主性，也需要责任感。

对于知识型员工而言，明确自己的工作任务和成效很有必要，因为他们必须具备工作的自主性。由于每个人所掌握的知识不同，所以即便是在同一领域内，知识型员工都有各自独特的知识体系。因此在知识型员工的专业领域内，他们要比组织中的任何其他人懂得的都要多。事实上，他们也必定比别人懂得多，因为他们接受过相关的专业培训。这就意味着知识型员工一旦明确了自己的工作任务，而且确定了工作的步骤后，就应该各司其职。知识型员工应该认真考虑、制订并上交自己的工作计划。"下一步我将着手做什么呢?""我负责的工作成效如何呢?""工作完成的截止期限是什么时候呢?"总之，知识型员工既需要自主性，也需要责任感。(摘自彼得·德鲁克《21世纪的管理挑战》、《知识型员工的生产率》)

行动指南:

写出你的工作计划，其中包括工作重点、预期的工作成效和截止日期。并将工作计划提交给你的上司。

1月9日

新的公司角色

在未来社会的公司中，最重要的管理是要关注公司的核心业务，其他一切非核心业务都可以"外包"。

事实上，在未来社会的公司中，最重要的管理将是关注公司的核心业务。这些业务包括：整个组织的发展方向、计划、战略、价值观和原则；组织结构以及成员间的关系；组织的战略联盟、合作伙伴、联合经营；组织的研究、设计和创新工作等。

重塑公司的角色要求公司改变原来的价值观，这将是高级管理层肩负的最重要职责。在第二次世界大战后的半个多世纪中，公司不但成功地证明了自己是一种经济组织，而且还证明了自己是财富与工作机会的创造者。在未来社会，对于大公司特别是跨国公司而言，它们所面临的最大的挑战将是它们存在的社会合法性，包括它们的价值观、使命和前景；而其他一切非核心业务都可以"外包"。（摘自彼得·德鲁克《未来社会的管理》、《未来社会》）

行动指南：

专注于你所在组织的价值观、使命和前景，并考虑"外包"所有其他业务。

1 月 10 日

用管理来取代专制

如果没有运转正常的独立性组织，我们就无法拥有民主。专制将是惟一的宿命。

在我们这个"组织化"的多元社会中，如果组织无法各司其职、独立自治，我们也就不会享有个人主义，人们也不会拥有一个能为他们提供实现自身价值的社会。相反，我们会把自己禁锢在任何人都无法独立行事的困境之中。我们有的只能是斯大林式的极权主义，而不是大众参与式的民主，更别提随心所欲地自由行事了。因而可以说，如果没有强大的、运转正常的独立性组织，专制将是惟一的宿命。

专制，其实是用惟一的权威来代替众多竞争性组织存在的多元化。它用威慑代替了责任。它的确能取代这些组织，但只是将其囊括在一个无所不包的官僚组织之内。它当然也可以生产物品并提供服务，但这些产品不仅供应不稳定、资源利用率低，而且质量低下。为此，社会还蒙受了巨大的痛苦、屈辱和挫折。因而，在我们这个"组织化"的多元社会中，使我们的组织能够负责、自主并且高效地运转，是自由和尊严的惟一保障。用独立自治的组织管理来代替专制，也是使我们摆脱专制的惟一途径。(摘自彼得·德鲁克《管理：任务、责任与实践》)

行动指南：

对于你负责管理的组织，为了提高它的绩效，可以采取什么措施呢？

1 月 11 日

管理与神学

管理通常要涉及人的本性，还要涉及善与恶。

管理通常都在一个组织内存在、运行和实践，并为这个组织服务。组织是一个由工作关系维系着的人类社会群体。更准确地说，正是由于管理的对象是一个由共同工作目标维系着的人类社会群体，因此管理通常就要涉及人的本性，而且（正如我们在经验中所了解到的）也包括善与恶。可以这么说，在我担任管理咨询顾问的过程中，我所学到的神学知识，比我教宗教课时学到的更多。（摘自彼得·德鲁克"教授管理工作"一文，载于《新管理》杂志）

行动指南：
你的同事中是否有人让你深恶痛绝呢？你会采取什么对策呢？

1 月 12 日

实践先行

决策者必须将"已经发生的未来"纳入当前的决策酝酿中。

    不管是政府、大学、公司、工会还是教会的决策者，都必须将"已经发生的未来"纳入当前的决策酝酿中。为了做到这一点，对于那些已经发生但和他们当前的设想不吻合的事件，他们必须做到胸有成竹，因为正是这些事件造就了新的现实。

    知识分子和学者们倾向于"观念先行"的看法。他们认为，是观念造就了政治、社会、经济和心理学领域内的新现实。这种情形确实发生过，但仅仅是例外。一般而言，理论并不是先于实践的。理论的作用是将已经被证明的实践构建为体系。理论的作用也是将零星的事实和"特例"，转化为"规则"和"系统"；只有这样，才能够将其转化为易于学习和教授的知识，转化为通用可行的原则。(摘自彼得·德鲁克《新现实》)

    行动指南:

    你作决策依据的前提条件是否已经"过时"了呢？要赢得当前的市场，你是否需要一个全新的思维框架呢？

1 月 13 日

管理与人文艺术

管理是一种人文艺术。

管理是一种传统意义上的人文艺术——之所以称其为"人文",是因为它涉及知识、自我认知、智慧和领导艺术等基本要素;之所以称其为"艺术",是因为管理涉及实践和应用。管理者从人文科学和社会科学(心理学、哲学、经济学、历史学、自然科学和伦理学)中汲取所有的知识和见识。但是他们必须将这些知识集中到效益与成果上——集中到如何治愈一个病人,培养一名学生,架设一座桥梁,设计并销售一套"用户满意"的软件上来。(摘自彼得·德鲁克《新现实》)

行动指南:
你打算如何丰富自己在人文和社会科学领域内的知识呢?今天就制订一个计划吧!

1 月 14 日

管理者态度

对所有员工（包括职位最低的人）提出"管理者态度"的要求，这是一种创新。

没有一种工业生产资源的利用效率比人力资源更低了。少数企业由于能够挖掘出员工未曾开发的能力和精神潜力，从而实现了生产率和产出的大幅增长。在绝大多数企业里，提高生产率的主要途径就在于更好地利用人力资源。因此，企业管理层首要关心的问题，并非迄今为止备受关注的对物资和技术的管理，而应该是对人的管理。

我们也知道提高人力资源的效率和生产率的方法。首先，重要的不是技术和工资，最重要的是态度——我们称其为"管理者态度"。所谓"管理者态度"，就是指员工对待自己的职位、工作和产品的态度，要和经理人一样；这也是一种与群体工作和整体产品有关的态度。(摘自彼得·德鲁克《新社会》)

行动指南:

你现在能做出什么样的行动，来赋予员工一种管理者的责任感呢？

1 月 15 日

组织的精神

"重要的是能够做什么，而不是不能够做什么！"

有两句名言可以概括出"组织的精神"。一句是安德鲁·卡耐基的墓志铭：

> "这里长眠着一个人，
> 他知道如何招募到比他更强的人，
> 来为他服务。"

另一句是激励残障者去寻找工作的口号："重要的是能够做什么，而不是不能够做什么！"哈里·霍普金斯是个极好的例子。第二次世界大战期间，他是富兰克林·罗斯福总统的心腹顾问。哈里·霍普金斯是个垂死的人，每走一步路对他而言都是折磨，而且他隔天才能工作几小时。这使得他不得不将活动次数减少到最低限度，只做些最为关键的事情。然而，他不仅没有失去效率，而且还被丘吉尔首相称为"核心人物"。他在战争期间的贡献是美国政府里其他任何人都无法比拟的。为了能让垂死的哈里·霍普金斯发挥独特的贡献，罗斯福打破了一切陈规旧习，给他提供便利条件。(摘自彼得·德鲁克《管理实践》、《卓有成效的管理者》)

行动指南：
找出你每一个员工和同事的优点，然后让他们发挥优点，提高绩效。

1 月 16 日

管理的功能：产生绩效

管理首先要对产生绩效负责。

　　管理者必须掌握组织的行动方向。管理者必须要仔细考虑组织的使命，制定组织的目标，组织好各种资源，从而让组织作出绩效贡献。这正是萨伊（J. B. Say）所说的"企业家"——管理者的责任，管理者要利用好组织的思想和资源，争取最大化的成效与贡献。

　　不论管理工作属于哪种类型，管理者为了执行其基本职能，面对的都是同样的问题。管理者必须组织各项工作，从而提高生产率；必须领导员工，使其发挥出最高生产率并取得成就；必须对企业所产生的"社会冲击"负责。更重要的是，管理者必须对产生绩效负责——不管是经济的绩效、学生的学业，还是病人的护理，因为这些都是每个组织赖以生存的基础。(摘自彼得·德鲁克《管理：任务、责任与实践》)

　　行动指南：
　　你的组织是否在发挥应有的作用？如果答案是否定的，就应该明确组织的使命。

1 月 17 日

管理：社会的中心职能

非经济组织也需要一个绩效衡量标准，就像利润对于商业一样。

非经济组织从商业管理中学习管理经验的热潮方兴未艾。医院、军队、天主教会和行政机构中的从业人士，都想入校学习商务管理。

这并不意味着商务管理知识可以照搬到非经济组织中去。相反，这些组织首先要明确：商务管理产生的根源是界定组织的目标。因此，包括大学、医院在内的非经济组织需要的管理和商务管理截然不同。这些组织将商务管理视为管理的原型无疑是正确的。商业领域和其他领域并无本质区别，只不过是我们的第一个研究领域，也是研究最为深入的领域。非经济组织也需要一个绩效衡量标准，就像利润对于商业一样。"利润"，换而言之，在组织化的多元社会中，并不是一个与"人"或"社会"需求完全异质的事物；而只是每个组织为了实行管理和便于管理，所必需的一个衡量标准原型。(摘自彼得·德鲁克《生态愿景》)

行动指南：
与你联系最紧密的非商业组织是什么？它有没有一个特定的绩效衡量标准呢？这个机构又取得了多大的成功呢？

1 月 18 日

组织运转的社会

"凭着他们的果子，就可以认出他们来。"[1]

在所有发达国家里，社会已经成为一个"组织化的社会"。在这样的社会中，至少大部分社会任务（如果不是全部），都存在于组织内部并由组织来完成。组织存在的目的并不仅仅是为了它们自身的利益。它们是每个社会有机体为了完成某项社会任务的依托。组织的目标是对个人和社会作出特定的贡献。和有机生物体不同，组织的成果总是显露在自身之外。这就意味着我们必须清楚如何界定一个组织的"绩效"。

对于每一个组织而言，其目标界定越明确，它的生命力就越强；组织的绩效评价标准和尺度越多，它的行动就越有成效；组织越是严格地将权威性置于绩效的判定基础之上，它就越具有合法性。"我们通过组织的成果来认识组织"——这或许可以称得上新型组织化多元社会的基本准则。(摘自彼得·德鲁克《后资本主义社会》、《不连续性时代》)

行动指南:
你的绩效判断标准和你的目标吻合吗？

---

① 摘自《马太福音》第7章。

社会的目标

只有当社会的目标和理念能与个人的目标和理念协调共存时，社会才是有意义的。

对于个人而言，除非他拥有社会地位并发挥社会作用，否则就无所谓社会的存在。在个人生活和集体生活之间必须要有明确的、行之有效的关系。如果个人不能拥有社会地位并发挥社会作用，社会对于他而言，就是非理性的、充满变数的、非定型的。如果一个人不能拥有社会地位并发挥社会作用，无异于把他从社会群体中剥离了出来，使其成为一个找不到"归宿"的个体，成为流浪者。在他眼中，就根本不会有社会的存在。他的眼中只有恶魔般的暴力，正谬掺半，黑白掺杂，无法预测。人们决定了他的命运和生活，而他毫无抵抗之力，他对别人也全然无法了解。他就像一个盲人，在一个奇怪的房间里，玩着一种他不知道规则的游戏。(摘自彼得·德鲁克《工业人的未来》)

行动指南：

抽出你宝贵的时间，向一个找不到"归宿"的人伸出援助之手，他或许正饱受失业之苦，抑或已步入垂暮之年。为他写上一张写满鼓励话语的字条，或是邀请他共进午餐。

1 月 20 日

人和社会的本质

对于人的本质、人在社会中的作用和角色的定义，是每个组织化社会得以建立的基础。

对人类本质的刻画不管是否真实，总能够反映出社会的本质。这是因为社会的本质能够映射出人的本质，两者是相通的。通过对人类活动领域的展示，可以展现出社会的基本原则和信仰。把人定义为"经济动物"，反映了资产阶级的资本主义和马克思的社会主义的真实面目。在这两种社会制度中，人们自由的经济活动被视为实现个人目标的途径。人们在经济上的满足度似乎成为惟一的社会重要性的评价标准。人们工作所追求的目标只是经济地位、经济特权和经济权利而已。（摘自彼得·德鲁克《经济人的终结》）

行动指南:
在美国，社会中最重要的领域是什么呢？这个领域又给你施加了什么影响呢？

1 月 21 日

利润的功能

今天有利可图的商业活动明天可能会变成"白象"。[1]

约瑟夫·熊彼特[2]坚信创新是经济的精髓,对于现代经济而言更是如此。熊彼特在《经济发展理论》一书中提出:利润应该履行经济运转的功能。在变革和创新的经济中,利润并非卡尔·马克思所提出的"从工人身上剥削而来的'剩余价值'"。相反,它是工人的工作和劳动收入的惟一来源。经济发展理论表明:"创新者"才是惟一的真实"利润"的创造者,并且创新者所创造的利润总是稍瞬即逝的。

然而,根据熊彼特的著名论断,"创新"同样也是一种"创造性的破坏"。它使得往日的资本设备和资本投资变得陈旧。经济越进步,对重要信息的需求就更迫切。因此,古典经济学家(或是会计师,或是股票交易者)认为,"利润"是真实的成本、是商业运营的成本、是未来的成本。在这一点上,除了知道今天有利可图的商业活动明天可能会变成"白象",未来的其他东西都是难以预测的。(摘自彼得·德鲁克《生态愿景》)

行动指南:

确保你正往创新方面投入足够多的资金,这是一种未雨绸缪的策略,因为你目前有利可图的商业活动将来可能无钱可赚。

---

[1] "白象"的英文原文为 white elephant,指无用但保管费用十分昂贵的事物。——译者
[2] 约瑟夫·熊彼特(Joseph Schumpeter,1883—1950),美籍奥地利经济学家,他在 1912 年出版的《经济发展理论》(*The Theory of Economic Development*)一书中,第一次提出"创新"的概念。——译者

1 月 22 日

经济学：社会的一种尺度

> 凯恩斯热衷于研究商品行为，而我却对人的行为更感兴趣。

我不能接受经济学作为一门学科的基本前提。我也不能接受经济学是一个独立领域的观点，更不认为它是一个支配性的领域。诚然，经济学的确是一个重要的领域，正如贝托尔特·布莱希特①所说："吃饱肚子，才有道德。"大体上经济学的全部内容就是让人"填饱肚子"。我坚持认为：在所有的政治和社会决策中，都应当计算并重视经济成本。但是，如果只在乎"经济利益"，我认为不仅是不负责任的，也必将会导致灾难。目睹了太多这种错误的抉择，我更加信奉自由市场经济。

所以，经济利益的考虑与其说是一个至高无上的决定因素，不如说是一种限制。更重要的是，经济行为、经济制度和经济理性是为实现非经济目标（即人类或社会）的手段，而非实现经济自身目标的手段。这就意味着我不把经济学视为一门独立的学科。简言之，这意味着我不是一个经济学家——而我在早些时候就已认识到了这一点：1934 年，那时我还年轻，在伦敦的一家商业银行担任经济分析师。我曾在剑桥大学听过凯恩斯的经济课。那时我忽然意识到：凯恩斯热衷于研究商品行为，而我却对人的行为更感兴趣。(摘自彼得·德鲁克《生态愿景》)

行动指南:

在你最后确定一笔重要预算或是战略决策之前，留出半小时用来思考，确信你已经考虑到它将给你的组织成员和顾客带来的影响。

---

① 贝托尔特·布莱希特（Bertolt Brecht, 1898—1956），德国著名戏剧大师。——译者

1 月 23 日

个人品德与公共利益

在一个道德社会中，公共利益必然依赖于个人品德。

要让国家受益的事情同时又能使企业获利，管理者需要努力工作，掌握卓越的管理才能，并且拥有高度的责任感和开阔的视野。这一忠告其实提出了一个近乎苛刻的要求，除非具备了点石成金、化腐朽为神奇的本领才能做到。然而，如果要想使自己的组织成为一个领导群体，那么管理者就必须将这一忠告视为指引目标，必须有意识地努力践行。事实上，管理者也只有这么做，才能有成功的机会。因为在一个良好的、道德的和持久的社会中，公共利益总要依赖于个人的品德来实现。每级领导层都必须能够宣称：公共利益决定着自身利益。这一声明是领导层惟一的合法基础，而使之成为现实则是领导者的首要职责。(摘自彼得·德鲁克《管理实践》)

行动指南：
列举出三种新的产品或服务，它们是由于你自己和你所在机构忽视了公共利益，而导致失败或是即将失败。

1 月 24 日

反馈分析：持续学习的关键

清楚自己的长处所在，知道如何发挥长处，并明白自己不能做什么——这些是持续学习的关键。

每当一个天主教神父或卡尔文教的牧师要做一件重要的事情（比如，作一个关键性决定），他必须在事前写下预期的结果。9 个月之后，他会将实际结果与预期结果进行反馈分析。这样他很快就会明白：他哪一部分做得好，他的长处在哪里。同时，他也可以看出还需要学习什么，哪些习惯需要改变。最后，他还可以知道他所不擅长和做不好的部分。我自己遵循这个方法也长达 50 年。它能够显示出一个人的长处所在（这对个人而言，是非常重要的）。同时，它也能显示出在哪些方面需要改进，需要做何种改进。最后，它还会显示出你不能或是不该做什么。清楚自己的长处所在，知道如何发挥长处，并且明白自己不能做什么——这些是持续学习的关键。(摘自彼得·德鲁克《德鲁克论亚洲》)

行动指南:

列出你的长处和你打算如何克服缺陷的步骤。你知道谁最能帮你明确你的长处吗？

1 月 25 日

自我改造

知识型员工必须对自身的发展和定位负责。

在当今社会和组织中，人们日渐依赖知识进行工作，而不是依赖技术。知识有一个不同于技术的本质特征：技术的变化相当缓慢；而知识则不同，它可以自我更新。新知识可以取代旧知识，使旧知识变得陈腐，而且这种更新的速度极快。假如一个知识型员工3年到4年没有回学校继续深造的话，他就会被时代淘汰。

这一方面表明：我们过去学习得来的知识、技术和经验储备，对于现在的生活和工作已经不敷所需。另一方面表明：在漫长的人生周期内，人也会改变。我们会有不同的需求、能力和远景目标。因此，人们也需要"自我改造"。这里我特别有意地用了"改造（reinvent）"一词，它比"复新（revitalize）"一词程度更高。假如我们所说的工作周期是50年的话（这一点日益成为一种社会规范），我们就必须自我改造。我们必须不断改进，而不仅仅只是寻找一种新动力。(摘自彼得·德鲁克《德鲁克论亚洲》)

行动指南：

问问前辈是如何"重新改造自己"的。你现在打算采取什么行动？

1 月 26 日

社会生态学家

> 对我而言，对恒常的需求与对创新和变革的需求之间的紧张程度，是人类社会和文明发展的关键。

我自认为是一个"社会生态学家"，我关注的是人类自己创造的社会环境，就像自然生态学家研究生态环境一样。"社会生态学"这个术语虽然是我自创的，但其实它是一门古老的学科，曾有过辉煌的历史。关于此学科最伟大的论述当属托克维尔（Alexis de Tocqueville）的《论美国的民主》。但是至今还无人能像维多利亚时代中期的英国人白哲特（Walter Bagehot）一样，在性情、观念和思考方式上与我如此接近。白哲特和我一样，生活在一个波澜壮阔的社会变革时期，他最先洞察到一些新的社会组织（如公职人员和政府内阁）的出现并成为民主运行的核心，以及银行业的出现并成为经济运行的中轴等。

在白哲特之后 100 年，我第一个洞察到在这个日益成长的组织化的社会中，管理将成为一种崭新的社会体制；稍后，我还发现知识成为一种新的关键性资源，知识型员工成为社会新的统治阶层。这个社会所处的时代，不仅仅是所谓"后工业化时代"，也是"后社会主义时代"，并且正日益成为"后资本主义时代"。正如白哲特那时已经认识到的，我也认为：对恒常的需求与对创新和变革的需求之间的紧张程度是人类社会和文明发展的关键。因此，白哲特有时称自己为"自由的保守派"、有时称自己为"保守的自由派"，但从来不称自己为"保守的保守派"或"自由的自由派"，我对此非常认同。(摘自彼得·德鲁克《生态愿景》)

行动指南:

你和你的公司将要更换代理商吗？你将采取何种措施才能既做到变革，又能维持变革与稳定之间的平衡。

1 月 27 日

管理是一门学科

> 如果你不能再造某种东西，那是因为你并没真正理解它，也就是说这种东西并未被真正创造出来，它只是被做成了而已。

50 年前，我出版了《管理实践》（1954）一书，那本书能够使读者学习到有关管理的知识。那个时候，好像只有少数几个天才懂得管理，还没有人能够将这些管理知识进行系统的归总，并创立一个知识体系。

在我刚刚涉足管理领域的时候，有许多管理理念来自工程学、会计学和心理学领域，另外更多的来自劳资关系领域。这些不同领域的知识之间是毫无联系的，而且这些知识单独存在时效果都不显著。要知道，如果你只有一把锯或一把锤子，或者你从不知道有老虎钳这种东西，那你是根本做不了木匠活儿的。只有当你把工具放到一起使用，拥有一套完整的工具时，才能做好木匠活儿。这也就是我在《管理实践》一本书中着重说明的问题。我将管理创立为一门学科。（摘自彼得·德鲁克《管理前沿》）

行动指南:

你的管理实践是带有临时性的还是系统性的？理解你的管理实践，并将其再造。

1 月 28 日

"错误管理"的"人为控制的试验"

亨利·福特一生的起落沉浮和他公司的复兴，或许可以称为是一场"错误管理"的"人为控制的试验"。

亨利·福特的一生起起落落，但到了他孙子亨利·福特二世的手中，福特公司又沛然复苏了。很少有人能够明白：这绝非仅仅是一个关于事业成败的传奇故事；其中有更值得深思的内容。也许我们可以说，这是一场"错误管理"的"人为控制的试验"。

老福特的失败是因为他坚信一个企业不需要经理人，也不需要管理阶层。他认为一个企业所需要的，只是一位"业主企业家"，加上几位"帮手"。当然，与美国同时代的国内外企业相比，老福特最大的不同点就是：他做任何事，都坚持自己的信念，毫不妥协。例如，如果他的任何一个"帮手"胆敢以"经理人"的身份自居，没有经过他的命令而擅自行动的话，无论这个人多有才能，他都会将其解职。他的这一信念，只能说是他自己的一项"假定"试验；而试验的结果，终于否定了他的"假定"，使他败下阵来。老福特之所以能够亲身试验他的"假定"，一方面是因为他长寿，另一方面是因为他有超过十亿美元的雄厚资产来支撑他的信念。老福特后来的失败，不是出于他个性和人格，而是由于他拒绝接受一个企业必须要具备经理人和管理阶层的观念，经理人和管理阶层是一个企业能够开展工作并成功经营的基础，而不仅仅是"老板"的"代表"。(摘自彼得·德鲁克《管理：任务、责任与实践》)

行动指南：

你是一个视所有雇员为"帮手"的企业老板吗？你是一个被老板视为"帮手"的雇员吗？列举出三种方法，鼓励组织内的员工承担更多的责任，从而使组织取得更可观的收益。

1 月 29 日

绩效：成功管理的试金石

证明管理成功与否的标准和目标是业绩，而不是知识。

衡量管理最终标准是它的绩效。管理，换而言之，其实是一种实践，而不是一门学科或专业，尽管它兼有这两者的成分。那些通过给管理人员颁发执照而使管理专业化，或是设置文凭门槛限制管理层人数的做法，都是极为愚蠢的，因为这样做将给我们的经济和社会带来巨大的损失。相反，成功的衡量标准，应该看管理是否能使执行者出色地完成任务。任何要把管理"科学化"或"专业化"的企图，注定都会导致这样一种局面：试图摆脱那些"讨厌的麻烦事"，例如企业前景的不确定性、经营上的起起落落、企业面临的"无谓竞争"和消费者的"非理性选择"等。但在这一过程中，经济的自由和增长能力也遭到了限制。(摘自彼得·德鲁克《管理实践》)

行动指南：
你的哪些管理方法已经取得了良好的效果？哪些管理方法是你现在就应该摒弃的？

1 月 30 日

恐怖主义和社会基本趋势

组织的管理必须植根于社会本质的、可预见的变化趋势之中，哪怕这种趋势的存在与当今人们关注的焦点无关。

2001 年 9 月发生在美国的恐怖袭击事件，以及事后美国的反应对世界政治产生了深远的影响。我们将面对一个动荡的时代，在中东地区尤其如此。组织的管理，无论是企业、大学还是医院，都必须植根于社会本质的、可预见的变化趋势之中，哪怕这种趋势的存在与当今人们关注的焦点无关。管理者必须要从这些趋势中捕捉机遇。而这些趋势正是未来社会出现的新生事物所展现出的前所未有的特点，特别是：

- 全球年轻人口的减少和"新劳动力大军"的崛起；
- 制造业作为财富和工作机会提供者的作用日益削弱；
- 公司及其最高管理层的形式、结构和功能的改变。

在一个充满变数、难以预计的时代，即便根据社会恒定不变的基本趋势来制定组织的战略和决策，也不一定能够稳操胜券。但是如果你不这么做，就注定会失败。(摘自彼得·德鲁克《未来社会的管理》)

行动指南:

写下三个你的企业赖以生存的社会基本趋势。这些社会基本趋势现在依然如故吗？

1 月 31 日

成功运转的社会

除非权力具有合法性，否则就没有所谓的社会秩序。

一个成功运转的社会，总能有效地将社会秩序中的现实组织起来。它必须能够把握现实世界，既要把握社会秩序中的现实，也要让社会个体了解这种现实并感到有意义。它还必须能够构筑合法的社会与政治权力。

一个社会，除非它能赋予社会个体以社会地位和社会功能，而且其所具备的决定性的社会权力具有合法性，否则社会就不可能成功地运转。其中，前者构建出社会生活的基本框架，即社会的目标和意义；后者塑造出这个基本框架的内部空间，即使得社会变得具体有形，并且创造出各种社会制度。如果社会个体没有社会地位，不能发挥其社会功能，就不可能有社会，有的只会是一堆在空中漫无目的地游荡的"社会原子"。同样，除非权力具有合法性，否则也就不会有社会体系，有的只会是一个仅靠屈从和惯性连接的社会真空。(摘自彼得·德鲁克《成功运转的社会》、《工业人的未来》)

行动指南:

新组建的伊拉克政府为了具有合法性，必须要采取什么行动？一个合法的伊拉克政府怎样赋予伊拉克人民社会地位，并让他们发挥社会功能？

二　月

2月1日

跨越"分界线"

跨越"分界线",面对新现实。

每隔几百年,社会就会出现急剧的转变,我们就会跨越"分界线"。短短几十年中,社会重建了自己,包括社会的世界观、基本价值观、社会和政治结构、人文科学和主要的制度。50年过后又会出现一个全新的世界。社会巨变后出生的人们,甚至无法想像他们的祖父母是怎样成长的以及他们的父母出生的世界。

今天的巨变——这些30年前开始出现的社会新现实,现在正在而且还将日益显露出全方位的影响。这些巨变带来了全球商业结构的改变;引发了各种规模的收购、吞并以及结盟;促使了全球劳动力大军的变革,这一变革在美国已基本成为既成事实,而在日本和欧洲仍处于萌芽阶段;这一变革也带来了教育体制尤其是高等教育体制的创新需要。而这些新现实与政治家、经济学家、学者、商人以及工会领袖正在关注的对象和著书立说的观点截然不同。(摘自彼得·德鲁克《新现实》、《后资本主义社会》、《不连续性时代》)

行动指南:

下回当你听到同事为了昨天的新闻而拍案争论时,你应该设法告诉他们不要沉溺于过去,要把握住美好的现在。①

---

① 此处的英文原文为"to wake up and smell the coffee";这是一个英文俚语,意为要摆脱过去,捕捉现实生活中的新鲜事物。——译者

2月2日

面对现实

从新现实中捕捉机遇。

今天的新现实同左派和右派的预见都不吻合。它和"人人皆知的事实"也毫无干系。它和每个人固有的对未来的判断（除去政治说教的影响以外）更是相去甚远。"今天的现实"与左派和右派认为"应该如何"的观点截然不同。当今时代最严重、最有威胁的动荡，来自决策者的错觉和现实之间的碰撞；不管是在政府机关、公司的最高管理层还是在工会的领导层中，概莫能外。

但是，动荡时代对于那些能够理解、接纳并利用它的人而言，充满着大好机遇。为此，对于私人企业中的决策者而言，有一个恒久不变的主题——面对新现实，克服"众所周知的事实"的迷惑。"众所周知的事实"是昨天的确定性，但是明天它们就会成为有害的谬论。因此，在动荡的时代里，要成功地进行管理，就意味着要面对新现实，要首先考虑"世界的真实面目"，而不是固守几年前行之有效的主张和预见。（摘自彼得·德鲁克《动荡时代的管理》）

行动指南:

列出三个由于人口结构的改变（劳动力构成的改变、经济向着区域化和全球化改变的趋势）而产生的机遇。抓住这些机遇。

2 月 3 日

管理革命

非体力劳动者的生产效率才是真正重要的因素。

1881 年，美国人弗雷德里克·温斯洛·泰勒（Frederick Winslow Taylor，1856—1915）第一次将知识应用于研究、分析和监督工作，从而引发了一场"生产力革命"。而"生产力革命"也成为自己成功的受害者。从那以后，非体力劳动者的生产效率才是真正重要的因素，而这就需要将知识应用于知识。

现在，知识正在被系统地、有目的地用来界定需要什么新的知识，界定新知识是否可行，以及为了使知识产生效益必须做些什么。换而言之，知识正在被用于系统创新。知识演变的第三个变化可以称为"管理革命"。提供知识以找出应用现有知识创造效益的最佳方法，事实上就是我们所说的"管理"。(摘自彼得·德鲁克《后资本主义社会》)

行动指南：

为了取得你预期的效益，你付出了多大的代价呢？剔除三项冗余的任务，从而使自己的工作变得富有成效。

2月4日

知识和技术

新技术改变了人类的整个知识谱系。

从传统意义上看，求知和教学往往是与实际应用相分离的，因为它们往往是根据学科来确定的，即按照逻辑条理的框架，把相同的知识归到一门学科里。事实上，整个高等教育体系，包括它的师资、系别、学位以及专业，都是以不同的学科为中心的。用组织行为学家的说法，高校注重的是"产品"，而不是"市场"或"顾客的最终需求"。现在我们组织知识以及求知，更多的是以实际应用为中心，而不是像从前一样以学科为中心。在世界各地，跨学科的工作正与日俱增。

这一点表明：知识的意义不再是一种"纯知识"，而是一种资源，是一种创造成效的手段。知识作为现代社会的核心推动力，我们一方面要注重知识的实际应用，另一方面需要将它和工作结合起来。工作是无法用"学科"一词来界定的。最终的成效是将跨学科的必要性综合在一起。(摘自彼得·德鲁克《不连续性时代》)

行动指南:

列出你所负责实现的成果目标。你依靠哪些专家来实现这些成果呢？你又应该如何改善这些专家之间的协调合作呢？

2月5日

年轻人口的减少

未来社会马上就会到来。

在发达国家，未来社会将出现的主导因素，也是大多数人最近才意识到的一个现象，即老龄人口的剧增以及年轻人口的锐减。年轻人口的减少会比老龄人口的增加导致更大的混乱，因为从罗马帝国没落以来从未发生过类似事件。在所有发达国家，以及巴西和中国，人口出生率大大低于每名育龄妇女生育2.2名婴儿的人口置换率（birth replacement rate）。在政治上，这意味着移民将成为所有发达国家的重要问题，也是产生严重分歧的问题，它将影响到所有的传统政治联盟。

在经济上，年轻人口的减少将从根本上改变市场结构。家庭人口的增加一直是发达国家国内市场的主要推动力，但是家庭人口的比例肯定将逐步下降——除非有大规模年轻移民作为支撑。(摘自彼得·德鲁克《未来社会的管理》)

行动指南:

确定你所在组织的产品或服务是面向年轻人、老年人还是移民。确保你的组织对年轻人口逐步减少、老年和移民人口增加的现状作出了相应的对策。

2月6日

跨国公司

成功的跨国公司视自己为独立的、非国家的实体。

很多从事国际业务的公司依然沿用了传统的"多国公司"（multinationals）的组织模式。但是"多国公司"模式正逐渐转变到"跨国公司"（transnational companies）模式，而且转变速度快得惊人。在此期间，企业提供的产品和服务可能没有变化，但是企业的结构却发生了根本的改变。在跨国公司眼中，只有一个经济整体——世界，因为销售、服务、公共关系和法律事务虽然带有地区性，但是在考虑零部件、设备、计划、研究、财务、营销、定价和管理等问题时，必须具备全球战略眼光。例如，一家在美国领先的工程公司，可安排其设在比利时安特卫普附近的工厂，为它全世界的43家分厂生产一种关键性零部件；它也可通过三个分部来负责全球产品的研发，通过四个分部来负责全球产品的质检。对于这家公司而言，国界的概念无足轻重。

但是，跨国公司并不意味着完全脱离政府的监管，它必须适应政府的监管。然而这种适应，对于跨国公司的全球市场和技术政策实践而言，都是一种背离。成功的跨国公司视自己为独立的、非国家的实体。一种新生事物也随着这种自我定位应运而生了，那就是跨国公司高级管理层的出现，这在几十年前是难以想见的。（摘自彼得·德鲁克"全球经济和民族国家"一文，载于《外交》杂志创刊75周年纪念号（1997））

行动指南：
假如你在美国购买了一台电脑，向该品牌的海外技术支持中心询问关于电脑操作的问题。技术支持中心和本地电信公司的服务质量孰优孰劣？

2月7日

有知识的人

有知识的人应该让知识为现实服务，而不是将知识用于塑造虚幻的未来。

赫尔曼·黑塞①在他1943年的小说《玻璃球游戏》中，预言了人文主义者所期盼的世界以及它的失败。该书描述了一群过着庄严而孤独生活的知识分子、艺术家和人文主义者，他们献身于伟大的传统及其智慧与美。但是书中的男主人公——最有成就的兄弟会会长，最终决定回到饱受污染的、庸俗低调的、动荡不安的、战乱频繁的、唯利是图的现实中来，那是因为除非与世界有关，否则他的价值观只是"愚人金"②而已。

后资本主义社会比以往任何社会都更需要有知识的人。享用过去伟大的遗产，注定是一个不可或缺的要素。但是，人文教育必须要使得人们能够洞察现实并掌握现实。(摘自彼得·德鲁克《后资本主义社会》)

行动指南：

阅读一本你自己感兴趣的政治、棒球或其他任何方面的书，并反思"我学到了什么"以及"我应该如何将学到的知识应用于工作"这两个问题。

---

① 赫尔曼·黑塞（Hermann Hesse，1877—1962），瑞士籍德国诺贝尔文学奖得主，他的《玻璃球游戏》一书1949年的英译本名为 *Magister Ludi*（《地方行政官吕迪》）。——译者
② 一种黄铜矿，在野外很容易被误会为黄金，因此被称为"愚人金"（Fool's Gold）。——译者

2月8日

连续性和变革的平衡

严格意义上说，变革是一种常态，所以其基础必须非常稳定坚固。

组织越是期望自己成为变革的领导者，它就越有必要对内和对外都建立起连续性，也更有必要在快速变革和连续性之间保持平衡。一个方法就是运用"变革的伙伴关系"作为连续关系的基础。要在变革和连续性之间保持平衡，就需要不断获得新的确切信息。没有比不可靠的信息更能影响稳定或破坏彼此之间的关系了。只要有任何变革，无论多么微小，企业都应该自问："需要告知谁?"这一点变得越来越重要，因为在当前的工作环境中，企业越来越需要依靠不在同一地点工作的员工，他们之间通过新的信息科技来沟通并完成工作。总之，企业的核心基础——使命、价值、绩效与成果的界定都需要连续性。

最后，变革和连续性之间的平衡必须建立在报酬、认知和奖励的基础之上。我们必须明白，一个组织同样也要对连续性作出奖赏。例如，当一个员工不断进步时，就需要给予他肯定和奖励，彰显他对组织的价值，这就像对待真正的创新者一样。(摘自彼得·德鲁克《21世纪的管理挑战》)

行动指南:

今天，不妨给你的同事发送一封电子邮件，和他交流一些大的话题。例如，可以谈谈你所在组织的使命、价值和成效。

2月9日

组织：稳定的破坏因素

组织的"文化"总是超越社区范围。

现代组织必须在社区中运行。它们的成果也体现在社区之中。但是，组织不能使自己淹没在社区中，或是完全隶属于社区。组织的"文化"必须超越社区范围。企业会关闭下属的工厂，而当地的社区可能正依赖这些工厂来解决就业问题。企业还会用年仅25岁、精通计算机程序的"精明小子"，来代替头发灰白、花了多年时间来学习手艺的模具制造工。类似上述的任何一个变化都会造成社区的混乱。每一个变化都被视为"不公正"的，每一个变化都会破坏稳定。

决定组织文化的，是任务的性质，而不是该任务所在的社区。每个组织的价值体系由其任务决定。每家医院、每所学校和每个企业都必须坚信：它正在做的事为其所在社区作出了重要贡献。总之，这也是社区内其他所有人赖以依靠的贡献。为了出色地完成任务，组织必须用同样的方式组织起来并加以管理。如果组织的文化与它所在的社区价值观产生冲突，组织的文化一定得占据上风，否则组织将无法对社会作出贡献。(摘自彼得·德鲁克《后资本主义社会》)

行动指南：
如果沃尔玛意欲进军你所在的社区，如果社区居民坚持反对，你认为沃尔玛应该何去何从？沃尔玛在什么情形下撤退才是明智的呢？

2 月 10 日

现代组织："稳定的破坏者"

社会只有在强烈的不平衡中，才能有稳定和凝聚力。

　　社会、社区和家庭都是具有延续性的组织。它们力图维持稳定，并阻止（至少是减缓）变革的步伐。但是我们也知道：理论、观念和人类所有的精神财富都会老化，并最终变为过时的废物，成为累赘。

　　但是，托马斯·杰弗逊（Thomas Jefferson）提出的"每一代人都需要变革"的观点，并非解决这一问题的良方。因为我们知道变革并非由成就和希望促成，而是来自陈腐衰败、来自日薄西山的观念和组织、来自无法自我创新的困境。不管是政府、大学、企业、工会还是军队，这些组织要保持连续性发展的惟一途径就是在结构内部植入系统的、有组织的创新。组织、系统和政策，如同产品、流程和服务一样，最终都会老化而变得无用。无论它们是否实现了既定目标，这一过程都不可逆转。不论是社会领域还是经济领域，不论是公共服务机构还是企业，其实他们对于创新和企业家精神的需求都一样迫切。现代组织必定是"稳定的破坏者"，其构建的目标就是为了创新。(摘自彼得·德鲁克《变动中的管理界》、《生态愿景》、《创新与企业家精神》)

　　行动指南：
　　你最后一次提出或帮助提出新产品或新服务的创意，是在什么时候呢？你只是模仿你的竞争对手，还是萌生了新的点子？重新努力吧！

2 月 11 日

管理中人的因素

管理与人有关。

管理的任务是要使人能够协调合作，扬长避短。这是组织的全部内涵，也是管理能成为一个关键性和决定性因素的理由。

管理必须建立在沟通和个人责任感的基础之上。所有的人都要仔细考虑他们的目标是什么，并且确保相关人员了解这一目标。所有的人都必须仔细考虑应该为别人做点什么，并且确保别人明白这一点。所有的人都必须仔细考虑别人要为自己做点什么，并且确保别人知道这一期望。

管理必须适应需求和机遇的变化，使企业自身及其每一成员都能得到发展与进步。(摘自彼得·德鲁克《新现实》)

行动指南:

你是一场蹩脚话剧中的出色演员吗？对此，你该采取什么对策呢？

2 月 12 日

旁观者的角色

旁观者以不同于演员和观众的视角去看问题。

旁观者没有自己的历史。他们虽然也在舞台上，却毫无戏份，甚至于连观众都算不上。戏剧和每个演员的命运取决于观众的评价，而旁观者的反应除了自己以外不对其他任何事物起作用。但站在舞台侧面观看的旁观者，有如坐镇在剧院中的消防人员，能注意到演员或观众看不到的地方。最重要的是，他和演员和观众看问题的视角不同。旁观者的观察模式并非像平面镜般的反射，而是一种三棱镜似的折射。

"用自己的眼睛看问题，用自己的头脑想问题是值得褒奖的，但是特立独行、惊世骇俗的做法是不可取的。"① 这个劝诫的本意是好的，但作为"旁观者"的我却从来没有理会过。(摘自彼得·德鲁克《旁观者》)

行动指南:

在考虑你所在组织的行动计划时，不妨采用旁观者的视角来思考问题，然后采取行动。但是你要明白，你可能会冒着"惊世骇俗"的风险。

---

① 在德鲁克小时候，有一次众人指责一家饭店的老板（克伦兹）进行黑市交易。德鲁克力排众议，认为克伦兹是清白的。此处的"特立独行、惊世骇俗的做法是不可取的"，正是德鲁克父亲的一位朋友当时给他的劝诫。——译者

2 月 13 日

自由的性质

自由绝不是一种放纵，而总是一种责任。

自由不是放纵。自由和个人的快乐、安全感、安宁和进步并不完全等同。自由是一种有责任的选择。自由与其说是一种权利，不如说是一种义务。真正的自由其实并不是摆脱，而是抉择——在做与不做、如何做以及持何种观念上进行抉择。自由不是放纵，而是人所背负的最沉重的枷锁，因为个人要决定自己的行为和社会行为，并对两者负责。(摘自彼得·德鲁克"工业人的自由"一文，载于《弗吉尼亚评论季刊》)

行动指南:

列出你工作的具体目标。思考一下为了实现你的个人成功，应该具有什么目标。同样，也帮助你的上司实现他的绩效目标。向你的上司表明你的目标，并且让他知道你所取得的进展。

2 月 14 日

对政治领导人的要求

谨防"领袖气质"。①

领袖气质在今天是"极其时髦的"。它是许多人谈论的焦点，描绘领袖人物的书籍也是汗牛充栋。然而，渴望领袖人物的出现无异于谋求政治死亡。20 世纪确实涌现出了很多富有领袖气质的杰出人物，在这方面，任何其他一个世纪都难以与之相媲美。但是，20 世纪显赫一时的几位领袖人物（如墨索里尼、希特勒）所造成的严重灾难也是其他领导人无法相比的。重要的并不是领袖气质，而是领袖实行了正确的领导还是进行了误导。20 世纪所取得的建设性成就，其实都因为那些完全不具备领袖气质的人作出了努力。例如，在第二次世界大战期间，德怀特·艾森豪威尔和乔治·马歇尔是率领盟军走向胜利的两位军事领导人。虽然，他们两人都是高度自律、富有才干，但却不苟言笑，缺乏领袖气质。

也许持乐观态度的最大原因正是基于这一事实之上：对"新的大多数"，即知识型员工而言，旧式的政治毫无意义。相反，得以证明的称职的能力才是至关重要的。(摘自彼得·德鲁克《新现实》)

行动指南：
去发现你公司中最有能力的员工，而不是最富有领导气质的员工。

---

① 领袖气质，其英文原文为 Charisma，指的是领袖人物超凡脱俗的领导魅力。——译者

2 月 15 日

社会拯救

社会拯救信念的终结，有可能促使个人责任感的回归。

在我看来，某种主义作为一种教义的崩溃，肯定标志着社会拯救信念的消亡。我们无法知晓将会出现什么信念，我们只能期待并祈求。也许只有禁欲主义的摒弃，抑或重新出现一种针对知识社会民众的需要和挑战的传统宗教？美国的新教、天主教和超宗派等这些我称之为"乡村的"基督教团体的迅猛发展，可能就是一种不祥预兆。但是，原教旨主义的复活也可能是一种不祥预兆。因为，现在如此热情接受原教旨主义的穆斯林年轻人，40 年前也可能是同样热情的某种主义者。是否会出现新的宗教呢？

自我救赎、自我更新、精神升华、善行和美德（"新人"，用传统的说法）有可能仍然被看作是存在主义式的，而不被看作社会的目标或是政治药方。社会拯救信念的终结无疑标志着人们转向内心。它可能重新强调个体、强调人。它甚至还可能促使（至少我们能够这样希望）个人责任感的回归。(摘自彼得·德鲁克《后资本主义社会》)

行动指南：

负责管理你的不是组织内的人力资源部，而是你自己。了解自己的长处所在。确保自己的工作成效与期望值相吻合，并且管理好自己。要不断地扪心自问："我应该作出什么贡献？"

2 月 16 日

利益协调的必要性

进行协调并不意味着社会应当放弃对企业经济运营权力的限制。

为实现经济目标并不意味着企业可以不承担社会责任。相反的，企业在寻求自身利益的同时，应该合理安排并自发地履行它的社会义务。只有当企业能够对社会稳定以及对与企业管理善意与理念无关的社会目标贡献力量的时候，建立在企业基础上的个人社会才能发挥功能。

与此同时，进行协调并不意味着社会应当放弃其本身的需求、目标和对企业经济运营权力的限制。相反，为企业制定框架的职权是至关重要的，任何组织与个人都要在这一框架内行动。社会也必须是有组织的，以避免有人在社会稳定和社会信仰的名义下，采取一些不利于其代表机构生存与稳定的行动。(摘自彼得·德鲁克《公司的概念》)

行动指南：

直到 2004 年初，仍然有许多声名显赫的互助基金允许大客户在闭市后交易。这就使得大客户在了解销售卖价上占有优势，这是普通持股人所无法享有的权利。给你参股的互助基金总裁发封电子邮件，让他提供你的利益未受损害的证明。

2 月 17 日

社会的社会目标

工业社会根本社会目标的缺失，是我们问题的核心所在。

我们已经放弃了"经济发展一直是也必然是最高目标"的信仰。一旦我们放弃将经济成就视为最高价值，而只是将其视为众多目标中普通一个时，我们实际上已经放弃了将经济活动作为社会生活根基的看法。而"将经济作为社会的根本建构领域"的观点的摒弃，就走得更远了。西方社会已经放弃了人在根本上是"经济人"的观念。"经济人"的观念认为：人的动机是经济动机，成就是经济成功与回报。

我们需要在重新界定人的本性及实现社会目标的基础上，建立一个自由的、成功运转的社会。我们必须建立一种带有道德色彩的社会生活概念，这一概念蕴藏于哲学与经验之中。（摘自彼得·德鲁克《工业人的未来》）

行动指南:

建立一个组织的目标，要使它能够超出下一个季度的财政收入，超出持股人财富的最大值。建立一个令员工信服的目标，并促使他们贡献出最大的工作成效。

2 月 18 日

重塑政府

政府必须重新获得一点工作能力。

政府在特殊利益集团的攻击面前，已经显得软弱无力。政府实际上无力控制，无力有效地作出决定并予以实施。新的任务，包括保护环境、消灭私人军队、打击国际恐怖主义以及有效地控制军备，都要求有更多而不是更少的政府管理权力。但这需要一个不同于以往的政府。

政府必须重新获得一点工作能力。它必须"转向"。要使任何机构转向，不管是企业、工会、大学、医院还是政府，都需要采取以下三个步骤：

1. 放弃那些不起作用的事情；放弃那些从未起过作用的事情；放弃那些已经失去效力以及无法再起作用的事情。

2. 将精力集中于那些起作用的事情；集中于确实能够产生效果的事情；集中于能够改进组织工作能力的事情。

3. 分析一些得失各半的案例。

要转向就要放弃不起作用的部分，并多做起作用的那一部分。(摘自彼得·德鲁克《后资本主义社会》)

行动指南：

你的公司能从政府管理能力的缺陷中获益吗？在这一点上，美国的联邦快递公司和联合包裹运送服务公司堪称成功的典范，因为他们从美国邮政管理局的管理缺陷中获益颇丰。如果你是在政府部门工作，就要将精力集中于那些起作用的事情，从而提高管理的效果。

2 月 19 日

恢复私有化

私有企业存在的最好理由是它的"淘汰进化"功能。

恢复私有化是一整套系统化政策，就是利用"组织化的社会"中的非政府组织来达到"行为"的目的，这其中包括任务的绩效、行动和执行。它们过去流向了政府并成为政府的职责。这是因为最初的社会、家庭等私人组织无力完成这些任务。为什么恢复私有化是合乎情理的呢？因为在所有的社会组织中，它最富有创新性。其他任何组织创立的初衷都是为了阻止，至少是为了延缓变革的步伐。它们只有在迫不得已的情形下，才会不情愿地实施变革。

相比而言，企业在改革上有两大优势，而政府却有一大劣势。企业的第一大优势在于：企业可以随时中止一项业务。事实上，如果企业在市场上打拼，就不得不这样做。另外，在所有的社会组织中，企业是社会惟一允许消失的组织。企业的第二大优势在于：在所有的组织中，它具有衡量绩效的尺度。顾客往往会问："这个产品明天对我会有什么用？"如果答案是"毫无用处"的话，他会目睹这家生产企业的消失而不会有半点遗憾。而投资者也会如此。"私营企业"存在的最佳理由并非是它的盈利功能，而是它有"淘汰进化"的功能，因为企业是最有适应力、最有"柔韧性"的社会组织。(摘自彼得·德鲁克《不连续性时代》)

行动指南:

过去有过监狱"私有化"的例子，现在连战争"私有化"都出现了。列出接下来可能会私有化的行业，并确定你应该如何从中获利。

2 月 20 日

管理与经济发展

可以这样说，世上没有"欠发达国家"，只有"欠管理国家"。

好的管理促使经济与社会进步。经济社会的进步是管理的产物。可以这么概括：世上没有"欠发达国家"，只有"欠管理国家"。日本在140年前，如果以任何物质标准来衡量，无论如何都是一个欠发达国家。但它很快创造出了一套良好的、甚至是出色的管理程序。

这意味着，管理是首要的推动力，而发展正是它推动的结果。经济发展的全部经验证明了这一点。无论在哪里，如果只有资本，并不一定取得发展；但只要我们能够发挥管理能力，我们便能取得高速的发展。换言之，发展事关人的能力而不是经济财富。管理的任务便是挖掘人的能力，为人指明方向。(摘自彼得·德鲁克《生态愿景》)

行动指南:

你的公司对发展中国家产生了怎样的影响呢？你的活动是否提高了当地的管理水平呢？

2 月 21 日

集中计划的失败

在新技术时代，任何社会如果还想通过集中计划来治理经济，必将凄惨消亡。

新技术将在很大程度上扩展管理领域，现在很多人都认为基层员工总会成为有能力从事管理工作的人。但在各个层面上，例如对经理人的责任与能力的要求、他的远见、在接连出现风险时的应变能力、经济知识与技能、管理经理人的能力、管理员工的能力、管理工作的能力，以及决策能力等都将有极大的提高。

新技术要求最大限度的分权。若一个社会试图通过不依靠自治企业的自由管理，而是通过集中计划来治理经济，必将凄惨消亡。那些想要通过将责任与决策集中于高层的企业，也将会有同样的下场。这就好像两栖动物时代的巨大爬行动物，它们试图用细小而集中的神经系统来控制庞大的身躯，那必然无法适应环境的剧变。（摘自彼得·德鲁克《管理实践》）

行动指南：

你是否对你的员工进行了微观管理？要相信员工接受过良好的工作培训，大胆放权给他们，并赋予他们责任，允许他们失败。

2 月 22 日

政治拨款国家[①]

政府成为文明社会的主人，能够塑造社会并使之成形。

在第一次世界大战以前，历史上任何一个政府都只能从它的人民那里得到该国国民收入的一小部分，也许是 5% 或 6%。只要人们知道税收是有限的，政府的运作就会受到极大限制，不论它是民主政府还是沙俄专制君主政府。这种限制使得政府不可能成为社会机构或经济机构。但是，自第一次世界大战（更多的是从第二次世界大战）起，制定预算的过程实际上意味着对一切支出说"是"。新的分配方案假定在经济上对政府所能获得的税收没有任何限制。政府成为文明社会的主人，能够塑造社会并使之成形。通过掌握财政大权，政府能够按照政治家的理念来塑造社会。更糟糕的是，财政国家已经变为"政治拨款国家"。

"政治拨款国家"正日益侵蚀着自由社会的基石。当选代表欺诈选民，使得特殊利益集团从中渔利，买下他们的选票。这是对公民概念的否定，而且这种情形正日益普遍。(摘自彼得·德鲁克《后资本主义社会》)

行动指南：

起草一份选民请愿书，要求为你所在的城市制定一个平衡的预算修正案，限制每年个人财产税的增加；加利福尼亚州的第 13 号提案[②]就是一个成功的例子。旁听市议会的会议，并评价政府在预算削减方面的举措是否妥当。

---

① 原文为"the pork-barrel state"。政治拨款指的是议员为赢得选票，而为选民争取到的地方建设经费。——译者

② 该提案将财产税的控制权从地方政府转移到了州政府，地方政府只能依靠销售税和州财政补贴来支付日常开支。——译者

2 月 23 日

政府的新任务

新任务要求建立不同形式的政府。

新任务要求政府拥有更多而不是更少的行政管理权力,它们还要求建立不同形式的政府。眼前最大的威胁是对人类生存环境的破坏。而仅次于这一生态危机的第二位要关注的是,采取跨国行动并建立跨国机构以阻止私人军队复活的需要,亦即压制恐怖主义的需要,而且这种需要正日益增长。

甚至连小小的集团都能有效地将大国扣为"人质",因此恐怖主义的威胁极大。一颗核弹能被轻易地放入任何大城市的锁柜或邮箱内,并通过遥控引爆;而内含炭疽孢子的细菌弹也是如此,它足以杀死数以千计的人并使大城市的供水系统遭到污染,使之不再适宜居住。清除恐怖主义威胁所需采取的是超越任何国家主权的行动。我们未来的任务就是要建立必要的机构,而这些机构的发展也需要较长的时间。然而,让国民政府甘愿接受这些机构的指导并服从其决议实是件翻天覆地的事件。

(摘自彼得·德鲁克《后资本主义社会》)

行动指南:

通过与专门致力于打击核恐怖主义的国际原子能机构(IAEA)这样的跨国组织建立伙伴关系,你和你的公司可以参与到全行业的重要动议中去。

2月24日

企业的合法性

除非企业权力的组建是建立在一个能为人接受的合法性原则基础上，否则它将无法存在。

任何社会权利只要丧失了合法性，就不能持久维系。任何社会若不能将个体成员凝聚起来，也不能发挥功效。我们的社会若不能使工业体系的成员得到他们今天所缺乏的地位与职能，也将走向解体。大多数人不会造反，反而会陷入一种麻木不仁的状态。他们将会逃避自由的责任，这种丧失了社会意义的自由只是一种威胁与负担。我们只有两个选择：要么建立一个有效的工业社会，要么就是眼睁睁地看着自由湮没于无政府与暴政之中。（摘自彼得·德鲁克《工业人的未来》）

行动指南：
决定你和你的公司是在一个无政府或暴政的世界中运营，还是在一个风险极高的环境中运营。

2 月 25 日

企业的治理

当知识取代金钱统领整个世界时，"资本主义"意味着什么？

很快地，我们就会再度面对经营管理的问题了。我们需要重新定义公司的目的。该目的必须满足公司法定持有者——持股人的权益。但同时，它又要满足公司赖以创造财富的人力资源，即公司里知识型员工的需求。任何组织想要基业长青，必须依赖其知识型员工的生产率优势。因此，吸引并留住最好的知识型员工是最重要、最基本的任务。

当知识取代金钱统领整个世界时，"资本主义"意味着什么？当知识型员工成为公司真正的资产，"自由市场"又意味着什么？这些员工不可能被买卖，也不可能来自并购。但是可以确定的是，知识型员工的出现必将给经济体系的结构和本质带来根本性的变化。（摘自彼得·德鲁克《21世纪的管理挑战》）

行动指南:

你的员工队伍中高学历职员占了多少比例？告诉这些员工，你重视他们的贡献，并请他们在各自的专长领域中发挥重要作用并参与决策，使他们感觉到自己是公司的主人。

2月26日

平衡企业的三种角色

股东权利注定要陷入困境，这不过是一种在繁荣时代才能正常运转的模式，它是靠不住的。

在未来社会中，企业高层管理者面临的一个重要任务，便是要平衡企业的三种角色——经济组织、人力组织以及作用日益重要的社会组织。在过去的半个世纪中，以上三种任何一种角色的强化，都会使另外两种角色的作用相对弱化。德国式的"社会市场经济"模式强调企业的社会角色；日本模式强调人力组织的角色；而美国模式则强调企业的经济组织角色。

单独采取上述三种模式的任何一种都是不完善的。德国模式虽然取得了经济成功与社会稳定，但付出了高失业率的代价，从而产生了劳工市场僵化的危险；日本模式取得了多年举世瞩目的成就，但遭遇了一次严峻挑战后便开始踉跄不前；事实上，自20世纪90年代以来，日本的企业模式正是其难以从衰退中恢复元气的一个重大障碍。股东权利也注定了要陷入困境，日本模式不过是在繁荣时代才能正常运转的模式，它是靠不住的。显然，企业只有在事业一派繁荣的时候，才能胜任它作为人力组织与社会组织的职能。但随着知识型员工日益成为关键员工，企业只有成为体恤员工疾苦的雇主，才能取得成功。(摘自彼得·德鲁克《未来社会的管理》)

行动指南:
从经济、人力、社会组织的三种定位角度，来审视你企业的绩效。列出五个尚存的缺陷，并有计划地去改正这些缺陷。

2 月 27 日

界定企业的宗旨与使命

本企业究竟是个什么性质的企业?

看起来,要知道一个企业究竟是什么性质的企业,委实简单明了不过了。制钢厂是一个制钢的企业;铁路是利用火车从事客运和货运的企业;保险公司可以承保火险;银行则从事借贷。但是,问题并不总是这么简单的。"本企业究竟是什么性质的企业?"通常是个难以回答的问题,找到正确的答案绝非易事。

一个企业是个什么性质的企业,并不是由其名称、企业规章制度或章程所决定的。决定企业机构的,应该是顾客——顾客购买产品或服务的需要。满足顾客的需要,才是一个企业机构的宗旨和使命。因此,"本企业是什么性质的企业",只要站在企业机构"以外"看,从顾客及市场的观点看,就能找到答案。顾客看的是什么,想的是什么,相信的是什么,需要的又是什么,管理者必须认真对待,并以此作为企业的目标。管理者也应该对此审慎地考虑,因为其重要性绝不亚于推销员的报告、工程师的试验和会计账目上的数字。管理者必须从顾客身上去找答案,而不是去猜测顾客的答案。(摘自彼得·德鲁克《管理:任务、责任与实践》)

行动指南:

这周每天都抽出时间与顾客谈心。了解他们如何看待你的企业,对你的企业有什么想法,将你的企业归为哪种类型,并且渴望从你的企业获得什么。利用你所得到的这些反馈来界定你企业的使命。

2 月 28 日

界定企业的宗旨与使命：顾客

谁是顾客？

要界定企业的宗旨和使命，要问的第一个问题也是最关键的问题，便是"谁是顾客？"回答这一问题并非易事，它的答案往往决定了企业如何界定自身。顾客是产品或服务的最终使用者，所谓"顾客"总是指某一特定的顾客。

许多企业都有至少两类以上的顾客，有促销活动的时候，顾客们都会去购买。品牌消费品制造商通常至少有两种客户——家庭主妇与杂货商。如果只能打动主妇们购买你的商品，而没能说服杂货商采购你的商品，那么主妇们对你的企业毫无益处；而反之，如果杂货商将你的产品放在醒目的货架上，而主妇们并不想去购买，那么杂货商也没给你的企业带来丝毫好处。只满足了一个顾客的需要而没能满足另一个顾客的需要，企业就没有绩效可言。(摘自彼得·德鲁克《管理：任务、责任与实践》)

行动指南:

明确你所负责的产品或是服务拥有多少类别的顾客。反思你是否满足了不同顾客群的需要，是否忽略了某些顾客群的需要。

2 月 29 日

顾客到底想买什么

顾客眼中的价值是什么？

关于企业的宗旨和使命，还有最后一个问题，即"顾客眼中的价值是什么？"这应该是最重要的一个问题，但也常常被人忽略。其中的一个原因便是：许多经理人自以为他们知道答案。经理人总以为"价值"就是他们企业的"品质"。其实，这个答案错了。顾客购买的，不是一个"产品"，而是一种需要的满足。顾客购买的是"价值"。

举例来说，对于一个十几岁的少女而言，皮鞋的价值便是"时髦"，所以皮鞋必须时髦。而价格，只是次要的考虑；至于鞋子是否经久耐穿，根本不是女孩眼中的价值所在。几年过后，当女孩为人母的时候，"时髦"逐渐变为一个考虑因素。她当然不肯买落伍的东西，但她同时开始重视耐用性、价格和舒适度了。同一双皮鞋，卖给少女可能非常畅销；但即使在比她仅年长几岁的姐姐眼中，价值便可能大不相同。一个企业在不同顾客眼中的价值是个复杂的问题，这只能由顾客自己来决定。管理者不该去猜测——而应该到顾客身上去系统地探求问题的答案。(摘自彼得·德鲁克《管理：任务、责任与实践》)

行动指南：

在你的企业所提供的产品或服务中，哪些是你的顾客们认为最有价值的？如果你不能回答这个问题，那么就去找出答案。如果你已经知道了答案，那么就去问你的顾客是否需要送货上门吧！

三　月

3月1日

变革的领导者

成功应对变革的最有效办法，就是去创造变革。

我们无法驾驭变革，我们只能走在变革之前。我们现今所处的是一个动荡不安的年代，变革是常态。说真的，变革是痛苦和冒险的；尤有甚者，变革要下很多苦功夫。但是，除非一个组织明确了主导变革是它的任务，否则就无法生存。在结构急剧变革的时代，惟一能存活的是那些能够领导变革的组织。变革的领导者视变革为机遇，主动寻求变革，懂得如何找到适合组织，而且在组织内部和外部都能发挥功效的有益变革。创造未来的风险极高，但是不去创造未来的风险更高。尝试去创造未来吧！固然大部分人不会成功，但可以预见的是，不去尝试的人更是毫无胜算。(摘自彼得·德鲁克《21世纪的管理挑战》、《未来社会的管理》)

行动指南：
占据未来先机，做变革的领导者。

3 月 2 日

衡量创新的价值

以创新对市场和顾客所作的贡献，来衡量创新的价值。

衡量创新的价值就是看它是否创造了价值。创新就意味着创造出新的价值，使顾客有更高的满意度。盲目求新只能带来哗众取宠的效果；然而管理层一次又一次地决定推陈出新，其原因在于：他们厌烦日复一日做同样的事，生产同样的商品。衡量创新以及衡量"质量"，关键不在于"我们喜不喜欢"，而在于"顾客是否想要，是否乐意花钱买我们的产品"。

企业组织对创新的评价标准，不是看创新在科学上和技术上的重要性，而是要看它对市场和顾客所贡献的价值。他们认为，社会创新与技术创新是一样重要的。本世纪，以分期付款的形式来销售给经济和市场带来的影响，甚至比许多重大技术进步所带来的影响还要大。（摘自彼得·德鲁克《管理前沿》、《21世纪的管理挑战》）

行动指南:

界定你所在的组织作出的创新，辨别它是一种盲目求新还是一种创造价值的创新。你是否曾因为厌倦了做重复的事情而盲目求新呢？如果答案是肯定的，那么你一定要保证：今后生产的新产品能够符合顾客的需求。

3月3日

来自企业外部的技术

对企业或某一行业影响最大的技术，可能来自企业所在的行业外部。

促使企业转型的许多变革，往往源自企业所处的行业外部。下面是三个著名的例子：人们最初发明拉链是为了将谷物之类的成捆重物卷起来，特别是在港口多有使用。没有人想到将它用于服装制造业。服装制造业的从业人士也没有想过用它来替代纽扣。它的发明者做梦也没有想到，这一发明会在服装制造业中取得成功。

"商业票据"诞生于非银行金融机构中的"短期票据"，并非首先在银行中出现，却对银行业产生了巨大的影响。在美国法律体制下，商业票据被视为一种证券，这就意味着商业银行不能经营此类业务。像高盛、美林证券、通用电气金融服务公司等公司正是发现了这一点，从而取代了商业银行成为世界上最重要、最具领导力的金融机构。

给电话工业带来革命性影响的玻璃纤维线缆，也并不是诞生在美国、日本或是德国的高级电话研究实验室中，最初是由一家名不见经传的"康宁玻璃公司"发明的。(摘自彼得·德鲁克《21世纪的管理挑战》、《从数据到信息普及》(美国 Corpedia 德鲁克教育培训课程))

行动指南:

至少找到一项源自你行业外部的变革，这项变革也许能促成你的企业转型，也许蕴藏着使你企业转型的潜在力量。从你的行业外去寻找新的发展理念，这些理念可以使你的企业获益匪浅。

3月4日

创新，重在大理念

创新的理念就好像蛙卵一样：孵化的上千个蛙卵中，能存活成熟的只有一两个而已。

创新性的组织懂得，任何创新都是从一个理念开始萌芽的。理念在某种意义上说像婴儿一样——刚诞生的时候，微弱、不成熟、不成形，虽有发展前景，但需细心培育。但在创新性的组织中，经理人不会说："这是个蠢到极点的理念。"而会问："我们该怎么做才能将这个不成熟、不完善的'蠢'主意变成良计，才能让它变得可行，才能让它变为我们的机遇呢？"

但创新性组织也知道，大多数的理念并不一定都能转化成有用的良策。创新性组织的经理人要求有想法的人，对那些需要将想法转化成商品、流程、业务或是技术的工作进行思考，再得出结论。经理人会这样问："在公司采纳你们的这些想法之前，我们该做些什么工作，又该去探求、学习些什么呢？"经理人明白，如果想要一个新的理念为企业带来重大创新，那么将理念转化为成功的现实将是一件既困难又极具风险的事情。因为他们的目标并不是对产品或是技术进行"改进"与"调整"，而是去创造一项新的事业。(摘自彼得·德鲁克《管理前沿》)

行动指南：

列出三个你认为最好的想法。再列出你成功地将它们转化为现实之前，所需要了解的十条关键信息。去发掘其中最好的一个想法，如果没有一个想法切实可行，不妨从头开始。

3月5日

未来的管理

预测未来事件，是徒劳无功的。

要了解未来的出发点，就需要将下面两种不同、但又具有互补性的方法运用到实践中：

- 经济的非连续性与社会发展之间存在着"时间断层"，它影响着各个方面，找出来并利用它。——人们也称这一方法为"对已经发生的未来的预期"；

- 找到一种能影响未来的新的理念，这一理念致力于指明未来的方向与形态——人们也称这一方法为"塑造未来"。

"已经发生的未来"并非企业内部可以掌控的，而是受制于企业外在的因素，包括社会变革、知识、文化、行业或是经济结构等。换而言之，它并不是企业内的改变，而是一种大潮流，一种模式的突破。通过探寻"已经发生的未来"并预期它的影响，管理者可以得到全新的理念。管理者首先需要"审时度势"。通过"审时度势"，那些管理者才有能力去做、也应该去做的工作，通常并不是太难找到。机遇既不遥远也不模糊，最重要的是要注重模式。

去预测未来，只会给你找来麻烦。管理的任务是去管理好既有事实，并开创出能够做、也应该做的工作。(摘自彼得·德鲁克《成果管理》)

行动指南：

去发现经济或社会的不连续性为你的企业所提供的机遇。确定变革将在多少时间内影响你的企业。在这种观念的引导下，制订能够获利的商业计划。

3月6日

创新与风险承担

成功的创新者是保守主义者。

我曾参加过一所大学的企业家精神研讨会，会上许多心理学家发表了自己的见解。尽管他们在论文中所陈述的观点各不相同，但他们都谈到了"企业家个性"，亦即"冒险家"个性。与会者中有一位知名的企业家，他是一名创新者，进行了一项程序的创新，并利用它建立了一家全球航天企业，该企业现在已有 25 年的历史了。当请他发表意见时，他说道："我对各位的大作深感困惑。我了解许多成功的创新者和企业家，包括我自己。我从来没有听说过什么'企业家个性'。我所知道的所有成功者都有一个共同点，而且只有这样一个共同点：他们都不是'冒险家'。他们都试图找出面临的风险，然后尽量将它们减少到最低。如果不这么做，就没有人能取得成功。"

他的话与我所体验到的不谋而合。我也知道许多成功的创新者和企业家，他们中没有一个有"冒险倾向"。大多数的成功创新者在现实生活中都不是有"浪漫气质"的人物，他们把大部分时间花在流动资金的估算上，而非武断地作出冒险尝试。他们并非"专注于风险"，而是"专注于机遇"。(摘自彼得·德鲁克《创新与企业家精神》)

行动指南：

明确你的哪些想法风险最低且成功的机会最大，好好挖掘这些想法的价值。

3月7日

创造真正的有机整体

有机整体的效用要大于各组成部分效用的总和。

　　管理者的任务便是去创造一个有机的整体，使它的效用能够大于各组成部分效用的总和。这类似于交响乐团的指挥，他的努力、远见和领导精神，将各个相对独立的乐器组合成一个有机整体，并上演一台现场音乐会。不同的是，指挥只是一个演绎者，他必须依赖作曲家的乐谱；而管理者既是指挥者，又是作曲家。

　　要创造一个真正的有机整体，就要求管理者的一举一动都同时兼顾企业的绩效与成果——这两者是联为一体的，还要考虑使两者取得同等幅度的进展，所需采取的不同行动。在这一点上，或许将之与乐团指挥作比较是非常贴切的。作为一个指挥，他不但要考虑到乐团的整体表现，还要留心某一特定乐器的表现，比如双簧管。同样，管理者不仅要留心企业的整体绩效，还要特别注意企业所需的市场调查活动等具体业务。通过提高整体绩效，他明确了市场调查的范围与挑战；通过提高市场调查的绩效，他又可以取得更多商业成果。管理者必须去思考这样两组问题："什么是我们需要的更优化商业绩效？取得这些绩效我们需要采取什么行动？"以及"我们采取的行动有利于创造怎样的绩效？这些行动会给我们的企业带来怎样的进步？"（摘自彼得·德鲁克《管理：任务、责任与实践》）

　　行动指南：

　　你是否为你的"交响乐"谱好了曲子？你的老板是否谱好了他的曲子？你是否已经开始和你的演奏者们进行排练？你能听清双簧管的演奏声吗？你是否为在卡内基音乐厅[①]登台演出作好了准备？

---

　　① 卡内基音乐厅是位于美国纽约曼哈顿的著名音乐厅。——译者

3月8日

动荡不安：威胁还是机遇？

当天堂的甘露如雨水般降下，有些人撑起雨伞，另一些人则找来了大汤匙。

管理者在执行任务时，要学会这样发问："对于危险、机遇和变革，我必须要作好怎样的准备呢？"首先，你要明确你的组织结构是否精简，行动是否迅捷。这取决于你是否系统地放弃或摈弃那些不合理的产品与企业行为，并检验那些真正重要的任务是否得到了足够的资源保证。第二，还要关注那些最昂贵的资源——"时间"。特别要关注那些重要的高薪群体，比如研究人员、技术服务员工以及所有的管理者，是否得到了充足的时间保证，因为时间是他们惟一资源。你还必须为提高生产力设定目标。第三，管理者还必须学会如何管理"增长"，并辨明不同类型的增长。如果经过资源整合后，生产力得到了提高，那便是有益的增长。第四，在未来几年内的员工发展也是至关重要的。(摘自彼得·德鲁克《如何用彼得·德鲁克的五个最重要的问题来衡量你的非营利组织》、《动荡时代的管理》)

行动指南:

你要摈弃那些不合理的产品与活动；提高为生产力设定目标；管理"增长"；注重员工的发展。

3月9日

持续变革的企业

今天看来确信无疑的东西，到了明天可能漏洞百出。

对于发达国家而言——也许也是对于整个世界而言，有一件事是确定无疑的，那就是我们面对着多年的深刻变革。一个组织必须为连续性的变革作出安排。有些人认为，企业家的创新不过是管理之外的事情，或相对于管理而言不过是无关紧要的问题，这些想法往后是行不通的。企业家的创新要成为企业管理中的核心和关键。组织的职能是一种企业家职能，是将知识融入到工作——工具、产品、流程之中；融入到工作设计，乃至回归到知识本身当中。

技术变革最为薄弱的地方，也是最需要创新的地方。在医药公司中，任何员工都知道，公司能否长久发展，取决于公司是否具有每隔10年就用新产品替代原有四分之三旧产品的能力。但在保险公司内，又有多少人意识到，公司的成长——或许该说是公司的生存，取决于新险种的开发？一个企业的技术变革越滞后、越不鲜明，整个组织面临僵化的威胁就越大。为此，重视创新也就显得尤为重要了。(摘自彼得·德鲁克《变动中的管理界》、《管理实践》、《生态愿景》、《21世纪的管理挑战》)

行动指南:
你和你的组织是否正面临僵化而停滞不前的危险？明确你和你的组织如何能够进行系统创新，并将创新计划纳入到你的管理流程中去。

3 月 10 日

寻求变革

变革是人们的行动，而潮流只是人们的谈资。

企业家将变革视为一种规范，一种健康的表现。通常他们自己并不引发变革。但是，这给企业家与企业家精神下了定义——企业家总是在寻求变革，对变革作出反应，从变革中发掘机遇。

一个变革，就像一扇窗口。通过变革的窗口，我们不禁要问："这能否变成机遇？这一新事物是真正的变革，还只是一时的潮流？"两者的区别非常明显：变革是人们的行动，而潮流只是人们的谈资。人们谈论最多的话题便是潮流。你还必须问问自己：这些转型和变革到底是机遇还是威胁。如果你从一开始便将变革看作是威胁，你就永远不会有任何创新。不要因为变革出乎你的预料之外就轻言放弃。未曾预料到的事物往往是创新最好的素材。(摘自彼得·德鲁克《未来社会的管理》)

行动指南：
花上半个小时和同事们一起讨论行业内的广泛变革，并将这些变革和真正重大的变革进行对比。不要过于在意潮流，而要了解如何将真正的变革转化成资本。

3 月 11 日

变革的测试

不管是研究还是市场调查，抑或是计算机模拟实验，都无法替代实践中的测试。

每一个改进或创新的尝试，都需要先进行小规模的测试，需要作鉴定。方法便是在企业里找出真正想要这项新事物的人。每一种新事物都会出问题，因此需要有人打头阵，需要有人能说："我非把它做成功不可。"然后才能着手行动。这个人也必须在机构里享有好的声誉，但他不一定是企业的内部员工。

通常来说，测试一个新产品或是新服务的好方法便是，找一个迫切希望新产品、新事物，并且愿意与生产者合作的顾客，让他为这个新产品或新服务的成功来努力。假如测试成功——在测试的过程中发现了设计、市场、服务等其他人未曾预见到的问题，也发现了其他人未曾预见到的机会，那么变革的风险通常就很小了。(摘自彼得·德鲁克《21世纪的管理挑战》)

行动指南:

确保你组织中最好的观点得到坚定的支持，从而能够经受住市场的测试。

3 月 12 日

企业的宗旨

企业主要有两种功能：营销与变革。

假如我们想要知道企业是什么，那么，我们必须先搞清楚企业的宗旨。企业的宗旨必然存在于企业之外。事实上，由于工商企业是社会的一个组织，所以企业的宗旨必然存在于社会之中。企业的宗旨只有一个正确而有效的定义——创造顾客。顾客是企业的基础，并维系着企业的存亡。惟有顾客才能提供就业机会。也正是因为企业能够满足顾客的需求，社会才会将创造财富的资源交付给企业。

由于企业的宗旨是创造顾客，所以任何工商企业有两种，且只有两种基本功能：营销与变革。这也是企业家的职能。营销又是企业惟一区别于其他组织的职能。(摘自彼得·德鲁克《管理实践》)

行动指南:

明确你的顾客今天所希望实现的需求，明确你的产品将在多大程度上满足顾客的需求，帮你的顾客找到创造价值的新方法。

3 月 13 日

将战略转化为行动

　　再好的计划，如果没能融入实践工作中，也只不过是美好的愿望而已。

　　判断一项计划是否能创造出成果，其显著特点就在于：关键人物在特定任务上是否履行了义务。除非他们履行了这种义务，否则企业只会空有承诺与期盼，而没有任何计划可言。要检验一项计划，只需问经理人如下问题："如果要今天完成这项任务，你会派出哪位最出色的员工来做？"如果经理人回答（大多数经理人都会这样）说："恐怕他们现在腾不出时间。他们得先把今天自己手头的工作完成，我才能让他们干明天的活儿。"经理人若给出这样的回答，也就等于承认了他根本没有计划。

　　工作就包含着责任、时间期限，以及最终的成果评价——从工作成果中得来的反馈。我们评价的对象和方法，决定了评价的相关内容。因此，我们进行评价的对象，不应仅是我们所能看到的表象，还得包括我们和他人的工作成果。(摘自彼得·德鲁克《管理：任务、责任与实践》)

　　行动指南:
　　建立特定的量化标准来评价成果，并给你自己和组织设定创造工作成果的时间期限。

3 月 14 日

企业的普遍准则

企业准则不只是值得探求的东西，更是今天企业生存的条件。

不仅仅是商业机构，任何机构都必须为其日常管理确立四种并行不悖的企业行为。第一种行为：要有系统地放弃不再符合最优化资源配置的产品、服务、流程、市场分销渠道等；第二种行为：任何机构都必须进行持续而系统化的改进；第三种行为：进行系统化和连续性的开发，特别是要挖掘企业所取得的成功；第四种行为：进行系统化创新，即对废旧产品，或者更确切来讲，是对组织中今天最为成功的产品进行更新换代，为产品创造出不同的未来前景。我想要强调的是，这些企业准则并不只是值得探求的东西，更是今天企业赖以生存的条件。(摘自彼得·德鲁克"管理的新范式"原载于《福布斯》杂志、《21世纪的管理挑战》、《未来社会》(美国 Corpedia 德鲁克网上管理课程))

行动指南:
放弃那些行将就木的产品，确立一种系统来发掘你企业的成功之道，并系统地制定企业的创新方法。

短期管理与长期管理

　　约翰·梅纳德·凯恩斯最著名的论断莫过于"论长期，我们都死光了"。那么，"短期最优化会构建合理的长远未来"的说法，如凯恩斯所言，简直是彻底的谬论。

　　一个企业到底是为了短期成果还是为了"长远大计"运营，这是个价值观的问题。金融分析家们相信，企业的运营可以同时兼顾这两种目标，两者并行不悖。成功的商人对此有更清楚的把握。事实上，任何企业都需要获得短期成果。但当企业的短期成果与长远发展之间发生矛盾的时候，不同的企业会有不同的抉择：一些企业优先考虑长期发展，另一些则更看重短期成果。这并不只是经济层面上的争论，从根本上说，这是一种关乎企业职能与管理责任的价值观之争。（摘自彼得·德鲁克《生态愿景》、《21世纪的管理挑战》）

　　行动指南：
　　你的企业是否为了追求短期成果，而牺牲了长远的财富创造力？如何防范企业陷入这种陷阱并能够创造出短期收益，这是很值得讨论的问题。

3月16日

平衡目标与手段

我们要摈弃利润最大化的传统理论。

管理企业就是要平衡各种需要和目标。若只是一味强调利润，会误导管理者的方向，以致危害到企业的生存。为了获取今天的利润，不择手段，往往危及企业未来的生存。这些管理者可能重视当前销路最广阔的产品，却轻视那些具有市场潜质的产品。他们倾向于减少研究、促销和其他可以延缓的投资。尤为严重的是，他们避开任何可能导致资本投资增加而不利于利润测量的基本支出，结果造成企业设备面临淘汰的危险。换言之，一味强调盈利性是管理中最糟糕的做法。

任何领域，只要其绩效与成果会对企业的生存和繁荣产生直接而重大的影响，就都需要设定目标。有八个领域必须为绩效和成果设定目标——市场地位、创新、生产力、物力和财力资源、盈利性、管理者绩效与开发、员工绩效及态度，以及社会责任。在不同的企业中，不同的关键领域有不同的重点——在每一家企业不同的发展阶段也需要有不同的重点。但是，无论是什么企业，无论经济条件如何，又无论企业规模或发展阶段如何，这些基本领域都是相同的。（摘自彼得·德鲁克《管理实践》）

行动指南：

除了设立利润目标外，你还要为你的企业在如下领域中设立目标——市场地位、创新、生产力、物力和财力资源、盈利性、管理者的绩效与开发、员工的绩效，以及社会责任。

3 月 17 日

利润的目的

利润是对企业绩效的最终检验标准。

利润有三个目的。它可以衡量企业运作的净效能和健全性。此外，利润是一项"风险贴水"，它可以弥补企业的经营成本——重置、折旧、市场风险和不确定性。从这一观点看，根本没有所谓的"利润"，只有"投入成本"和"经营成本"。而企业的使命则是赚取足够的利润以补偿"经营成本"。最后，利润提供了未来资本，为企业的创新与扩张提供保证。创新和扩张也许是采用直接的方式，即通过保留盈余进行自我融资（self-financing）；或是采取间接的方式，即为正在成形的外部资本提供足够的诱因，这些资本往往是最适合企业目标的投资形式。（摘自彼得·德鲁克《管理实践》）

行动指南:

如果一个企业既不能负担经营成本，也不能提供足够的未来发展资本，那么不如趁早关闭这个无法盈利的企业。

3 月 18 日

道德和利润

有足够的利润吗？

到目前为止，约瑟夫·熊彼特提出的"创新者"和"创造性的破坏"是惟一能够解释"利润"存在的理论。传统经济学家非常清楚，他们的理论无法解释利润的源泉。事实上，在一个封闭体系的均衡经济学中，没有利润生存的空间，经济学家无法为之辩护，也无法对它作出合理解释。但是，如果利润是一种真正的成本，尤其是保住工作并创造新工作的惟一途径的话，资本主义制度就再次成为一种道德的制度。

利润动机存在着道德方面的缺陷，这使得卡尔·马克思将资本家刻画为邪恶和罪恶的化身，而且他还"科学地"断言资本家是毫无作用的，应该被扔进历史的垃圾堆。但是一旦经济摆脱了凝固不变、自我约束和自我封闭的特性，利润也就不再是不道德的了，它赋予自身道德的使命。事实上，困扰的问题不再是"应该建立怎样的经济体系，才能使得'贿赂'资本家的利润，亦即毫无作用的、但又不得不流入资本家腰包的利润最小化？"熊彼特经济学关心的首要问题是"有足够的利润吗？"有足够的资本来提供未来的成本，提供商业持续经营的成本，提供"创造性的破坏"的成本吗？(摘自彼得·德鲁克《生态愿景》)

行动指南:
审视你自己是否为资金成本和未来的创新积累了足够的利润。
如果没有，你将采取什么对策？

3 月 19 日

公司绩效的界定

将企业的财富创造能力最大化。

通用电器的前首席执行官拉尔夫·科迪纳（1958 年至 1963 年在任）坚信：总体而言，公开管理公司的高层管理者不啻一个"托管人"，他们要对企业的管理负责，使得企业能够"最好地兼顾持股人、顾客、员工、供应商以及工厂所在的城市社区的利益"。亦即兼顾我们现在所谓的"利益相关者"的利益。科迪纳的论述还需进一步明确界定何谓成效，何谓"最好"与"兼顾"，以及两者之间的关系。我们无须重述关于大型企业绩效和成效的理论，因为我们已经有很多成功的范例。

德国和日本的公司都有高度集中的所有权体制。尽管企业的管理方法各有不同，但是他们对这绩效与成效的界定都是一样的。和科迪纳不同，他们并不"兼顾"任何东西，他们做的是"最大化"。他们并不试图将持股人的财富以及利益相关者的短期利益最大化；相反，他们是将企业的财富创造能力最大化。正是基于这一目标，企业才能使短期和长期成效协调并存，才能将企业经营绩效的操作空间与企业的市场定位、创新、生产力、人力资源及其发展协调起来；才能与经济需要和成效协调起来。也正是基于这一目标，企业的所有利益相关者的期望和目标才能得以实现。(摘自彼得·德鲁克《成功运转的社会》)

行动指南：

审视你的企业在长期绩效的决定因素（市场定位、创新、生产力、人力资源及其发展）和短期的盈利需要之间的权衡取舍。判断这些权衡取舍对于企业的发展是否有益。

3 月 20 日

经理人的评分表

"管理审计"的支持者所谈论的话题，例如品格的正直和创新能力，最好留给小说家。

评价管理虽然必要，但是所谓的"底线"[①]并非评价管理绩效的合适标准。与其说"底线"是管理绩效的评价标准，不如说它更适用于经营业绩的评定；而且，今天的经营的业绩在很大程度上取决于过去管理的成败。为此，管理意味着今天为明天的经营作好准备。公司未来的经营业绩基本上取决于当前的管理绩效，这主要体现在以下四个方面：(1) **资金优化配置的绩效评估** 我们需要将实际的投资回报率和作出投资决定时预期的投资回报率进行比对；(2) **人事决策的绩效评估** 员工的预期工作绩效和他们的具体工作表现并非"难以确定"。两者虽然都不可以量化，但是我们可以很容易地对两者作出评价；(3) **创新性的绩效评估** 尽管我们在作出研究决定时，无法预测它的结果，但是都可以事后进行评估。我们可以将实际结果与作出决定时的期望值进行反馈比较；(4) **战略与绩效的比对** 预期战略是否变成了现实？考虑到企业、市场、经济和社会的实际发展情况，战略所确定的目标是否正确？这些目标是否已经实现？(摘自彼得·德鲁克《动荡时代的管理》)

行动指南:

对于你自己和本周内向你直接汇报工作的员工，都进行一番"管理审计"。审计的标准应该包括你和这些员工是否作出了正确的人事决策，是否提出了具有创意的理念，是否让战略目标得以实现。

[①] 德鲁克所谓的"底线"（bottom line）指的是，盈利与否使得私营部门的责任明确，公共机构的责任和权限在法律中有明确的规定。——译者

3 月 21 日

跨越信息革命

全新的服务性行业呼之欲出。

信息革命的实际影响现在才日益显露。但是，这场革命的真正导火线并非"信息"本身，而是一个 15 年或 20 年前，无人预见或无人问津的事物——电子商务。因特网以惊人的速度发展，已成为货物、服务甚至是管理层和专业工作职位的一种重要的分销渠道，甚至是至关重要的分销渠道。在这一背景下，电子商务也就应运而生了。它正在深刻地改变着经济、市场和工业的结构，改变着产品和服务的流通，改变着消费者的市场划分、价值观念和消费行为，而且还改变着就业和劳动力市场。

全新的、前所未有的产业势必会如雨后春笋般涌现。全新的服务性行业也将呼之欲出。(摘自彼得·德鲁克《未来社会的管理》)

行动指南:

由于现在可以预见的科技进步的影响，试想到了 2010 年，在你的行业内将会出现哪三个全新的商业领域?

3 月 22 日

因特网技术和教育

媒介不仅主导着我们的交流方式，而且还决定着我们交流的信息。

在卫生保健领域，信息技术业已发挥了巨大的作用。在教育领域，它的作用将更加显著。但是，试图通过因特网来学习大学常规课程的做法，完全是个错误。马歇尔·麦克卢汉①的论断是正确的：媒介不仅主导着我们的交流方式，而且还决定着我们交流的信息。为此，对于网络教育，我们必须另辟蹊径。

你必须将全部内容重新设计。首先，你必须要能够吸引学生的注意力。任何优秀的老师都善于捕捉学生的反应，并且善于和学生沟通。但是，你在网上却无法做到这一点。其次，你必须能够让学生通过大学课程的学习，学会从前不会做的事情，这是一个循环往复的过程。因此，网络教育必须要把书本的特点与大学课程的延续性和流动性结合起来。最后，网络教育必须要融入到具体的知识背景中去，这一点也是至关重要的。大学课堂上教授的课程有具体的知识背景。因此，在家中打开电脑就能利用的网络教育，必须要提供知识的使用环境、背景以及参考资料。(摘自彼得·德鲁克《未来社会的管理》)

行动指南:

全面反思你所在组织的在线服务项目，包括网络课程、保健福利和承诺等。咨询几位曾经使用过这些服务项目的员工，了解他们对于服务是否满意。特别提示:(抱怨声会不绝于耳) 千万别忘带上耳塞!

---

① 马歇尔·麦克卢汉，加拿大著名的传播学家、多伦多学派和媒介生态学理论的重要代表人物，其代表作品有《理解媒介——论人的延伸》等。——译者

3 月 23 日

电子商务的强大功能

销售不再与生产环节相挂钩，而是和分销渠道紧密联系在一起。

电子商务对于信息革命的重要意义，不亚于铁路对工业革命的意义。铁路突破了距离的制约，而电子商务则是消除了距离。因特网使得企业能够把不同的经营活动联结在一起，并且在各个领域内取得大量实时信息。这些信息既可能是公司内部的，也可能是面向公司外部的供应商、分销商和顾客。这也进一步加速了公司的"瓦解"过程。

但是，电子商务的强大功能在于向消费者提供种类繁多的产品，不论这种产品的生产商是哪家企业。代表性的例子包括 Amazon. com（亚马逊网上书店）和 CarsDirect. com（美国著名的在线汽车直销商）等。电子商务有史以来第一次将销售和生产分离开来，使得销售不再与生产环节相挂钩，而是和分销渠道紧密联系。没有任何一个电子商务网站，会将自己的业务范围局限于仅仅推销一个生产商的产品和品牌。(摘自彼得·德鲁克《未来社会的管理》、《未来社会》(美国 Corpedia 德鲁克教育培训课程))

行动指南:

你的企业在运作模式上，是更靠近亚马逊网上书店，还是更靠近当地的传统书店？如果是后者的话，你应该规划好如何使用电子商务，以求"东山再起"。

3月24日

来自电子商务的挑战

它将"挤垮"我们的生意。

我们尚且不知哪些货物和服务将成为电子商务的宠儿。但是,随着电子商务不断壮大,这种挑战也变得日益迫切。我们非常清楚:任何电子商务的销售成功,不论是经由"企业到企业"(B2B)的方式,还是经由"企业到消费者"(B2C)的方式,都将被视为对传统分销渠道的威胁。传统分销渠道包括超市和当地的经纪行,它们高声疾呼:"电子商务将'挤垮'我们的生意。"然而倘若过去的经验还有一丝借鉴意义的话,那么电子商务和传统的商业运作模式不仅能够并行不悖,而且还会增加它们的总业务量,因为这往往是一种新的分销渠道会带来的成果。

但是,对此我们还需静观多年才能下定论。只有这样,才能清楚哪些货物和服务将成为电子商务这种分销渠道的宠儿。凭空的臆断没有意义。因此,全力推进电子商务发展的决定实属冒险之举。然而,只要电子商务有可能成为货物或服务的一种重要的分销渠道,哪怕并非是最重要的渠道,任何企业都不敢贸然放弃拓展电子商务领域的业务。(摘自彼得·德鲁克《企业致命的五宗罪》(美国Corpedia德鲁克教育培训课程)、《变动中的管理界》)

行动指南:
列出电子商务改变贵公司分销渠道的三个主要方面,并且列出电子商务在未来两年中,可能改变这些渠道的三种方式。你将采取什么行动?

3 月 25 日

从法律拟制①到经济现实

生产活动应该分配到经济链的哪个环节上?

经济程序越来越取决于建立在企业战略联盟、联合经营和外包为基础的结构之上。这种结构不是以所有权和控制权为基础,而是以战略为基础。这种结构日益成为全球经济增长的新模式。这些合伙制公司的管理层应该将公司的战略、产品策划和产品成本作为一个经济总体来加以组织和管理。

例如,有一家全球领先的消费品生产商。这家公司原先认为:生产环节越集中地控制在企业内部,效果会越好。而如今,该公司会问:"这些生产活动应该分配到经济链的哪个环节上?"因此,公司决定将成品组装等生产活动投放到顾客所在的近 180 个国家,而把核心零部件的生产集中在世界少数几个地区。这些核心零部件可能是由一家位于爱尔兰的大型工厂生产,并提供给整个欧洲和非洲地区。通过这种方式,公司把核心要素的生产集中化,以达到质量监控的目的;产品的最后组装程序则实行外包。公司是立足于整个经济价值链的宏观角度来决定生产活动的地域分配。(摘自彼得·德鲁克《21 世纪的管理挑战》、《从数据到信息普及》(美国 Corpedia 德鲁克教育培训课程))

行动指南:
反思你自己的工作。是否有人能够用更低的成本将它做得更好?如果答案是肯定的,不妨通过阅读、调研和与人交谈的方式,以制订一个在公司内采用新技术的计划,从而改善整个经济链的结构。

---

① 法律拟制 (legal fiction),指法律把某种事实或情况认为存在,即使实际上并不存在。

3 月 26 日

多国公司的管理

到了 2025 年，多国公司很有可能通过战略来实现整合与控制。

数据表明，多国公司在当前世界经济中所发挥的作用和 1913 年基本相同，但是它们的性质却已迥然不同了。1913 年的多国公司是国内母公司设立海外分公司，这些分公司在各自所在的国家和地区范围内，独立经营，高度自治。现在的多国公司趋向于在全球通过产品和服务的流水线来加以组织。和 1913 年时候的多国公司相似的是，它们都是通过所有权来实现整合与控制。不同的是，到了 2025 年，多国公司很有可能通过战略来实现整合与控制。当然，所有权的属性依然存在，但是企业战略联盟、联合经营、少数股权、签订协议和合同的技术诀窍，将会逐渐成为整个公司联合体的基石。

这样的组织结构需要一种全新的高层管理。在很多国家里，甚至在一些规模巨大、结构庞杂的公司里，高层管理依然被视为经营管理的一种延伸。而未来的管理高层有可能成为一个特点鲜明、完全独立的机构——它将代表整个公司。(摘自彼得·德鲁克《未来社会的管理》)

行动指南:

你和你上司的管理经验是仅仅能够应付部门的琐事，还是足以驾驭业务庞大、战略合作伙伴众多的公司联合体？去做两件事，例如阅读一本关于其他公司管理或文化方面的书，或是和一个有过合伙制公司合作经验的管理者谈心，以便能够提升你作为一个战略合作伙伴应有的个人魅力。

3 月 27 日

指挥控制还是伙伴合作

以企业最大程度的集中化为目标的传统管理模式已经过时。

传统管理模式认为：企业应该朝着最大程度的集中化而努力。然而，这种模式在新的企业中已经过时。对于"企业的瓦解"有两种解释。第一，知识正变得日益"专业化"，所以也变得日益昂贵；因此，在企业内部，要确保每一项重大任务都有足够的人力投入，已经变得日益困难。此外，知识除非具有较高的利用率，否则很容易老化。因此，在组织内部保留那些间或使用的业务活动，注定要导致效率低下。

第二，当前新的信息技术（包括因特网和电子邮件），使得信息沟通成本几乎降至为零。这就意味着效率最高、收益最大的组织方式往往是"瓦解的企业"和合伙制企业。这样的方式正在越来越多的活动中得以应用，例如将组织的信息技术、数据处理和电脑系统的管理任务外包，这已经成为一种通行的做法。(摘自彼得·德鲁克《未来社会的管理》、《未来社会》(美国 Corpedia 德鲁克网上管理课程))

行动指南：

试想是否会因为老板将你的工作内容外包，从而导致你由于"企业的瓦解"而失业。准备好应对之策。

3 月 28 日

战略所依赖的信息

企业惟一的利润中心是携带可兑现支票的顾客。

企业的战略必须建立在信息的基础之上，这些信息来自市场、顾客及非顾客、自身产业和其他产业的科技、全球金融环境以及变动中的世界经济等内容。这些是企业取得成果的领域。在组织内部只有成本中心而已。

重大的变革往往始于组织外部的环境的变化。某零售商可能非常了解顾客的消费需求，然而不论该零售商经营得多么成功，他的顾客永远只是广大顾客群中的一小部分。其余绝大部分都是他的非顾客。那些基本变革，往往是从非顾客开始的，并且影响变得日益深远。在过去 50年中，改造某一产业的重要新科技，至少有一半以上来自产业外部。(摘自彼得·德鲁克《21世纪的管理挑战》)

行动指南:

在组织内部建立一套体系来收集整理和企业环境有关的信息，包括市场、顾客及非顾客、自身产业和其他产业的科技等方面的内容。

3 月 29 日

管理科学为何在实际操作中难以奏效？

部分存在于对整体的观察之中。

在所有的管理科学背后都蕴藏着一条深刻的真理，即企业是最有秩序的有机整体。这一整体系统的构成要素是人，他们自愿地将自己的知识、技能和热忱奉献给企业。对于所有真实存在的系统而言，它们都有一个共同之处——整体的各个组成部分相互依存。无论是像导弹控制装置一样的机械系统，还是像树木一样的生态系统，抑或像企业一样的社会系统，概莫能外。如果局部的功能得以改进，或者局部的效率得以提高，整体的功效未必一定能够改善。事实上，整体还有可能因此而受损，甚至遭到破坏。有时，改进系统的最佳策略正是弱化局部，让它的精确度和效率降低。理由是：系统中最为重要的是整体的绩效，它来自总体和谐的发展以及动态的平衡、调整和整合，而并非仅仅来自技术效率的提高。

原先注重提高局部效率的管理科学注定会有损于整体效率。它注定只能使系统的局部工具的精确度提高，而代价却是整体的良性发展和绩效水平受到破坏。(摘自彼得·德鲁克《未来的里程碑》、《管理：任务、责任与实践》)

行动指南:

为了提高公司的整体绩效，你要作出决定弱化一些部门，例如财务部或工程部。

3 月 30 日

复杂系统的性质

就短期现象而言，没有系统，只有混乱。

现代数学中发展最快的领域当属复杂性理论。它以严密的数学论证表明：复杂的系统是不可预测的，它们受到在统计上无足轻重的要素的支配。这就是众所周知的"蝴蝶效应"———一种奇异的，但是在数理上又是逻辑严密的定理，该定理已得到实验证明。该效应能够表明：一只在亚马逊热带雨林中翩翩展翅的蝴蝶可以，而且的确能够影响芝加哥几周或是几个月以后的天气。在复杂的系统中，"气候"是可预测的，并且具有高度的稳定性；而"天气"却是不可预测的，而且十分不稳定。没有任何复杂的系统能够把任何要素作为"外部因素"排斥在外。就天气而言，即就短期现象而言，没有系统，只有混乱。

经济学和经济政策面对的都是短期现象，因为它们要应对经济衰退和价格波动。当代的经济学和经济政策认为：长期的经济系统是由短期的经济政策构成的，这些政策包括利率调整、政府开支和税率等。诚如现代数学研究所证明的一样，对于复杂的系统而言，这种认识完全不真实。(摘自彼得·德鲁克《新现实》、《未来社会》（美国 Corpedia 德鲁克网上管理课程))

行动指南:

找出影响你所在组织的长期因素。这些因素在短期内会产生什么影响？从长期角度看，又会产生什么影响？

3 月 31 日

从分析到感知

在生态学中，观察与理解的对象是"整体"，而"部分"只存在于对整体的观察之中。

在数学家和哲学家所构建的世界中，感知是一种直觉。它带有欺骗性，或是玄妙、难以捉摸而且神秘的。然而，机械世界观认为感知并非是严密的，它只能归属于"生活中更美好的事物"，我们没有这些事物也无所谓。但在生物世界里，感知是核心。当然任何生态学都是感知的，而不是分析的。在生态学中，观察与理解的对象是"整体"，而"部分"只存在于对整体的观察之中。300 年前，笛卡尔说过一句名言："我思故我在。"现在我们还应该再加上一句："我知故我在。"

确实，本书①所论述的新现实是指各种各样的新形态，例如新多元主义的动态失衡、多国经济、跨国经济、跨国生态学以及迫切需要的"有知识的人"的新模型等。这些新形态要求我们在作出分析时还需要感知。(摘自彼得·德鲁克《新现实》、《未来社会》(美国 Corpedia 德鲁克网上管理课程))

行动指南:

在下面这段对于组织的描述中，感知和分析的作用分别是什么？"系统中最为重要的是整体的绩效，它来自总体和谐的发展以及动态的平衡、调整和整合，而非仅仅来自技术效率的提高。"

---

① 指彼得·德鲁克 1989 年的《新现实》(*The New Realities*) 一书。——译者

四　月

4 月 1 日

管理是人的努力

管理的对象是人。

现代企业是一种人际组织，也是一种社会组织。管理，作为一门学科，作为一种实践，涉及人与社会的价值观。组织不是为自己的存在而存在，它的最终目标应超越自身。对于工商企业而言，最终目标是经济；对于医院而言，最终目标是治病救人；对于大学而言，最终目标是教书育人，并开展研究工作。为了达到这些目标，管理，这一独特的现代发明，把人们组织起来协同工作，并建立起社会组织。但是，只有当管理成功地使组织内的人力资源发挥生产效用时，它才可能实现外部目标，并获得相应的成果。

要说管理是科学，也至多不过是像医学那样的科学：这两者都是实践，一种从众多科学门类中汲取养料的实践。就像医学是从生物学、化学、物理学和其他许多自然科学中吸取营养一样，管理学则从经济学、心理学、数学、政治理论、历史和哲学中获取养料。和医学一样，管理学也是一门独立的学科，有其自身的假设、目标、工具、绩效目标和评价标准。(摘自彼得·德鲁克《管理前沿》)

行动指南:

作为管理者的你，是一个经济学家、心理学家、数学家、政治科学家，历史学家还是哲学家？列出你自己的背景经历对你管理模式的三个影响。

4 月 2 日

负责任的员工

负责任的员工视取得成效为个人责任。

我们负有这样的使命，要引导好组织并打造组织，使得组织内的每一个员工都视自己为"经理人"，乐于承担职责管理的重担。这种职责包括他自己的工作、他在整个组织取得的绩效和成果中所作出的贡献，以及工作团队所担负的社会使命。

因此，职责不仅是外在的，也是内在的。所谓"外在"职责，即意味着承担对别人、对别的团体和对特定的绩效目标的责任。所谓"内在"职责，即意味着个人的责任感。负责任的员工不仅对特定的成效负责，而且有权力采取一切必要的行动来实现这些成效，并且会视取得这些成效为个人的成就。(摘自彼得·德鲁克《管理：任务、责任与实践》、杰克·贝蒂《管理大师——德鲁克》中"致杰克·贝蒂的一封信"的第二段)

行动指南：

你在工作中时，是将取得成效视为个人责任，还是被动地完成工作？你是不是缺少取得成效所必需的权力？你应该争取得到这样的权力，否则，不如另谋他就。

4月3日

绩效精神

组织的目标是要使得平凡的人能做不平凡的事。

道德，对于组织而言，如果有什么意义的话，那就绝非是讲道、训诫之类，或是什么好的意图，它必须是实践。明确而言，它包括以下几层要义：

（1）组织的注意力必须集中在绩效上。绩效精神的第一要求就是要建立高的绩效标准，不论是团队还是个人都应如此。

（2）组织的注意力必须要集中在未来的机遇上，而不是集中在过去的问题上。

（3）在劳资问题决策上，无论是涉及岗位安排、薪酬待遇、升迁降职还是解聘，都必须能够体现组织的价值观和信念。

（4）最后，在组织的人事决策上，管理者必须要能明确地体现：人品正直是选用任何经理人的必备条件，而且这一条件是他必须已经具备的，而不是任命后才加以培养的。（摘自彼得·德鲁克《管理：任务、责任与实践》）

行动指南：
将注意力集中在绩效、机遇、员工及其正直的人品上。

4月4日

组织和个人

组织发展得越好，个人发展得也会越好。

组织的成员作为个体，发展得越好，组织也会取得更多的成就。这一点正是今天所有经理人培训课程和资深经理人教育课程重点背后的真谛所在。当组织严谨的作风和道德精神不断发展、组织的目标和处事能力不断提升时，组织内个体成员的发展空间也会愈加广阔。(摘自彼得·德鲁克《未来的里程碑》)

行动指南:
充分利用你公司在教育培训方面的福利条件。

4月5日

挑选领导

我总是扪心自问:"我会让儿子为那个人工作吗?"

在挑选组织的领导时,我会考虑哪些因素呢?首先,我会考虑这个候选人是否发挥了他的长处,因为领导必须依靠自己的长处行事;我还要观察他将长处用在了何处。

其次,我会了解这个组织的现状并思考:"它所面临的最迫切的挑战是什么?"我会努力把领导者的长处和组织的现实需要相比照。

然后,我还会考察这个候选人的人品是否正直。一个领导,尤其是一个出色的领导,总是能够以身作则。因为领导是很多人,尤其是年轻人争先效仿的对象。多年前,我从一个年长的智者那里学到一条用人秘诀。他当时已年近80,是一家大型跨国企业的负责人,以知人善用而远近闻名。我问他:"你的用人标准是什么?"他的回答是:"我总是会问自己,是否会让我的儿子为那个人工作?如果候选人成功的话,那么年轻人都会以他为榜样。我愿意我的儿子和他一样吗?"我认为这就是挑选领导的核心问题所在。(摘自彼得·德鲁克《非营利组织管理》)

行动指南:

下次当你要招聘员工时,扪心自问是否愿意让自己的儿女为他工作?

4月6日

领导者的才能

所谓领导才能，即能使下属的见识更上层楼。

如果领导者将注意力集中于自身的话，往往容易出错。20 世纪最富有个人魅力的领袖（如希特勒）给人类所造成的灾难，是历史上其他人无法比拟的。重要的并非是领导人的个人魅力，因为领导才能并不等同于磁石般有吸引力的性格。倘若如此，充其量这只能算是蛊惑人心。这也就称不上"真诚地交朋友，并发挥自己的影响力"，而只会造成阿谀奉承和顶礼膜拜的局面。

所谓领导才能，即能使下属的见识更上层楼，提高他们的绩效标准，并帮助他们塑造独特的个性。为了具备这样的领导才能，最好的基础工作莫过于培养这样一种管理精神：即注重组织内的日常管理实践，制定严格的行为和责任标准，朝着更高的绩效标准而努力，并且尊重每一位员工和他们的工作。(摘自彼得·德鲁克《非营利组织管理》、《管理：任务、责任与实践》)

行动指南:

制定严格的行为和责任标准，朝着更高的绩效标准而努力，并且尊重每一位员工和他们的工作。

4月7日

选择领导要用其所长

领导者与普通员工之间的表现总存在一个差距。

在人类的活动中，领导者与一般人员之间的表现总存在一个差距。如果领导者表现得十分突出，那么一般人的表现也会出色。卓有成效的管理者都懂得这样一个道理：提高一个领导者的绩效要比提高全体员工的绩效容易得多。为此，必须设法将有贡献能力、能起到开拓作用的员工安排到领导岗位上去，安排到制定标准的岗位上去，或安排到能创造业绩的岗位上去。这就要求管理者能够将注意力集中到人的长处上，而一些小缺陷则可忽略不计，除非这些缺陷会影响他现有长处的充分发挥。

管理者的任务不是去改变人。正如《圣经》中智者的寓言①所说的那样，管理者的任务就是要让个人的聪明才智、健康体魄以及工作热情能得以充分发挥，从而使组织的总体效益得以成倍的增长。(摘自彼得·德鲁克《卓有成效的管理者》)

行动指南:
为了提高整个公司的绩效，要选择一个富有才干的核心领导。

---

① 此处作者指的是塔兰特（Talent）寓言，详见《圣经·新约》"马太福音"第25章。——译者

4 月 8 日

领导是一种责任

（第一次世界大战中）阵亡的将军不够多。

我接触过的所有卓有成效的领导者，不论是我共事过还是观察到的，都深谙以下四条真理：第一，领导者要有追随者；第二，领导能力不是体现在个人的名望上，而是体现在工作的成果上；第三，领导者是典型的公众人物，他应该以身作则；第四，领导并非地位、特权、头衔和金钱，而是责任。

当我临近中学毕业时，我们班的历史老师（一位优秀的老师，也是一个退伍伤残军人）让我们参阅大量关于第一次世界大战的书籍，并写出一篇论文。当我们全班讨论自己写好的论文时，一位同学说道："每本书的作者都认为：第一次世界大战在军事上是彻彻底底的失败。到底为什么？"老师毫不迟疑地回答道："那是因为第一次世界大战中阵亡的将军不够多。他们安逸地待在后方，而让士兵在前线流血牺牲。"卓有成效的领导者明白：他们诚然要发号施令，但他们绝对不会在需要树立榜样的关键场合退缩，他们要身体力行。（摘自彼得·德鲁克《未来的领导者》、《德鲁克精华》、《非营利组织管理》）

行动指南：

如果你作为领导者，只是一味地发号施令，让员工来完成企业的所有核心职能——不论是治病救人还是出售债券，那就不要奢望得到员工的尊重。

4月9日

正直品格的缺失

> 管理者应该是一个现实主义者；最现实的人当然非愤世嫉俗的犬儒主义者莫属。

正直的人格似乎难以界定，但是一个人因为严重缺乏这种品格，而不能胜任管理者工作的现象似乎再普遍不过了。如果一个人只是将注意力集中于别人的缺陷而不是长处的话，他就不适合担任管理者的工作，因为这种人势必将削弱组织的锐气。管理者应该是一个现实主义者；最现实的人当然非愤世嫉俗的犬儒主义者莫属。

如果一个人关心的问题是"谁做得对"而不是"什么是对的"，他就不应该被任命为管理者。如果只关注"是谁做得对"，这如果算不上怂恿下属玩弄权术，也不啻鼓励下属墨守成规、安于现状。因为这么做会使得下属在发现自己出错时，首先想到的是掩盖，而不是予以纠正。一个重视人的才智胜过正直人格的人是不足以重用的。一个害怕下属比自己出色的人也是不应该得到升迁的。一个对自己工作没有高的绩效标准的人也不应该成为管理者。(摘自彼得·德鲁克《管理：任务、责任与实践》)

行动指南：

明确什么是正直的人格。往那些可以使你人格变得更加正直的方面努力吧！

4 月 10 日

危机和领导

领导者是暴风雨中的舵手。

20 世纪最为成功的领导者非温斯顿·丘吉尔[1]莫属。然而，从 1928 年到 1940 年的敦刻尔克大撤退这 12 年期间[2]，他都备受冷落，甚至是信誉扫地，因为时代不需要一个丘吉尔式的人物。那时候一切看来都是例行公事，无论怎样看都像是例行公事。可是当大灾难降临时，英国人立即视丘吉尔如救星。对于任何一个组织而言，可以预见的是它肯定会遭遇危机，这可以算是福祸参半。危机发生的关头，就是呼唤领导出现的时刻。

在组织中，领导者最重要的一项任务就是要对危机作出预测。如果不能避免危机，至少也要预测到它。坐以待毙无异于懦弱放弃。领导者要能够带领组织预测到即将来临的暴风雨，经受住考验并化险为夷。领导者无法阻止大灾难的降临，但是至少可以建立起一个作好应战准备、士气高昂、训练有素、信心高涨并且互相信任的组织团队。在军事训练中，第一要则就是要培养士兵信任上级的观念，因为没有这种信任，就不可能打胜仗。(摘自彼得·德鲁克《非营利组织管理》)

行动指南:

正视你所在组织遭遇到的严峻问题。和别人深入而坦诚地交流对问题的实质的看法，寻求支持并解决问题。

---

[1] 温斯顿·伦纳德·斯宾塞·丘吉尔 (Winston Leonard Spencer Churchil, 1874—1965)，英国首相、政治家、演说家，被认为是 20 世纪最重要的政治领袖之一，带领英国获得第二次世界大战的胜利。——译者
[2] 敦刻尔克撤退 (Dunkirk Evacuation, 1940 年 5 月 26 日—6 月 4 日)，在第二次世界大战期间，英法联军在德军围攻下从法国敦刻尔克港撤往英国的战略退却。——译者

4 月 11 日

领导者的四种能力

将注意力集中在任务上，而不是你自己身上。
重要的是任务，你只是一个"仆人"。

　　大部分组织都需要一个能够驾驭任何风险挑战的领导者。关键在于领导者是否能够依靠以下四种基本能力来行事。第一种能力在于当领导者倾听别人谈话时，要做到虚心、努力和自持。倾听不是一种能力，而是一条纪律。做到这一点的要诀在于保持沉默。第二种关键能力是领导者要乐于与人沟通，使别人了解其立场观点。做到这一点需要极大的耐心。第三种重要的能力在于不要为错误辩解，而要积极地纠正错误。比方说，你可以说："这个办法没有想像的那么管用。我们重头再来吧！"领导者最后一种基本的能力是要意识到：和任务本身相比，自己是多么的渺小，要甘当任务的"仆人"。

　　当卓有成效的领导者能够保持自己的性格和个性，只要他们能够对于工作全身心地投入，那么任务也会迎刃而解。在任务之外，领导者也是作为个体的人而存在。否则，领导者做事就会抱着一种自大的态度，而且还会认为这样做有利于组织的事业。他们因此就会变得以个人为中心，而且非常虚荣；更为严重的是，他们会变得满腹狐疑。温斯顿·丘吉尔的一个最大长处就在于：他能始终致力于培养年轻政治家的成长。

(摘自彼得·德鲁克《非营利组织管理》)

　　行动指南：
　　每个周五下午不妨留出十分钟时间，来审视一周内你在上述四项能力上的表现，即倾听能力、沟通能力、纠错能力和服从于当前任务的能力。

4 月 12 日

冒牌领导与真正的领导

在 1939 年，人们能做的只有祈求和企盼。

这不能不说是后见之明。丘吉尔曾出现在我的《经济人的终结》（1939）一书中，我在笔墨之中充满了对他的尊敬。其实，每当我重拾起这本书，我总怀疑自己当时是否打心底希望丘吉尔上台。我当时并不信赖那些"冒牌领导"，而当时很多消息灵通人士——包括美国富兰克林·罗斯福的幕僚们，却寄希望于得到他们的解救。但是，在 1939 年，丘吉尔只不过是个"可能的"人选，因为他已年近古稀，而且是个不为人所信任的卡桑德拉[①]式的人物；他的演讲热情洋溢，但听众仍感到厌烦，所以两次在政坛落败。他作为一个反对派非常出色，但是却无法证明自己是合适的领导人选。今天看来难以置信的是：即便在 1940 年，法国沦陷、敦刻尔克大撤退，"慕尼黑与会者"[②] 在国内垮台，丘吉尔也未成为理所当然的继任者。

在《经济人的终结》第一版出版一年多后，丘吉尔上台了，这再次证实了我在该书中所祈求和企盼的基本道德观和政治观。当时的现实是缺乏领导者，缺乏确定性，缺乏时代骄子，缺乏价值观念和原则性。(摘自彼得·德鲁克《成功运转的社会》)

行动指南:

面对你的现实。你避免了哪些威胁？今天就列出计划来着手解决。

---

① 卡桑德拉（Cassandra），希腊神话人物。因受到阿波罗的报复，预言无人相信。——译者
② 此处作者指的是张伯伦和达拉第。——译者

4 月 13 日

丘吉尔——真正的领导

丘吉尔带来了道德权威、对价值观的信念以及对理性行动正义性的信心。

《经济人的终结》一书清楚地阐明，20 世纪 30 年代最后的事实就是：那个时代完全缺乏领导者。诚然，在政治舞台上当时活跃着很多政治人物，人数之多前所未有。他们中的很多人是正人君子，而且有一些人富有才干。但是，除了希特勒和斯大林这两个"魔王"外，其他人不过是一些可怜的小卒子。"但是"，今天的读者会提出异议，"不是还有丘吉尔吗？"丘吉尔上台并领导欧洲人民与极权主义作斗争，确实是历史上的关键事件。用丘吉尔的话来说，那真是"命运攸关，千钧一发"。

但今天的读者实际上可能低估了丘吉尔的重要性。在丘吉尔上台之前，希特勒在欧洲可谓战无不胜，不可一世。自从丘吉尔上台，希特勒的好日子也就到头了，他不再能够把握时机、运筹帷幄、料敌如神。以往的诡计多端不再起作用，到 40 年代逐渐变成了一个狂躁、歇斯底里的莽撞赌徒。从那时到现在已经有 65 个年头了，当时如果没有丘吉尔，恐怕连美国都早已屈服在欧洲法西斯的铁骑下了。丘吉尔所带来的，正是当时欧洲所需要的：道德权威、对价值观的信念以及对理性行动正义性的信心。(摘自彼得·德鲁克《成功运转的社会》)

行动指南：

写下你所在的组织中的主要价值观。将这些价值观和你的领导所提出的价值观作一比较。提出详细的计划方案，将两者结合起来，以催生出正确的行动。

4 月 14 日

艾尔弗雷德·斯隆的管理之道

"如果一个首席执行官和公司之间建立起了'私交网'……他就无法做到不偏不倚。"

在美国的公司管理者中，从来没有哪个人能像艾尔弗雷德·斯隆一样如此受人爱戴。他长期担任通用汽车公司的首席执行官。很多通用公司的经理人都深深感念于他的私人恩情，因为当他们有困难时，他总会从容地作出决断，并给予他们善意的帮助、建议或诚挚的关怀。但同时，他又能超脱于整个通用公司的管理层之外。

斯隆在阐释他的管理风格时这样说道："首席执行官的职责就是要做到公正客观，不偏不倚。他必须宽宏大量，不应计较下属采用何种工作方式，更不能把自己对下属的喜恶之情带入管理之中。惟一的评价标准应该是绩效和性格。但这并不等同于私交网和社会关系网。如果一个首席执行官和公司之间建立起了'私交网'，和同事之间建立起了'社会关系网'，或者和他们讨论工作以外的任何话题，那么他就无法做到不偏不倚——或者至少不能表现得不偏不倚，这也一样有害。孤独、疏远和严肃有可能和首席执行官的性格不相容——这和我的性格也是格格不入的。但是，这样做是我的责任。"(摘自彼得·德鲁克《管理学案例》)

行动指南:

要将注意力集中于员工的绩效和性格，而不要掺杂个人的喜恶之情。

4 月 15 日

人事决策

没有一个组织能比它的员工做得更好。

人事决策是组织里根本的，或者说惟一重要的管理。人决定了组织的绩效能力。没有一个组织能比它的员工做得更好。人力资源所产生的成果决定了整个组织的绩效。而这取决于基本的人事决策——雇用谁、解雇谁、调动谁、提拔谁。人事决策水平的高低不仅决定了组织是否能够规范地运转，而且也决定了它的使命、价值观，决定了目标对于员工而言是实在、有意义的，还是仅仅意味着人际关系和花言巧语。

如果哪个管理者自认为是优秀的评判者，并以此为出发点来进行管理的话，他势必要犯最为严重的错误。我们无权去当别人的评判者。那些在人事决策方面几乎万无一失的成功管理者，往往会遵循这样一个简单的前提："自己不是别人的评判者。"他们致力于用诊断的程序来作决策。医学教育家表示，他们最头疼的问题是那些自认为聪明、眼力很好的年轻外科医生。这些医生应该学会不要仅仅依靠他们眼睛，而是要依据程序对病人进行诊断；否则他们就有可能给病人带来严重的后果。管理者也必须明白：不能仅仅依靠个人的见识和学问来作评判，而要老老实实地采用一个例行的、枯燥的但却谨慎的程序。(摘自彼得·德鲁克《非营利组织管理》)

行动指南:

不要凭自己的直觉来雇用员工。要准备好一个考察和测试程序来对应聘者进行全面的测评。

4 月 16 日

吸引并留住人才

行业衰退的第一迹象就是丧失对人才的吸引力。

对于人事部门而言，确定切实的员工聘用目标是非常重要的。例如，要明确如下这些问题："我们要提供怎样的工作舞台，才能吸引并留住我们需要的人才？现在劳动力市场的供应状况如何？我们应该怎样吸纳人才？"在经理人的聘用、发展和绩效方面制定具体目标，并且为组织内大多数的非管理者的员工制定具体目标，这些做法都是值得称赞的。另外，也有必要在雇员的工作态度和技能方面制定目标。

行业衰退的第一迹象就是不再对合格、能干和进取的人才具有吸引力。以美国铁路部门为例，它的衰退在第二次世界大战前还没有显露出来，但是到了第二次世界大战后就变得颓势尽现，无法逆转了。其实，这种衰退早在第一次世界大战期间就已经萌芽了。在第一次世界大战以前，美国工程学院出色的毕业生对于铁路工程师的工作都心仪向往。而到了第一次世界大战结束时，不知为何，这样的工作对年轻的工程专业毕业生，甚至对任何受过教育的年轻人都失去吸引力了。因此，当铁路行业在 20 年之后遇到重创时，管理层中竟然没有一个有能力、有魄力的人能够站出来力挽狂澜。(摘自彼得·德鲁克《管理：任务、责任与实践》)

行动指南：
制定目标来吸引并留住最佳人才。这样的目标应该包括绩效标准以及对雇员态度和技能的评价。

4 月 17 日

用人的成功范例

用人不计其所短，而是用其所长。

乔治·马歇尔将军[①]在第二次世界大战期间担任美国的陆军参谋长，也是一位杰出的领导者。他在知人善用方面的造诣堪称典范。他一共任命了近 600 名将官和师长一级的军官，而这些军官都表现得非常出色。要知道在这些军官中，没有一个人曾经有过带兵打仗的实战经验。有时会出现关于人事任命的争论，马歇尔的助手会说："某某上校是我们现有最好的教官，但是他总是和上司相处不好。如果他要去国会作证，只会把事情搞砸。他实在是太粗鲁了。"马歇尔会问："他的任务是什么？不就是去部门当教官吗？只要他是个一流的教官，就应该重用他。其他的事情我来处理。"就这样，马歇尔在最短的时间内，以最少的失误建立起了世界上前所未有的大规模军队，总人数达到 1 300 万人。这其中的要诀就是：用人则用其所长。(摘自彼得·德鲁克《非营利组织管理》)

行动指南:
了解你所雇佣的每一个员工的长处。

[①] 乔治·马歇尔（1880—1959），美国陆军上将，战略家。1901 年毕业于弗吉尼亚军事学院。在盟国赢得第二次世界大战期间担任美国陆军参谋长。——译者

4 月 18 日

挑选人才的决策步骤

最重要的是做到量才录用。

乔治·马歇尔将军在作出选择人事决策时，往往会遵循以下五个步骤：

第一步，马歇尔会仔细考虑任务是什么。工作的性质往往不易改变，然而工作的任务却无时无刻不在变动；第二步，马歇尔总会同时考察几个符合条件的人选。例如，在简历上列出的资历只是一个起点而已，没有过去的资历固然不行，但是最重要的是做到量才录用。为了找到最佳人选，你必须考虑至少 3 个到 5 个候选人；第三步，马歇尔会考察这 3 到 5 个候选人过去的绩效记录，从而找出他们各自的特长。他总在发掘候选人的长处。候选人力所不能及的事情并不重要；相反，你必须将注意力集中于他们能够做到的事情，并要判断特定的任务是否有利于他们发挥长处。绩效必须建立在候选人的长处之上；第四步，马歇尔会和曾与候选人共事过的人一起讨论。通过和候选人过去的上司和同事们闲谈，往往能得到最可靠的消息；第五步，马歇尔一旦敲定人选，就会务必确保候选人明白任务是什么。在这一步骤上，最好的方法恐怕莫过于让候选人周密地计划——为了成功，他必须做到什么。上任工作三个月后，要让他将心得付诸笔端。(摘自彼得·德鲁克《德鲁克精华》、《人事决策》（美国 Corpedia 德鲁克网上管理课程))

行动指南:

在雇用员工的时候，遵循上面列出的五个步骤：明确工作，考察 3 个到 5 个候选人，通过考察候选人过去的绩效记录来发现他们的长处，和候选人过去的同事交谈，在雇用员工后要向他解释清楚工作任务。

4月19日

用人失当

每一个士兵都有权拥有一个称职的军官。

世上不存在用人万无一失的事情。成功的管理者在设定用人决策时，往往遵循以下五条基本准则：第一，管理者必须要承担所有用人失当的责任。如果只是一味责备，只能算是推卸责任。如果选错了人，管理者是有责任的；第二，管理者有责任将不合适的员工调离岗位。如果一个员工无能或是表现差劲，却仍然留在岗位上，必然会给其他员工设置障碍，或者使整个组织的士气受挫；第三，不能因为一个员工在某个岗位上表现不理想，就认定他是一个彻头彻尾的糟糕员工，将他踢出公司的大门。这只能说明该工作岗位不适合他；第四，管理者必须尽量确保每个岗位的人事任免决策是正确的。每个组织的运转只能依赖于每一个员工的努力，所以人事决策必须正确无误；第五，最好将公司的新进员工安排到那些职责明确、可获得帮助的工作岗位上。那些新近发生的重大任务最好交给那些资历老的员工，大家对他们为人处世的方式非常熟悉，而且非常信任他们。(摘自彼得·德鲁克《非营利组织管理》、《人事决策》(美国 Corpedia 德鲁克网上管理课程))

行动指南:
勇于承担用人失当的责任。将不合格的员工调离岗位。

4 月 20 日

继任人选的决策

最高管理层的继任人选决策，是最关键的人事决策，而且一旦失误必将难以挽回。

最高管理层的继任人选决策是最为困难的，因为每一个类似的决策都不啻是一场冒险。测试高层管理者绩效的惟一方法就是让他身在其位，而且他还往往没有作好充分的准备。要避免的事情其实也很简单——不要让继任者成为即将离任的首席执行官的复制品。如果即将离任的首席执行官说："他和我 30 年前一模一样。"那就说明继任者是前任的复制品，而这往往表明继任者软弱无能。同时，也要留神那些忠实的助手型员工，这样的员工可能在领导身旁忠心耿耿地听命行事了 18 年，而没有独自作出过任何决定。总体而言，乐于而且善于作决断的人不会在助手的岗位待上很久。另外，也要远离那些"太子爷"。这样的人，一旦面对责任重大、需要评估绩效而且可能会出错的工作岗位时，十有八九会选择逃避。他们擅长的是登台作秀，而非踏踏实实地做事。

那么，到底什么才是决定继任者的可行之道？这要视任务而定。组织在今后几年中将面临的最大挑战是什么？明确这一问题以后，再去考察人选并考量他们的绩效。将组织的需要与候选人过去的绩效比照，从而确定合适人选。(摘自彼得·德鲁克《非营利组织管理》)

行动指南：
明确组织在今后 5 年中将面临的最大挑战，并选择有能力应对这一挑战的合适人选。

4 月 21 日

斯隆的人事决策

"如果我们不花上 4 个小时来考虑职位安排，并找到最合适的人来任职，我们以后就得花上 400 个小时来收拾烂摊子。"

在我参加通用公司高层主管会议的几年里，公司拟定了战后政策上的基本方针……后来，我才意识到，其实公司多半时间是用在人事决策，而非政策制定上。有一次开会，众位主管花了整整 4 个小时来讨论一个低层职位的人事任命问题……当我们走出会议室时，我转身问道："斯隆先生，您不觉得这样太浪费时间了吗？""公司给了我这么优厚的报酬，"他说，"就是要让我来作出重要的决定，并且确保无误……刚才讨论的那个总机械师人选，如果我们选错了人，那么我们的决策也就像是形同虚设。将决策转化为绩效的正是这些基层员工。至于很多人说我在这方面花了太多时间，那简直是'屁话'。"（这是他语气最强的口头禅）"如果我们不花上 4 个小时来考虑职位安排，并找到最合适的人来任职，我们以后就得花上 400 个小时来收拾烂摊子，我可没那个闲工夫。"他总结说，"人事决策是惟一关键的决策。你和其他所有人总认为公司能找到'更好的人选'。其实，公司只能将现有的员工安排到合适的岗位上。这样大家自然就会有不俗的表现。"（摘自彼得·德鲁克《旁观者》）

行动指南：
把选人、用人和评价人的决策当作你工作的重中之重。

4 月 22 日

有慧眼识人的伯乐？

"世上只有善于作人事决策的人和不善于作人事决策的人……而后一种人，事后才会后悔不迭。"

"我知道，"斯隆继续说道，"你一定认为我是个慧眼识人的伯乐。听我说，世上没有这种人。只有善于作人事决策的人和不善于作人事决策的人。前一种人的成果是用时间换来的；而后一种人，事后才会后悔不迭。我们在这方面犯的错误确实比较少，不是因为我们都是用人的最好裁判，而是因为我们郑重其事。"

在主管会议上，他们经常会为了人事决策问题争执得不可开交。有一回，全体与会者终于达成了共识，赞同某一个叫史密斯的候选人，认为这个人处理危机的方法令人啧啧称道，能把问题解决得尽善尽美，而且还能沉着冷静地预判并防止危机的发生。这时，斯隆突然插话道："你们说的这个候选人可谓业绩辉煌。但是，谁能跟我解释一下，这些被处理得天衣无缝的危机是怎样发生的呢？"大家都缄默不语了，以后再也没有提起这号人物。又有一次，斯隆说："大家都认为乔治先生有多方面的能力欠缺，那么他又怎能取得今天的成就？他到底有何能耐？"听完大家的发言后，他继续说："好吧，这人不够聪明，不够机灵，呆板拘谨。但他不是一直都在创造业绩吗？"后来，在公司最艰难的时候，乔治走马上任成为一个大部门的总经理，表现果然极其出众。（摘自彼得·德鲁克《旁观者》）

行动指南：
把人事决策当作你的头等大事。在这方面一定要舍得花时间。

4月23日

关键性的晋升

关键性的晋升就是将员工提升到未来高级管理层的候选人中。

如果一个公司想取得理想的成绩，就必须奖励那些作出贡献的人。人事决策，尤其是人员晋升的决策，是对组织真正信奉的、真正想要的以及真正代表的精神作出肯定。它们比一切话语更加具有说服力，比任何数字都更加清晰了然。

关键性的晋升并非一个员工的首次晋升——虽然这对他本人和他的职业生涯而言可能是最重要的一次。关键性的晋升也非提拔到最高职位的最后一次晋升；一般而言，那个层次的职位必须由管理层从一个预先圈定的小范围群体中选择填补。关键性的晋升就是将员工提升到未来高级管理层的候选人中。这是一个组织金字塔在突然变窄处的决策。在金字塔的这一点以下，对于一个大的组织而言，每一个空缺通常有40人至50人可供选择。而在这一点以上，每一个空缺的选择余地将缩减到3人至4人。同时，在这一点以下，一个员工只在一个领域工作，或者担任一项职责。从这一点往上，他就是为整个公司工作。(摘自彼得·德鲁克《成果管理》)

行动指南：
在你所在的组织内充分发挥你的影响力，确保高级人事的晋升能够代表组织真正的精神。

4月24日

社会责任

善意并非一定总意味着你承担了社会责任。

如果一个公司的投入和产出的比值过低的话，那么公司是不负责任的，因为它浪费了社会资源。经济绩效是企业的基础，离开了它，企业就无法履行任何其他责任，也就算不上一个好的雇主、合格的公民或友好的社区邻居。但是取得经济绩效已不再是企业的惟一责任了，这就好比教育绩效已不再是学校的惟一责任，医疗保健也已不再是医院的惟一责任一样。

每一个组织必须对它的雇员、环境、顾客以及它所接触的一切人和物所产生的影响负责——这就是社会责任。但是，我们也了解到这样一个事实，社会越来越依赖盈利性和非营利性的大型组织来解决重大的社会问题。为此，我们就应该提高警惕，因为善意并非总是意味着你承担了社会责任。如果有一些社会责任会影响企业完成其主要的任务和使命，或者会使企业不得不涉足完全陌生的领域，那么不要说主动去承担这些责任，连盲从的态度都是非常不负责任的。(摘自彼得·德鲁克《变动中的管理界》)

行动指南:

下次再遇到需要企业慷慨解囊的善举时，千万别忘记自己企业的宗旨和目标。

4 月 25 日

斯隆论社会责任

"有权无责"不合法，"有责无权"亦然。

"公共"责任对于艾尔弗雷德·斯隆而言，简直比"不够专业"还要糟糕，不但是不负责任，而且是一种权力的僭越。有一次，斯隆和我一起参加一个会议。会间，某位大公司的最高主管表示："我们对高等教育负有责任。"斯隆问道："我们身在企业界，是否有权主导高等教育呢?"这位主管答道："当然没有。"斯隆毫不客气、火冒三丈地说道："那我们就甭谈什么'责任'。你也是个大公司的高级主管，想必也知道这条铁律——'权'与'责'应该相当。如果你不想要'权'，而且这'权'也本不该属于你，那么就别谈什么责任。同样，要是你不想承担责任，而且也不该由你来负这个'责'，也就别谈什么'权'。"

斯隆的管理原则也正是基于这一点，这当然也是政治理论和政治历史的第一课。"有权无责"不合法，"有责无权"亦然，两者都会导致暴政。斯隆希望他手下的专业经理人享有很高的权威，同时也要求他们承担起重大的责任。正是由于这一点，斯隆也把权力的范围限定在专业领域，因此拒绝承担非专业领域内的责任。(摘自彼得·德鲁克《旁观者》)

行动指南：

反思你的"权"与"责"是否相当。如果答案是否定的，提出改进建议，使两者尽可能相匹配。

4 月 26 日

公司的贪欲和腐败

每一次"繁荣"的出现，都为"蛀虫"爬到公司高层提供了可乘之机。

"繁荣"的景象看起来总是形势喜人。但是，每一次"繁荣"的出现（我自己曾经历过四五次），都为"蛀虫"爬到公司高层提供了可乘之机。1930 年 1 月，当时作为一家报社年轻记者的我，接到了第一项采访任务——采访一起审判案，被告是当时欧洲一家规模最大、声名显赫的保险公司的高层管理人员，其罪名是有组织地盗用公司财产。这和其他的案件如出一辙，都是出现在"繁荣"之后。最近的一次"繁荣"与从前几次"繁荣"惟一的不同之处在于：虚假数字对管理层的诱惑越来越大——他们极其重视季度报表的数字，过分强调股票价格，坚持认为管理者应该持有高份额的公司股份（这种观点的出发点是好的，但其实非常愚蠢），还有股票期权的出现（我认为这是公开地怂恿管理失误）。凡此种种，不一而足。除了对数字的偏好外，最近的一次"繁荣"和从前的"繁荣"没有其他区别。(摘自"采访彼得·德鲁克"，原载于《经营者学会期刊》)

行动指南:

千万注意：经济繁荣固然会带来事业发达，但是也会带来"经济蛀虫"。

4 月 27 日

何为商业伦理?

商业伦理假定：出于某种缘由，普通社会伦理的规范不适用于商业领域。

西方伦理传统的基本准则在于：对个人行为而言，只有同样的一套伦理规范，不论贵贱，不论贫富，不论强弱，概莫能外。犹太教和基督教传统认为：尽管造物主可能有上帝、自然或社会等不同说法，但是所有人，不论男女，都是相同的生物体。只存在一种伦理、一套道德准则和一种规范，它们对于每个人的行为约束力，是放之四海而皆准的。然而，商业伦理与这一基本准则却不相吻合。换而言之，商业伦理和西方哲学家以及神学家所使用的"伦理"一词是不同的。商业伦理假定：出于某种理由，普通社会伦理的规范不适用于商业领域。那么，到底何为商业伦理?（摘自彼得·德鲁克《生态愿景》）

行动指南:
不要将你个人判断是非的价值观和你工作中所信奉的价值观区别对待。

4 月 28 日

社会责任的伦理

何为商业伦理？"它是一种诡辩。"

何为商业伦理？"它是一种诡辩。"研究西方哲学的历史学家会这样回答。这种诡辩在于：管理者因为承担责任，所以不得不在普遍的伦理要求和社会责任之间取得平衡。其中，"伦理要求"是针对管理者的社会个体属性而言的，而"社会责任"是针对他的管理权限而言的。这表明，对普通人适用的伦理准则对于肩负责任的管理者并不完全适用。对于管理者而言，伦理更像是一种成本效益计算，中间涉及两个因素，一个是个人良知，而另一个是管理者职位的要求。这就意味着，如果管理者的行为可以冠以"为别人利益考虑"的借口，就可以摆脱伦理的约束。

下面讲述的这个流传甚广的商业伦理悲剧，对于诡辩者而言，如果算不上无私的商业"殉道"，至少也能体现出商业的美德。20 世纪 50 年代后期，在美国发生了所谓的"电气公司阴谋案"。通用电气公司的几位高层主管锒铛入狱。他们由于密谋将涡轮机等大型发电设备的订单在 3 家大型电器公司之间瓜分，因而触犯了反垄断法。这 3 家公司是通用电气公司、西屋电气公司和艾立斯-查莫斯公司。这一卡特尔式公司联合的目的是为了保护最弱小、独立性最强的艾立斯-查莫斯公司。当政府采取行动打破这一联合后，艾立斯-查莫斯公司旋即被迫撤出涡轮机的生产领域，而且不得不裁员数千人。(摘自彼得·德鲁克《生态愿景》)

行动指南:

从你以往的职场生涯中，找出两个伦理基础是诡辩的决策案例。在这两个案例中，本来应该制定什么决策？

4月29日

商业伦理

不以伤害为先。

专业人员的第一要责是什么？早在 2 500 年前，希腊的医学之父希波克拉底就曾经说过："不以伤害为先"——意思是说："绝不明知其有害而为之。"凡专业人员，不论是医生、律师还是经理人，都无法向其"顾客"保证必能成功。他所能做的只是"尽力而为"，但是他却能够保证"绝不明知其有害而为之"。他的"顾客"同样也应该相信他们不会"知其有害而为之"，否则就没有任何信赖可言了。所谓的"绝不知其有害而为之"正是专业人员的基本伦理信条，也是公共责任的基本伦理信条。(摘自彼得·德鲁克《管理：任务、责任与实践》)

行动指南:

不以伤害为先。

4月30日

心理上的不安全感

不安全感弥漫于整个工业社会。

并非经济上的，而是心理上的不安全感弥漫于整个工业社会。不安全感制造了恐惧，制造了对未知性和不可预测性的恐惧，从而驱使人们去寻找替罪羊。我们只有恢复工人对于他们就业的理性和可预测性的信赖，才能够企盼工业企业里的任何政策具有效率。在任何其他领域，我们都不能希望如此迅速地实现目标。一切基本动因——社会的客观要求、企业的客观要求以及个人的客观要求和需要，都朝着将工业化企业转变为运转正常的组织的方向发挥作用。(摘自彼得·德鲁克《新社会》)

行动指南：

制订计划，高度关注你自己的知识领域。如果你的雇主无法提供培训和操作的机会，从而无法确保你作为雇员的价值，不如考虑另谋他就。

五　月

5 月 1 日

管理知识型员工

管理知识型员工是一种"营销工作"。

要在逐渐成形的经济与技术中保持领导地位的关键，可能就在于维护专业知识型员工的社会地位，并接纳他们的社会价值观念。然而，今天我们却想要成为骑墙派——固守传统思维，即认为资本之于管理者而言仍然是最重要的资源与经济支柱；而讨好知识型员工并使他们安于现状的权宜之计就是奖金红利和优先认股权。如果说传统思维能够发生效用，也只能是在新产业成型之初尽享股市繁荣时期，就好像许多网络公司那样。

知识型员工的管理是一种"营销工作"。在营销中，人们不会开口便问："我们想要什么?"而是会问："对方想要什么? 对方的价值观是什么? 目标是什么? 如何认定成果?"激励知识型员工的事物同样可以用来激励志愿者。志愿者在工作中比领薪水的员工能得到更大的满足，准确来讲，就在于他们工作并不是为了薪水。对他们而言，最重要的是挑战。(摘自彼得·德鲁克《21世纪的管理挑战》、《未来社会的管理》)

行动指南:
为你最好的员工提供能令他们满意的挑战吧!

5 月 2 日

网络社会

发达国家正在不断发展成为网络社会。

一百多年来，所有的发达国家都在向组织化的雇员社会稳步发展。今天，以美国为首的发达国家正在加速向网络社会发展。网络社会注重组织与为组织工作的个人之间的关系，注重不同的组织之间的关系。

美国劳动力大军中的多数成年人都在为组织工作。但逐渐地，他们不再只是组织的雇员了，他们变成了承包人、兼职人员和临时工。而组织之间关系的转变，与组织与雇员之间关系的转变齐头并进。"外包"就是一个最明显的例子。"外包"是指公司、医院，或是政府的办事机构，将全部工作交给某个致力于处理此类业务的公司来完成。更为重要的是，各个组织正在向战略联盟的方向发展。独立的专业人员与经理人都要意识到：他们都要担负起自我定位的责任。这意味着，他们要首先明确自己的长处，并将他们自己视为在市场上销售的"产品"。(摘自彼得·德鲁克《变动中的管理界》)

行动指南:
作为联盟中的合作伙伴，列出你最富吸引力的十大理由。

5月3日

全球竞争

"以全球眼光去思考，在本地采取行动。"

制定战略时必须要考虑这样一个全新的基础原则，即任何一个机构——不只是企业，必须要以世界上同行业的顶尖标准来衡量自己。尽管多数组织的活动和市场还将维系在本地，但信息传播的快速与灵活性，决定了知识社会的任何机构都需要具备全球竞争力。因为互联网使得任何地方的顾客，都能对在世界上什么地方以什么价格购买什么商品了如指掌。电子商务为全球的商务活动和财富分配创立了新的渠道。

这里有一个例子。墨西哥的一个企业家创立了一家工程设计公司。公司经营得很成功，他却抱怨说他最艰巨的一项工作是去说服他的合伙人与同事，让他们懂得竞争不仅仅来自墨西哥国内。即使看不到实际存在的竞争者，互联网却使得顾客们能够了解全球物价和服务的水准，这就要求这家墨西哥公司能提供同样品质的货物或服务。这位经理人必须说服他的合伙人们，使他们相信公司面对的是来自全球的竞争，公司的绩效要经受得住来自全球竞争者的挑战，而不仅仅是墨西哥本土公司的挑战。(摘自彼得·德鲁克《21世纪的管理挑战》、《未来社会》(美国 Corpedia 德鲁克网上管理课程))

行动指南:
浏览一下你的国内外竞争对手的网站，再和你所在组织的网站进行对比。如果你发现对自己的网站不够满意，那么就对电子商务再多投入一些资源。

5月4日

未来社会的特征

知识社会的每个机构都要具备全球竞争力。

未来的社会将是知识社会。知识社会有以下三个特点：

- 无国界化，因为知识的传播比金钱的流通更加便捷；

- 流动性增加，对所有人而言，可以毫不费力地获得正规教育；

- 成败的潜在性相当。任何人都能获取"生产的手段"——工作所需的知识，但并不是所有人都能赢。

知识社会的上述三个特点，使得组织或个人，都要面对更加激烈的竞争。

信息技术，尽管只是未来社会众多的新特征中的一个，却已经产生了重大的影响，它使得知识的传播异常迅速，而且所有人都能获得这种技术。尽管多数组织的活动与市场还将维系在本地，但信息传播的快速与灵活性，决定了知识社会的任何机构——不仅是商业机构，还有中学、大学、医院，以及不断增加的政府机构等，都需要具备全球竞争力。因为互联网使得任何地方的顾客都能对在世界上任何地方以什么价格购买什么商品了如指掌。(摘自彼得·德鲁克《未来社会的管理》)

行动指南:

明确你正由于因特网使人们对价格更加了解而丧失了多少顾客。

考虑一下，你是否要降低价格以参与竞争。

5 月 5 日

新的多元主义

每一个新的多元主义组织都把自己的目标视为核心，认为目标具有至高无上的价值，认为只有自己的目标才是举足轻重的。

新的多元主义社会组织对政治和统治毫无兴趣。与早期多元主义组织不同的是，今天的组织不是一个"整体"，而是社会的一个"器官"。它们的成果完全取决于外部。商业"产品"就是一个满意的顾客。医院的"产品"是一位痊愈的病患。学校的"产品"则是一名 10 年后能够将学到的知识应用于工作的学生。

因此，在许多方面，这种新的多元主义比旧的多元主义更加灵活机动，也不像旧的多元主义那样四分五裂。旧的多元主义组织，无论是中世纪的教会、封建贵族，还是自由城市，都会侵犯政治权力；而新的多元主义组织不会那样做。与旧组织不同的是，这些新组织没有共同的利害关系，对世界的看法也不同。每一个新多元主义组织都把自己的目标视为核心，认为目标具有至高无上的价值，认为只有自己的目标才是举足轻重的。每一个新的组织都使用自己领域内的术语，有自己领域内的一套知识系统，有自己获得事业成功的阶梯；尤为重要的是，他们有自己的价值观念。没有一个组织会认为自己应对整个社会负责，它们认为那应该是其他人的职责。但是，这又应该是谁的职责呢？(摘自彼得·德鲁克《新现实》)

行动指南：
我们社会上存在着利益单一化的多元主义，这势必造成政治灾难，但至今还没有人能够对这种灾难采取矫正措施。你是否考虑过这一问题？

5 月 6 日

知识不能取代技术

没有技术含量的知识是无法发挥效用的。

现如今，人们用"知识型员工"的说法来描述那些已经掌握了可观的理论知识的人，例如医生、律师、教师、会计、化学工程师等。但队伍日益壮大而且影响力最大的群体当属"知识型技术员工"，例如电脑工程师、软件设计师、临床实验室分析师、制造业专家或是律师助理等。这些人既是体力劳动者又是知识型员工，实际上，他们用手工作的时间要比用脑工作的时间多得多。

所以说，知识并不是取代了技术。反而，知识很快成为了技术的根本。我们掌握的知识越多，获取先进技术的速度也就越快，新技术也越容易获得成功。只有当知识成为技术的根本，技术才能发挥出生产力。比如，脑部机能衰竭会导致致命的脑出血，外科医生在准备做开颅手术之前，必须花上很多时间进行诊断——这需要非常专业的知识。但手术本身却是一种体力工作，它强调速度、准确性和动作的规范性。我们可以对这些动作加以研究、整理、学习和操练，这和任何体力劳动都是一样的。(摘自彼得·德鲁克《不连续性时代》、《21世纪的管理挑战》、《未来社会的管理》)

行动指南:

明确你工作所需的技术。分析并提炼这些技术，使它们能贡献出最优的品质与最高的生产率。

5 月 7 日

知识社会与组织化社会

专业化的知识本身并不产生效用。

后资本主义社会既是知识社会，又是组织化社会。两者既相互依赖，又在概念、观点、价值观方面存在着差异。专业化的知识本身并不产生效用。若想让它催生出实际生产力，必须将知识付诸实践。这也就是我们说知识社会也是组织化社会的原因所在——每个组织、公司或是非商业组织的目标与职能都是相近的，即要把专业知识融入到平常的工作中去。惟有组织才能为知识型员工提供必需的根本延续性，以便他们能够创造出效率。只有组织能够将知识型员工的专业知识转化为绩效。

知识分子需要"作为工具"的组织，因为组织能使他们将技术和专业知识付诸实践；管理者把知识视为实现组织绩效目标的手段；两者都是正确的。两者是对立面，但两者更应是相互联系的两极关系，而非矛盾关系。两者彼此需要，如果两者之间能取得一种平衡，就能使创造性和条理性、成就与使命相统一。(摘自彼得·德鲁克《变动中的管理界》、《后资本主义社会》)

行动指南:

写信给你的老板和同事，在信中描述你准备作出的贡献，在如何将你的贡献与同事们的贡献结合起来从而为组织创造成果的问题上阐述你的观点。

5 月 8 日

知识社会中成功的代价

害怕失败的情绪已经笼罩在知识社会的每个角落。

知识社会的流动性日益增大，成功的代价也随之增大——在这种残酷的竞争之下，人们不仅要背负精神压力，而且还得负载情感创伤。这种竞争是一种"零和博弈"①，这一点和从前社会截然不同。

日本的很多年轻人睡眠不足，因为他们为了准备考试，晚上不得不熬夜复习功课。否则，他们就不能考入理想的名牌大学，也就无法找到一份令人羡慕的工作。在其他一些国家，例如美国、英国和法国，学校的入学竞争也变得日益残酷。这种情形从出现到现在只有不到三四十年的时间，但害怕失败的情绪却已经笼罩在了知识社会的每个角落。面对这样的竞争，越来越多成功的知识型员工，包括公司经理人、大学教师、博物馆馆长和医生，他们看似处于不惑之年的事业稳定期，其实不然。如果他们的全部知识仅仅是工作技能的话，他们的日子就不会太好过。因此，知识工人还需培养工作以外的高雅兴趣爱好。(摘自彼得·德鲁克《未来社会的管理》)

行动指南:

请培养一种工作以外的高雅的兴趣爱好，因为它能为你带来个人成就。

---

① 零和博弈，指竞争者此消彼长，胜者之所得加上败者之所失等于零。——译者

5 月 9 日

知识社会的核心

教育将成为知识社会的中心，而学校将成为其核心机构。

在古代，工匠们通过五六年的实习，到了十八九岁时，他们就学会了终身受用的技能。然而，当今的工作则要求工作者正规地学习大量知识和技能，从而能够获取理论性和分析性的知识，并将之运用于实践。他们需要一种全新的工作方法和思维模式。最重要的是，他们必须培养持续学习的习惯。

那么，每个人所需的知识结构又是怎样的呢？学习和教学又是什么"性质"的呢？这些问题无疑都将成为知识社会的核心问题，也将成为核心的政治议题。实际上，在知识社会中，如果说知识的获取和分配将取代两三百年前资本主义时代中财产收入的获取在政治上的地位——我们认为这种假设也不能说是不切实际的。（摘自彼得·德鲁克《变动中的管理界》）

行动指南:
养成终身学习的习惯。

5 月 10 日

政府的病态

尽管政府这个"老女人"还在身旁，但我们和她之间的爱情故事已告终结。

没有任何一个轰轰烈烈的政治爱情故事，能够比得上 1918 年到 1960 年之间那几代成年人对他们政府的热爱了。在这一时期，任何值得做的事，统统都交给了政府去做——而且人人似乎都觉得，这样便一定能够做成功了。

但是，现在我们的态度已经在转变。我们快速地转向另一个极端——对政府持怀疑和不信任的态度。我们仍然把社会工作交给政府，但那也许只是出于习惯而已。我们仍然把不成功的计划一改再改，并且声明只要略微改动一下步骤就能奏效。但是，当我们第三次去改良一个设计笨拙的计划时，便不会再相信这些话了。我们不再相信政府会有什么成效。例如，谁还会相信只要改组美国政府或联合国的援外项目，就能够真正促进世界的快速发展呢？许多年来，人民对政府的一腔热爱，如今已成为一种步入中年、令人厌倦的关系。我们不知道应该如何来断绝这种关系，但拖下去只会更加糟糕。(摘自彼得·德鲁克《不连续性时代》)

行动指南:

向议会代表提出合理的立法建议。这些建议应当产生于你的企业致力于解决社会问题的过程中。

5 月 11 日

外汇风险管理

汇率风险使得最为保守的管理者也成了投机者。

一条长期以来得到反复论证的经验表明：一个企业，要么主要从事货币交易，要么主要从事商品交易。如果它在这两个领域内都进行投机，那么将不可避免地遭受损失，而且损失会非常惨重。但是汇率风险使得最为保守的管理者也成了投机者。

管理者必须要学会如何规避几种外汇风险：用外币进行销售或采购所带来的损失风险、在国内外市场上销售额和市场地位的损失风险等。这些损失不可能完全挽回，但却可以使之最小化，至少能够加以控制。最重要的是，这些风险可以转化为一种已知的、可测的和可控的经营成本，而这一成本与其他保险费并无太大的差异，现在常用的手法包括套期保值和期权等。将企业的财务"国际化"，在一定程度上是保护自己的最佳途径，甚至是惟一途径。这样，企业就能在以汇率为基础的国际市场上和对手进行较量。(摘自彼得·德鲁克《管理前沿》、《新现实》)

行动指南：
利用套期保值来保护你公司在交易中的利益。

5 月 12 日

似是而非的制造业

你如何让更少的员工制造出更多的产品？

在对 2020 年的众多预测中，人们认为最可能实现的莫过于以下论断：届时，发达国家的制造业总产量至少要翻一番，但是制造业的员工总人数将会比现在减少 10%—12%。变革制造业并且推动其生产率迅速提高是一种全新的概念，例如精益生产等。制造业的新理念比信息化和自动化更为重要，这些新理念和 80 年前出现的大规模生产一样，具有划时代的进步意义。

虽然制造业作为财富创造者和工作岗位的提供者的地位正在下降，但这势必会带来新一轮的保护主义，这将和早先农业领域发生的情形不谋而合。农民选民的人数越来越少，但是他们手中选票的分量却越来越重。发达国家中农民的人数已经锐减，但是他们已经成为一个联合起来的特殊利益团体。他们人数虽然不多，但他们在国内的声音绝非孤鸿哀鸣，而是影响深远。(摘自彼得·德鲁克《未来社会的管理》)

行动指南：

计算一下在你工厂里或经营过程中，每个员工的产值增长率是多少？你所在组织是否也正在经历文中所述的制造业似是而非的局面？提出建设性的方案来留住过剩的员工。

保护主义

昨日限制我们绩效发挥的一些因素，今日仍在阻挡着我们的视野。

制造业作为财富创造者和工作职位提供者地位的降低，势必导致新的一轮保护主义的出现。面对时代的动荡，人们的第一反应往往是筑起隔绝外界的高墙。但是，这种高墙已经无法再保护那些达不到国际标准的组织了，特别是那些商业组织。如果这样做，只会让它们更加不堪一击。

最恰当的例子莫过于墨西哥了。自 1929 年开始，50 年来该国刻意制定政策，将本国经济完全独立于世界市场之外。这样做不仅仅是为了筑起高墙，将国际竞争排斥在外，甚至还限制国内公司将产品外销。在 20 世纪，墨西哥的这一做法堪称绝无仅有。这种试图建立起一个现代化的、"高纯度的"墨西哥经济的尝试，结果却是一败涂地。事实上，无论是在食物还是在加工制品方面，墨西哥都越来越依赖于进口。最后，由于支付不起国内所需的进口数额，该国被迫向世界开放市场。墨西哥这时才发现，本国很多产业部门在激烈的竞争中根本无法存活。(摘自彼得·德鲁克《21 世纪的管理挑战》、《新现实》、《未来社会的管理》)

行动指南：

当一国制造业的工作需求下降时，是否意味着该国的制造业基础动摇了？有一种观点认为：在发达经济体中，社会和经济不再是由体力劳动来支配了。为什么接受这一观点如此困难？

5 月 14 日

知识工作的细分特征

在大多数组织内部，知识工作细分得非常厉害。

在大多数组织内部，知识性工作变得专业化，因此工作也变得高度细化。对于知识性组织而言，有效地管理好这些专业细目已经成为一个巨大的挑战。例如，医院就借用人力资源外包（PEOs）和临时工代理公司（temp agency）等途径来管理、安排并满足自身对专业知识型员工的需求。由此，部分管理外包就成为必然趋势。不论是在应对知识工作细化带来的管理复杂性方面，还是适应形势，利用人力资源外包以及临时工代理公司方面，现代医院都堪称成功的典范。

在一家拥有 270 到 300 张床位的大型社区医院中，会有超过 3 000 名工作人员。其中将近一半都是各个专业的知识型员工。在门诊部里自然有很多大夫和护士，人数各有几百人。但是，还有将近 30 名医护专家，其中包括理疗师、检验科医生、精神病医生、癌症治疗师、二三十位手术辅助人员、睡眠障碍治疗师、超声波检验师、心内科技师等。要管理好这么庞杂繁多的专业性工作，就使得医院成为最为复杂的现代组织机构。(摘自彼得·德鲁克《未来社会的管理》、《未来社会》(美国 Corpedia 德鲁克网上管理课程))

行动指南:

明确你所在机构应该外包的职能。列出具体的外包计划，并且监控它们的绩效和质量。

5 月 15 日

利用人力资源外包和
业务流程外包公司

人力资源的外包，不仅能够节省30%的成本，而且还能提高员工的满意度。

企业在人力资源方面正在经历着重大的变革，规章制度日益复杂化，随之又产生对专业管理的需求，而人力资源外包公司正是一剂应对的良方。人们可以通过它来管理人力资源的运作，实现员工的管理并且留住员工，从而可以应对新的现实。人力资源外包公司主要面向中小型企业，它的出现使得经理人能够从雇员规章制度和文案工作的繁文缛节中解脱出来。人力资源外包这一新兴产业，在20年前才初见端倪，现在却以年均30%的惊人速度迅速成长。

和人力资源外包公司不同，业务流程外包公司（BPOs）主要是为员工总数超过2万人的大型企业服务。它的创立者伊格塞特公司，成立于1998年，也是当前业界的领头羊。它的客户中有很多是《财富》500强中的知名企业，它为这些客户打理人力资源流程上所有环节，包括工资发放、雇员招收、管理层培训、雇员资料管理、岗位轮换和雇员解聘管理等。麦肯锡的一项调查显示，企业用这种方式外包人力资源管理，不仅可以节省30%的成本，而且还能提高员工的满意度。(摘自彼得·德鲁克《未来社会的管理》、《未来社会》(美国 Corpedia 德鲁克网上管理课程))

行动指南:

你是否正在将你的部分人事资源管理工作外包？这么做的理由是什么？不这么做的理由又是什么？

5 月 16 日

管理非传统型员工

经理人的挑战就在于协调各类员工的努力。

与全职员工、临时雇员并存的，新型公司中还存在一种与前几种类型关系紧密但又独立管理的组织，它由非传统型员工组成。越来越多的员工提早退休，却没有停止工作，而去开始了"二度创业"，并且通常是采取非传统的工作形式。他们或是选择自由职业，或是兼职，或是承担临时工作，或是为外包公司工作，或是干脆自己成了一个外包商。这种"提早退休以继续工作"的现象，在知识员工中尤为普遍。

吸引并留住这些不同类型的工作群体，将是新公司人力资源管理的核心任务。这些人与企业之间并不保持长期的劳资关系，他们或许无须加以管理，但他们要为公司创造生产率。所以，公司就要把他们分配到各自专长的知识领域中，从而创造最大的贡献。在对非传统型员工的专业知识开发、激励、提高报偿和生产率方面，管理者需要和外包商组织中的同行们建立紧密的合作关系。(摘自彼得·德鲁克《未来社会的管理》、《未来社会》(美国 Corpedia 德鲁克网上管理课程))

行动指南:

有效地吸引非传统型员工，并促使他们加入到你的组织中!

5 月 17 日

企业联合体

企业发展成了企业联合体。

从两个典型的例子，可以看出企业联合体的特征。80 年前，通用汽车公司首先提出了"组织"的概念；也提出了"企业结构"的概念。今天这一概念已被各个大企业奉为创业根基。在过去的 80 年间，通用汽车公司的运作有 75 年是基于这两个原则的。我们拥有着我们制造的全部产品与工作成果。如今，通用正尝试成为竞争对手的少数股东，这些企业包括瑞典的萨伯，日本的铃木、五十铃等。并且它还正打算成为菲亚特持股比例最高的少数股东。与此同时，它已经放弃了自身 70% 到 80% 的制造业。

丰田公司的例子是完全不同的模式。丰田在过去的 20 多年中已经成为最成功的汽车公司。它重组了自身的核心制造结构，改变了过去与多家零部件供货商合作的模式，而在某个地区只保留一两家供货商。同时，它利用自己的制造能力对供货商进行管理。这些供货商仍然保留各自的独立业务，但在管理上，其本质上已成为丰田公司的一个部门。(摘自彼得·德鲁克《未来社会的管理》、《未来社会》（美国 Corpedia 德鲁克网上管理课程)）

行动指南:
分析你所在组织和你的竞争对手，看看是否与通用或是丰田的情况相似，并确立你自己的产业结构。

5 月 18 日

企业辛迪加

辛迪加的模式就是 19 世纪农村合作社的形式。

通用与丰田的方式不同，但都是以传统企业模式作为出发点的。而有一些新的理念，则彻底摈弃了公司模式。

一个例子便是"辛迪加"模式，这种模式在欧盟中的几个非竞争性制造商身上已得以验证。每个组成企业大都是中等规模、家族所有、由所有者经营的企业。每个企业都是在狭窄而设计含量很高的生产领域内的领导者。每个企业的外贸依存度都很高。每个企业都想要保持独立，独立设计自己的产品。它们也要继续在自己的工厂为自己的主要市场进行生产，并将这些产品销售出去。但对于其他市场而言，特别是对于那些独立立国不久的国家与欠发达国家而言，辛迪加会为产品生产作出安排——或者安排辛迪加所有的工厂为几个成员企业生产产品，或者把任务交给当地承包商。辛迪加管理所有成员的产品运输，并为产品提供市场服务。每个成员企业会拥有辛迪加的部分股权，而辛迪加也同时拥有各家企业成员的少数股本。你是不是觉得这种模式听起来有些熟悉？那时因为这种模式与 19 世纪的农村合作社无异。（摘自彼得·德鲁克《未来社会的管理》）

行动指南:
作为现存的或是新产生辛迪加的成员，明确你的组织是否能从中获利。

5 月 19 日

人力资源

人力是一种资源而不只是成本。

"你的同事和你必须要视员工为最重要的资源",日本人最早留意到了我的这一观点,并取得了实际效果。只有建立起对员工的这种尊重,企业的生产力才能真正得以提高。

人力是一种资源而不只是成本。最明智的管理者已经意识到:通过人力管理,可以实现预期的结果和目标。管理不只是论资排辈或是特权的运用,也不只是"做生意"。管理会影响到员工和他们的生活,不只是商业层面上的,还有其他许多层面上的。(摘自彼得·德鲁克《变动中的管理界》)

行动指南:

将人力视为有待开发的资源。使你和你的员工吸取最好的理念,并确保员工们能够很好地将这些理念应用到实际工作中。

5 月 20 日

提高体力工作者的生产效率

知识工作包括人工操作，这些操作仍然需要"工业工程"（industrial engineering）。

弗雷德里·克温斯勒·泰勒的原则，听起来简单得令人难以置信。提高体力工作者生产效率的第一步，就是观察他们所要执行的工作，然后按部就班地分析工作的每个步骤。第二步就是把每一个动作所需的体力和时间记录下来，不需要的步骤就加以去除。这样，研究了真正对完成产品有所贡献的步骤，就能确保利用最直白、最简单、最快、对操作者体力和心力负担最低的方法来完成。再将这些动作按逻辑次序排列，就构成一件"工作"。最后再重新设计完成这些工作所需的工具。

在某些国家，体力工作仍然是社会和经济中的支撑部门，而泰勒的方法仍然是他们的组织原则。发达国家最关键的挑战，不再是怎样提高体力工作者的生产效率，而是怎样提高知识型员工的生产效率。但是，相当多的知识工作——包括许多需要先进技术和理论基础的工作，仍然要有人工操作。而这些人的生产效率仍然需要"工业工程"，即泰勒的方法论的指导。(摘自彼得·德鲁克《21世纪的管理挑战》)

行动指南:

找到你的工作中知识工作与体力操作相结合的部分。将工业工程的基本原则应用其中。

5 月 21 日

服务工作的生产效率

提高服务工作的生产效率是管理者首要的社会责任。

对发达国家而言，提高服务工作的生产效率是社会的首要考虑。除非能够满足这一需要，否则发达世界就要面对社会不安情绪的增加、分化的加剧以及社会激进化的趋势，甚至会面对一场新的阶级战争。除非服务工作的生产效率得到迅速提高，否则这一庞大阶层的社会地位与经济地位（这个阶层的人数众多，与历史上从事制造业与运输业的人数最高峰差不多）就会逐步下降。任何时候，实际收入也不能高于生产率所创造的价值。服务性员工可以尽他们微薄的全力，去争取超出他们经济贡献的薪水。但这样会使整个社会的力量耗尽，所有人的实际收入下降，并导致失业率上升。由于大部分知识型员工的薪水在稳步增长，如果放任那些没有特殊技能的服务性员工的薪水下降，那么两个阶层之间的收入差距将逐渐拉大，两极分化的趋势就会日益严重。无论是上述的哪一种情形，服务性员工的处境都是孤立的，而且会越来越艰苦；渐渐地，他们会发现自己已然沦落到为被"边缘化"的状况。

我们懂得该如何提高服务性工作的生产力。这是一项生产工作，但我们若把在过去 100 年间所掌握的提高生产率的方法，应用到服务工作领域，恐怕只能收到最小的成果。这个任务是明确的，也需要切实的行动，同时也是非常紧迫的。事实上，这也是知识社会中管理者的首要社会责任之所在。(摘自彼得·德鲁克《生态愿景》)

行动指南:

为你从事服务工作的员工每年设定一个生产率提高的目标。对那些圆满实现新目标的员工，要加以奖赏。

5月22日

提高服务性员工的生产效率

把企业邮箱服务工作外包出去。

提高服务行业人员的生产效率，要求组织结构发生根本转变。在许多情况下，组织都是将服务性工作外包给提供服务的人去完成。这特别适用于辅助性工作，例如维修和许多日常事务性的工作。此外，这种"外包"也在设计师的绘图工作、技术或专业图书馆中发挥日益重要的作用。事实上，美国的律师事务所已经把过去由其法律图书馆做的大部分工作，外包给了外面的计算机"数据库系统"来操作。

组织中最需要提高生产效率的，是那些无法将员工晋升入高级管理层的业务活动。但是，在高级管理层中，可能没有人对这种工作感兴趣，也没有人对它有足够的了解，更别提喜欢它或认为它很重要。这种工作不符合组织的价值体系。比如，在医院中，价值体系就是医生和护士的价值体系，他们所关心的是如何照料病人。因此没有人会很关心清扫工作、辅助性工作或是事务性工作。因此，我们应该期望在今后的几年里，把这种工作外包给独立性组织。这些组织相互竞争，从而使得这种工作更有成效，它们自身的效率也便获得了报偿。（摘自彼得·德鲁克《后资本主义社会》、《管理未来》）

行动指南：
将你不擅长打理的服务性业务交给擅长的人员去处理吧！

知识型员工的生产效率

提高知识型员工的生产效率，必须将知识型员工视为资产而不是成本。

虽然对知识型员工生产效率的研究才刚刚开始，但我们已经知道了很多答案。当然还有很多挑战性的问题有待解决。

以下的 6 个主要因素，决定了知识员工的生产效率：

（1）提高知识型员工的生产效率，先得回答这个问题："任务是什么？"

（2）每一个知识型员工需要对自己所创造的生产力负责。他们必须自己管理自己，同时要有自主性。

（3）不断地创新必须得成为知识型员工工作、任务和责任的一部分。

（4）脑力工作要求知识型员工进行持续不断的学习，以及给他们持续不断的指导。

（5）生产效率不是，至少不仅仅是重视"量"的产出，因为"质"也同样重要。

（6）最后，必须将知识型员工视为资产而不是成本；必须使得知识型员工在有其他就业机会时，仍愿意为这个组织工作。(摘自彼得·德鲁克《21 世纪的管理挑战》)

行动指南：
在你的脑力工作中，注重上述因素。

5 月 24 日

界定脑力劳动的任务

在脑力劳动工作中，只有先明确了任务，才能知道应该怎样做。

对于体力工作而言，任务往往是交代明确的。无论是哪里的家政服务人员，房屋主人都会告诉他们需要做些什么。工厂工人的工作也是由机器或是流水线程序决定的。但在脑力工作中，"该做些什么"往往是首要也是决定性的问题。知识型员工的工作不是由机器设定的，他们大部分都要自己来决定任务，也必须靠自己来完成这些任务。因为他们，也只有他们，拥有并掌控着最昂贵的生产手段——他们受过的教育，以及最重要的工具——他们的知识。他们当然也使用其他的工具，比如护士用的点滴针，或是工程师用的电脑；但他们的知识决定了他们使用这些工具的方法和目的。他们知道哪些是最重要的步骤，以及该采用哪种方法去完成任务；他们的知识也使他们懂得哪些繁杂琐事是毫无必要的，可以将其忽略。

要研究知识型员工的生产效率，就得先问知识员工本人："你的任务是什么？任务应该是什么？你觉得怎样做你才能有所贡献？你在执行任务过程中要排除什么障碍？"只有先明确了任务，才能知道应该怎样做。（摘自彼得·德鲁克《21 世纪的管理挑战》、《知识型员工的生产率》（美国 Corpedia 德鲁克网上管理课程））

行动指南：

作为一个知识型员工，你给自己界定的任务是什么？问问自己："我凭什么拿工资？我应该凭借自己的什么本事拿工资？"

界定脑力劳动的成果

科学家的成果，即先进的科学知识，可能和组织没有关联。

我们只有对某项任务作出界定，才能够界定这项任务的成果。满意的成果应该是什么样的，通常答案不止一个。销售人员满意的成果，可以是单个顾客最大的销售量，也可以是留住一个老顾客。

因此，要使知识型员工富有生产效率，下一个关键步骤便是：定义什么是成果，对于知识型员工特定的任务而言，成果应该是什么。这是，而且也应该是一个颇有争议的决定，也是一个有风险的决定。毕竟，这是个体工作者的任务与组织使命之间的交汇点，而且两者之间应该保持协调。百货公司的目标是追求每笔交易的最大销售额还是每个顾客的最大消费额，这是由该公司管理层决定的；医院首要关注的是病患还是医生，也是由医院管理层决定的。这一决定，将成为知识组织的管理者和经理人要长期面对的挑战。(摘自彼得·德鲁克《21 世纪的管理挑战》、《知识型员工的生产率》(美国 Corpedia 德鲁克网上管理课程))

行动指南:

界定你的岗位成果。协调这一成果与组织为你界定的成果之间的矛盾。

5 月 26 日

界定脑力劳动的品质

评估知识工作的品质，听起来是件困难重重的事。在实践中，它已给自己作出了明确的界定。

在某些脑力劳动领域，特别是知识含量高的领域，我们已经开始评估"品质"了。譬如外科医生的工作，就是随时受到评估的；一些难度系数高、危险性高的手术操作的成功率也可作为标准，例如心脏手术病人的存活率。但是大致上，到目前为止，我们主要还是依靠主观判断，而没有评估脑力工作的客观尺度。这其中主要的困难并非评估品质，而是在定义"任务到底是什么"和"任务应该是什么"之间，很难取得一致的意见。

最好的例子莫过于美国的学校。在美国，市中心的公立学校往往问题丛生。但就在附近的私立教会学校，同样背景的小孩子大都品行良好，成绩优良。这两种学校中，学生的品质之所以有偌大的差异，可以有数不尽的理由；但是其中最主要的，无疑是因为这两种学校所定义的任务是不同的。典型的公立学校将自己的任务定义为"帮助条件差的家庭"；而典型的私立教会学校（特别是天主教学校）将任务定义为"帮助想要学习的孩子学习"。因而，一个是由失败的教育来主导，另一个却是由成功的教育来主导。(摘自彼得·德鲁克《21世纪的管理挑战》)

行动指南：
定义你所尽职责的品质。

5 月 27 日

管理：一种实践

> 对一项管理策略进行的测试……这不在于答案的对错，而要看它是否行之有效。

通用公司的经理人以为，他们发现了管理的原则。这些原则好比铁律，是毋庸置疑的。但在我看来，人们创造出原则一类的东西，充其量只能作为能给人带来启发的观点。在这一点上，我的管理学研究方法和许多同学科的作家或理论家不同——原因也许就在于我在学术界算不上声名显赫吧。我坚信根本价值观念的存在，特别是在人文领域里。但我不相信世上有"一个正确答案"。许多答案都很有可能是错的——对于有些答案而言，除非其他的答案都行不通，否则人们根本不会去尝试它们所提出的解决方法。而对一项管理策略进行的测试……意义并不在于答案的对错，而要看它是否行之有效。我一直坚信，管理不是什么神学的分支，从本质上讲，它是一门"临床"学科。管理测试，和评价药品试验的效果一样，不是看治疗过程是否体现了"科学性"，而是要看医治的病人是否能够痊愈。(摘自彼得·德鲁克《公司的概念》)

行动指南:
列出三条你认为对提高企业绩效最有益的"经验法则"。再列出一张对你工作毫无用处的"教条原则"。

5 月 28 日

知识工作中的持续学习

知识组织不仅是一种学习型组织，也是一种教学型组织。

知识型员工必须将持续学习作为一种任务。知识组织不仅是一种学习型组织，也是一种教学型组织。今天，各个领域内的知识更新非常快，知识型员工除非能够在工作中不断学习，否则很快就会遭到淘汰。这不仅是对工程师、化学家、生物学家或是会计师等高知识含量的职业人员提出的要求，对于心脏病人看护人员、薪酬管理人员或电脑维修工而言，也同样如此。知识组织的维系，也要依靠知识型员工能够了解他人的工作和努力，因为他们各有专长。因而，特别是当同事们的专业知识领域发生改变时，知识型员工便要主动担负起对同事们进行"督导"的责任。

为此，建议知识型员工应该坐下来，思考这样两个问题：

（1）我还需要学习些什么，才能确保自己能够始终把握住工作领域内的前沿动态？

（2）同事们需要对我的知识领域有怎样的认识与理解？这将对我们的组织和他们自身的工作有怎样的影响？应该产生怎样的影响？（摘自彼得·德鲁克《21世纪的管理挑战》、《知识型员工的生产率》（美国 Corpedia 德鲁克网上管理课程））

行动指南：
你要回答出文章末尾的两个问题。

5 月 29 日

增加现有知识的产出

"只能通过融会贯通。"

在教与学的过程中，我们确实必须将精力集中在工具上。在使用过程中，我们必须将精力集中于最终的成果、任务和工作上。"只能通过融会贯通"，这是英国伟大的小说家 E. M. 福斯特反复提出的告诫。这一直是伟大艺术家的特点，但同时又是伟大科学家的特点。在他们的那个层次上，这种融会贯通的能力可能是天生的，是我们所说的"天才"，这种神秘事物的一部分。但在很大程度上，融会贯通并因而提高现有知识的产出，是可以通过学习达到的，最终也应该是能被传授的。这里需要一种问题界定的方法论——这或许比"问题解决"的方法论更为需要。它需要系统地分析特定问题所需知识和信息的种类，以及解决特定问题各阶段所需的方法论——这种方法论是我们现在所说的"系统研究"的基础。它需要所谓的"组织无知"①，亦即周围总是无知多于知识。

知识专业化使我们在每个领域都具有完成工作的极大潜力。但由于学科知识的专业化，我们还需要方法论、原则以及将潜力转化为工作的流程。否则，大多数可利用的知识不会有生产力，而只是信息。为了使知识创造出生产力，我们必须学会融会贯通。(摘自彼得·德鲁克《后资本主义社会》)

行动指南:
在作出决定之前，一定要花足够的时间去清楚地界定问题。

---

① *Organizing Ignorance*（组织无知）是作者 40 年前开始写作但并未完成一本书的名字。——译者

5 月 30 日

知识型员工的等级

古语云："哲学是科学之王。"但为了消除肾结石，你需要
一位泌尿专家，而不是逻辑学家。

知识型员工能够工作，得益于他们有能够提供其工作平台的组织。
从这种意义上而言，他们是相互依赖的。但同时，他们又拥有"生产手
段"——他们的知识。知识型员工将自己看作是"专业人员"，和律师、
教师、教士、医生或是旧时的政府职员没有区别。他们受到了同样的教
育，他们或许认为：自己的收入与机会来自组织，没有组织的投资，他
们也就丢了工作。但他们同样也清楚：组织确实也同样依赖他们。

知识型员工的"等级"没有高低之分，组织决定每一个职位的基础
是他对组织共同任务的贡献大小，而不是任何等级所固有的优劣性。(摘
自彼得·德鲁克《后资本主义社会》、《不连续性时代》)

行动指南：
确认一种你使用知识的方式，从而为组织创造最大的贡献。让你
的老板和同事都能认可你创造最大贡献的方式。

5 月 31 日

后经济理论

我们有一种方法，能够将经济学与人的价值融合起来。

未来的经济学必须回答这样一个问题："我们应该怎样将企业的经营方式和企业的成果联系起来？成果是什么？"传统的回答——"底线说"是靠不住的。在这种"底线"哲学中，我们无法将企业的短期运营与长期运营联系起来，而两者间的平衡恰恰是对管理的一项关键测试。

我们的指路牌必须是生产率和创新的指标。如果我们获得了利润，却付出了生产率降低或创新停滞的代价，实际上并没有创造利润；相反，我们正在破坏自己的资本。而与之相反的，如果我们继续提高所有关键资源的生产率，并提高我们的创新能力，我们就能盈利。利润不只是短期的，更是长远的。知识运用于人力工作中，就成了财富的一种来源，这也就是经济组织的职能所在。我们第一次有了一种方法，能够将经济学变成一种人的准则，并与人类的价值相联系。这种方法给了商业人士一根准绳，使他们能够衡量自己的方向是否正确，衡量他们的成果是真实还是空幻的。我们站在了后经济理论的前沿，这种理论深深植根于我们对财富产生的理解。(摘自彼得·德鲁克《生态愿景》)

行动指南：

用这两个经济指标来衡量与评估你的组织的绩效——生产率与创新。

六　月

6月1日

自我管理

知识型员工必须负起管理自我的责任。

知识型员工的职业生涯，很可能比雇用他们的公司更长。他们的平均工作年限有将近50年，而一个公司成功经营的"平均寿命"只有30年。越来越多的知识型员工会比雇用他们的企业寿命更长，因而他们就得作好一生不会只有一个工作的准备。这也就意味着，多数的知识型员工需要学会自我管理。他们要懂得将自己投放到最能有所贡献的地方，并学习自我开发。他们还要学会怎样去改变、在什么时候去改变自己的工作、工作方法，以及工作时机。

管理自我的关键在于了解这样的一些问题："我是谁？我的长处何在？如何工作才能取得成果？我的价值观是什么？我的归属在哪里？我又不归属在哪里？"最后，成功地进行自我管理，最至关紧要的一步就是利用反馈分析法，即每当作出重大决策或采取重要行动时，事先记录下你所预期的成果。9—12个月后，再将实际成果与当初的预期进行比较。(摘自彼得·德鲁克《21世纪的管理挑战》、《自我管理》(美国 Corpedia 德鲁克网上管理课程))

行动指南:

通过了解自己的实力、价值观，以及你的最擅长的领域来实现自我管理。然后利用反馈分析法，即首先将你的重大行动与决策的预期成果写下来，9—12个月后，再将实际成果与预期成果进行比较。

6 月 2 日

成功的信息化组织

系统的设置要确保每个员工都能获得他工作所需的信息，这样系统才能发挥效能。

英国在印度的行政机关，没有任何中层管理，可谓是成功的大型信息化组织的典型例子。从 18 世纪中叶到第二次世界大战时期，英国人统治印度次大陆近 200 年。但印度的民政服务机构，从未有超过 1 000 名的公务员来管理这块土地广袤而人口众多的次大陆。大多数英国统治者都单独居住在相对隔绝的哨防区，相隔最近的也要花上一两天步行的时间。因为在统治的最初 100 年间，还没有电报与铁路。

组织的结构是完全平铺式的。每个地区官员要向"首席运营官"直接汇报。由于印度一共有 9 个省，每个政治大臣至少有一百人要向他进行直接汇报。每个月，地区长官要花上一整天时间写一份完整的报告给省会的政治大臣。在报告中，他会探讨自己的每项主要任务，并详细写出他预期在每项任务完成的过程中可能发生的事情，实际发生的事情，以及产生这种差别的原因。报告中，还要包括：他下个月的主要任务及他计划如何处理这些任务，询问政策的问题，以及他对长远的发展机遇、威胁和需要所作出的评论等。政治大臣也会就报告提出一份完整的回复。(摘自彼得·德鲁克《生态愿景》)

行动指南：
将你的组织与英国在印度的行政机构作一对比，看是否有相似之处。

6月3日

信息化组织的"乐谱"

医院中的所有专业人员共用着一个"乐谱"——对病人的照顾与治疗。

信息化组织的要求是什么？几百位音乐家和他们的"首席执行官"——指挥，能够在一起演奏，是因为他们面对的是相同的乐谱。类似地，医院中的所有医护人员也肩负着共同的使命：照顾与治疗病人。诊断是他们的"乐谱"，它指挥着X光检验师、营养学家、理疗师以及其他的医疗人员。换而言之，信息化组织要求的是明确简洁的共同目标，这些目标将转化成特定的行动。

由于在信息化组织中的"演奏者"都是专业人员，首席执行官并不需要告诉他们该怎样去完成他们的工作。甚至没有几个乐团的指挥能够用圆号演奏出成段的旋律，更不用说要他去教导圆号手如何吹奏了。但指挥却能察觉到，圆号手在配合演奏者的联合演出方面的技术与知识问题。这种洞察力，也是信息化商业组织的领导者所必须具备的。信息化组织的机构，必须以明确反映出管理层对企业绩效、企业各部门及专业人员绩效的预期目标，并通过系统化的反馈，将企业的成果与这些绩效的预期进行对比，便于每个员工开展自我管理。(摘自彼得·德鲁克《生态愿景》)

行动指南：

为你的组织谱写一个共同的"乐谱"，"乐谱"要明确反映出管理层对企业绩效、企业各部门及专业人员绩效的预期，并将企业的成果与这些绩效的预期进行对比。

6月4日

担负信息化责任

信息专家也是工具制造者。他们能教我们用什么工具把装饰钉钉进椅子。而我们要做的则是弄清楚我们是否应该钉椅子。

信息化组织的一个要求便是，所有的人员都担负起信息化的责任。管弦乐团的巴松乐手在每演奏一首乐曲的时候都要肩负起传递信息的责任。同样的，在精密的报告系统中工作，以及在信息中心与住院部护士站中工作的医生与护理人员，或是印度地区长官在每次写报告的时候，也都要担负起信息化的责任。这种系统维系的关键就在于，所有人都要明确："组织中有哪些人在指望着从我这里获取信息，而我的信息来源又是谁？"每个人的单子中都会有自己的"上级"和"下级"，但最为重要的往往是直接与你打交道的第一个层级上的人。内科医生、外科医生与麻醉师之间的关系就是一个很好的例子。生化专家、药理学家、负责临床测试的医科主任以及制药公司的销售专家之间的关系也大致如此。这些关系构成的系统，都要求系统内各方完全负起信息化责任。(摘自彼得·德鲁克《生态愿景》)

行动指南：
在恰当的时间，通过恰当的人选，获取恰当的情报，才算担负起信息化的责任。做一张列表，表中要包括你获取的信息、信息的来源人以及从你那里提取信息的人。

6 月 5 日

给专业信息人员的奖励

晋升到管理层是个例外，一个简单的理由就是：中层管理的职位少得可怜。

以信息化为基础的企业组织中的专业人员，其机会要比在乐团或是医院中工作的多得多，更不用说是在印度民政服务机构中的专业人员了。但是，与在这些组织中一样，专业人员得到的机会主要在其专业领域内，而且是非常有限的。晋升到管理层是个例外，一个简单的理由就是：中层管理的职位少得可怜。

但是，对于专业人员和他们的管理层同事们而言，惟一有价值的机会便是晋升到管理层。而所有商业组织中现行的主流薪酬结构也强化了这种观点，因为这种结构大都更多地考虑管理者的职位和头衔。解决这个问题绝非易事。从大型律师行和咨询公司的实例中，我们或许可以得到一些启示，这些公司中，哪怕资历最深的合伙人往往都是该领域的专家。那些不具备成为合伙人资历的，早就被人替代了。无论最终确立的是什么系统，若要使其行之有效，商业价值观与薪酬结构都要作出较大幅度的改变。(摘自彼得·德鲁克《生态愿景》)

行动指南：

改变你组织的薪酬与奖励的结构，使之能明确地反映出晋升的实际情况，即要么是水平层级制的，要么是由外部甄选的。

6月6日

高压还是责任？

> 传统组织建立在权威的基础之上，而信息化组织则建立在责任的基础之上。

如果一个公司建立的核心是现代信息技术，它就必须首先明确这些问题："谁需要信息，怎样的信息，在什么时间，什么地点。"对于那些作用只限于汇报而非行动的职位和管理层级，必须坚决将其去除。

但是，信息化组织是有纪律的。它不仅需要既能尊重绩效又能自律的领导层，还需要所有管理者不断提升的责任感。传统组织建立在权威的基础之上，而信息化组织则建立在责任的基础之上。这种责任就像水流一样，从下至上又从上至下反复循环流动。因此，信息化的组织正常运转的前提就是：每个员工和每个部门都能承担起责任，对他们的工作目标、工作重点、对他们之间的关系和沟通负责。为此，信息化组织需要高度的自律性。这也使得快速的决断和及时的反应成为可能。它容许高度灵活性和极大的多元化。要发挥出这些优势，离不开彼此间的理解、共同的价值观及相互尊重，最后一点也是最为重要的。打个比方说，如果每个球员要知道比分，必须要有大家通用的语言；要打好比赛，也必须要有激发大家凝聚力的信念。在一个信息化组织中，倘若财政控制是多元化交流的惟一语言，那么该组织势必将分崩离析，好比圣经中的巴别通天塔一样。(摘自彼得·德鲁克《管理前沿》)

行动指南：

你的组织凝聚力基础是什么？是财政控制，还是共同的价值观和相互尊重？让你及你的部门对工作目标、重点、关系及沟通负责。

6 月 7 日

骤然间变得无能

在我所见的组织中，最大的资源浪费莫过于失败的晋升。

为什么一些过去 10 年，甚至 15 年中表现优异的员工，会突然间变得无能？原因就在于：他们虽然晋升到更高的职务上，却依然沿用以往他们成功并获得晋升的工作方式。他们在骤然间变得无能，并非因为他们失去了原有的能力，而是因为他们没有做对事情。

在新的工作岗位上，需要的并非是特别的知识或禀赋，而只是需要将精力集中在新的挑战、新的工作和新的任务上。(摘自彼得·德鲁克《德鲁克论亚洲》)

行动指南：

在新的岗位上，切莫照搬旧工作中使你成功的方式，而是应该扪心自问："为了使新工作富有成效，我应该做些什么？"

6 月 8 日

自我更新

"你想要别人记住你什么？"

从前我有一位宗教老师，他善于启发学生思考。当我 13 岁时，有一天他问遍了全班的同学："你想要别人记住你什么？"我们中间当然没有一个人能够回答上来。他笑着说道："我并没希望你们能够给出答案。但是，如果你们到了 50 岁还无法回答的话，那么你们虚度此生了。"

我总在扪心自问："你想要别人记住你什么？"这个问题可以让你不断自我更新，因为它能促使你不断升华，成为一个理想中的崭新自我。如果你和我一样幸运的话，在你很小的时候，就有享有道德权威的人向你提出这个问题，而它将陪伴你一生。(摘自彼得·德鲁克《非营利组织管理》)

行动指南:
你想要别人记住你什么？

6 月 9 日

个人的发展

重要的并非是所拥有的头衔，而是责任感。

对一个人发展负有最大责任的并非上司，而是他自己。个人发展的第一重点就是要力求完美。工作表现的好坏至关重要，因为这不仅会影响工作完成的质量，而且还会影响到工作者本人。只有你致力于自我更新，致力于创造出令工作日益精彩的激情、挑战和改变，工作才会给你带来兴奋感。自我更新最有效的途径莫过于去寻找未曾实现的成功，并且沿着这条道路锲而不舍地一直走下去。

成功最关键的要素在于责任感——让自己总是怀有责任感，其他一切都由此展开。重要的并非是你拥有的头衔，而是你的责任感。要做到有责任感，你必须足够重视这份工作，从而清醒地认识到：我必须要胜任这份工作。如果一个人重视责任感，那么他就能拥有更为远大的抱负。（摘自彼得·德鲁克《非营利组织管理》）

行动指南:
力求完美。

6 月 10 日

价值观冲突时，何去何从？

忙碌一生，纵然成为世界上最富有的人也毫无意义。

一个人的长处与他的表现往往是一致的，因为两者是互补的。但是，一个人的长处与他的价值观之间，有时却会产生冲突。一个人最擅长的事情，未必是他觉得最有意义的事情。因此，他的工作也许就不值得投入毕生精力，哪怕是部分精力。

我自己就遇到过这样的情况。多年以前，我也曾在价值观和长处之间作出了艰难的抉择。20世纪30年代中期，我在伦敦的一家银行从事投资业务，我擅长此道，表现绝佳。但是，我并不认为担任资产管理经理会有什么贡献。我深深地感到：自己最重视的是"人"。我觉得忙碌一生，纵然成为世界上最富有的人，也毫无意义。尽管当时仍处在经济萧条时期，我也家无恒产，可谓前景渺茫，但我还是毅然决然地辞去了工作，结果证明这是明智的选择。价值观，换而言之，不仅是，而且也应该是最终的检验标准。(摘自彼得·德鲁克《21世纪的管理挑战》)

行动指南:
你的长处和价值观吻合吗？

6 月 11 日

良禽择木而栖

清楚自己的归属在哪里？

你如果要想取得自身的发展，就必须要在合适的组织里从事合适的工作。最基本的问题就在于——"清楚自己的归属在哪里？"这就需要你能够正确理解：什么样的工作环境最有利于你最大限度地发挥长处？是在一家大机构中，还是小机构中？是与人合作，还是自立门户？你是风险偏好型的，还是风险规避型的？你愿意承担工作的压力吗？

对于"我归属在哪里"这个问题，如果你经过了深思熟虑，而答案却是"我并不归属于我现在的组织"。那么，你就有必要问第二个问题："这是为什么？"是因为你无法接受组织的价值观念吗？还是你的组织过于腐败？如果是这样的话，那势必会给你带来伤害。因为一个组织的价值观和个人价值观存在冲突，那么，这个团队会使你变得愤世嫉俗或是妄自菲薄。或者你会发现你的上司腐败透顶，因为他是一个政客或只关心个人的职业发展。或者最令人啼笑皆非的是，你会发现自己最尊敬的上司没有尽到他最应尽的责任——支持、培养并提拔能干的部下。如果你在一个不合适的组织内工作，该组织腐败透顶，或者你的成就得不到肯定，明智之举就是——另谋他就。(摘自彼得·德鲁克《非营利组织管理》)

行动指南:

你身处的组织适合你吗？理由是什么？如果不适合，不妨另谋他就。

6 月 12 日

管理学教育

管理学课程对于没有几年工作经验的人而言，简直就是浪费时间。

我希望能够实现的，同时也是多年来我在教学生涯中一直在实践的是：

- 管理学教育只是为那些成功人士准备的。我认为，管理学课程对于没有几年工作经验的人而言，简直就是浪费时间。

- 管理学教育要同时面向来自私营企业、公共服务机构和非营利组织的人士。

- 在学校要给学生设置有计划的系统课程；在真正的组织内部要让学生完成真正的工作任务——这就好比美国就读医学博士学位的住院实习生一样。

- 课程的设置要更加注重政府、社会、历史和政治运转过程等方面的内容。

- 管理学的教师要有实际的管理和咨询经验，从而能够洞察真正的挑战。

- 要更注重那些无法量化的领域，特别是那些本行业以外的领域，因为它们往往是挑战的来源。同时也要更加注重可以量化的技巧，即明确手头已有数据的有限性以及如何使用这些数据。(摘自"采访彼得·德鲁克"，原载于《经营者学会期刊》)

行动指南:

参加和你现在职位以及和你的理想职位有关的管理培训课程。将课程中所学到的观念运用到你的工作实践中去。

6 月 13 日

吸引知识型员工

要吸引并留住知识型员工，仅靠"金钱收买"是行不通的。

吸引并留住知识型员工，已经成为人事管理的两个中心任务。我们已经知道，仅靠"金钱收买"是行不通的。在过去的 10 到 15 年中，美国的公司通常采用分红利和发放股权等企业所有权分享制来吸引并留住知识型员工。当公司利润下滑导致红利减少，或是股价下跌导致股票缩水时，这种"金钱收买"的方法就失效了。这样，雇员及其家属会感觉遭到背叛。当然，知识工人的报酬必须能令他们满意，因为对报酬的不满会大大降低他们的积极性。但是，他们的激励因素决不仅限于金钱。

知识型员工随时都可以潇洒地走人。他们不仅有高度的流动性，而且很有自信。这就意味着：对待并管理知识型员工，要把他们当作是为非营利机构服务的志愿者来对待。他们首先要知道的是"公司要做什么"以及"公司的目标"。接下来，他们非常关心个人的成就和个人的责任感——这就意味着他们必须要在合适的工作岗位上工作。知识型员工期望得到持续学习和培训的机会。最重要的是，他们需要得到尊重。这种尊重并非完全针对他们本人，而是对他们专长领域内的知识。在这一方面，知识工人比传统工人要迈进了好几个台阶；因为传统工人只是习惯于听命行事，尽管后来他们也学会了"参与"。然而，知识工人却渴望在自己的专长领域中"当家作主"。(摘自彼得·德鲁克《未来社会的管理》)

行动指南:

管理专业知识型员工要像对待志愿者一样，告知他们要做什么以及公司的目标。给他们提供合适的工作岗位，并给他们提供培训机会。尊重他们的知识和经验。让他们在各自专长的领域里"当家作主"。

6月14日

养老基金持有人

短期利益和长期利益并非是不可调和的。但毕竟两者是不同的，因此必须要使两者协调以达到平衡。

新型的公司必须要平衡养老基金持有人的短期利益与长期利益。一味强调将短期绩效最大化，势必会损害养老基金持有人的利益。

重要的是，对公司利润最大化的绝对重视，使得公司的社会功能也受到人们关注，正是这一功能才让股东的控制权得以实现。随着 20 世纪六七十年代股东控制权的出现，出现了一批新型的股东，他们和传统的"资本家"不尽相同。这些股东也是公司的雇员，但通过退休和养老基金掌握了公司的一部分股份。到了 2000 年，美国的养老基金和共同基金已经占有了美国大公司的大部分股份。这就使得它们的股东有权要求取得短期收益。但是为了确保能够安享晚年，人们又越来越关注投资的未来收益。因此，公司不仅要关注短期经济收益，也要关注它们作为雇员退休后收益提供者的长期绩效。两者并非是不可调和的，但毕竟两者是不同的，因此必须要协调两者以达到平衡。(摘自彼得·德鲁克《未来社会的管理》、《未来社会》(美国 Corpedia 德鲁克网上管理课程))

行动指南:

管理好公司，确保它不仅能够产生短期绩效，而且产生满足养老基金持有者利益的长期绩效。

6 月 15 日

养老基金的管理

管理养老基金并保证它们不受掠夺将是一个挑战。

对发达国家 45 岁以上的大多数人而言，养老基金的利益是他们最大的一笔资产。19 世纪，平民百姓最大的金融需求是人寿保险，因为万一他们早逝，能够以此来保护其家庭。由于现在人们的预期寿命几乎是 19 世纪时的 2 倍，因此他们最大的需求是预防他们活得太长带来的威胁。19 世纪的人寿保险不啻一种"死亡保险"，而养老基金则是一种"老年保险"。这是社会必不可少的一种制度。在这种制度下，大多数人期望其寿命比工作生涯长很多年。

在今后许多年里，管理养老基金并保证它们不受掠夺，仍将是决策者和立法者面临的一个挑战。但是十之八九，只有当我们遇到几次卑劣龌龊的丑闻后才会应战。（摘自彼得·德鲁克《后资本主义社会》）

行动指南：
现存的养老基金管理中有什么漏洞吗？

6 月 16 日

养老基金资本主义

资本市场的决策者正从投资未来的人转向持"审慎人原则"的人。

资本市场的决策者正快速地从"企业家"转向"受托人",从投资未来的人转向持"审慎人原则"① 的人。这一变化实际上意味着对过去的绩效进行投资。这就存在着扼杀新型、成长型和小型企业的可能性。但这又发生在一个急切需要新型企业的时代,不论这种企业是建立在新型科技的基础之上,还是致力于将社会和经济需求转化为商业机遇。

在新型企业和旧式企业中投资的技巧和规则是截然不同的。在现存经济领域中投资的人,实际上是要将风险最小化,他们投资的对象是业已明朗的经济动向和市场,是成熟的技术和管理模式。而富有企业家精神的投资者必须有这样的心理准备:在 10 个投资者中,会有 7 个人的投资计划受挫,企业或多或少地要遭遇债务危机。世上没有事先预测的良方可以判断出 10 个投资成长型和小型企业的计划中哪些会失败,哪些又会成功。企业家的才能不在于"预测投资",而在于洞察出哪些计划不会成功而要被放弃;哪些计划虽然在前期遭遇了困难,但却有成功的希望,所以要大力推进并予全力支持。(摘自彼得·德鲁克《养老基金的革命》)

行动指南:

考虑将养老基金财产的一部分交与称职的托管人,他们有权投资新的领域并且已经有过类似成功的经历。

---

① 指受托人必须以企业退休金享有者和受益人的利益为目标,并以审慎的态度处理有关事务的原则。养老基金的资本投资往往有两个基本出发点:一是投资的安全性,二是高回报率。——译者

6月17日

养老基金"社会主义"的考验

在这样一个养老基金"社会主义"社会中，倘若对"资本形成"进行严惩，那将是社会所负担不起的一种奢侈行为。

我们到目前为止并没有认真考虑过，在美国，资本形成是如何加快从而抵消储蓄减少的影响这一问题。储蓄的减少来自养老金开支的上升。这也是社会上老年人口不断增加，他们消费所需的资金必须要通过"伪储蓄"的方式来筹措使然。但有一点是确信无疑的：在这样一个养老基金"社会主义"社会中，为数众多的老年人依靠养老基金来维持退休后的生计，倘若给"资本形成"设置障碍抑或进行严惩，那将会是社会负担不起的一种奢侈行为。我们可以确信，在未来的几年中，资本形成必将取代消费，成为国内经济政策的核心问题，成为美国养老基金"社会主义"经济活力的严峻考验。(摘自彼得·德鲁克《养老基金的革命》)

行动指南:
怎样才能加速资本形成呢？

6 月 18 日

商业审计

养老基金日益成为社会资产主要组成部分的趋势，堪称经济史上最令人震惊的巨变之一。

哪怕是美国最大的养老基金所控制的资产，对于一家公司而言都只是一小笔资金，不足以实现对其控股。因为养老基金并非公司，所以它们难以得到深入的商业或公司情报。它们不是，也不会以商业为中心。它们更像是资产管理经理。从这一点而言，它们也需要对其持股的公司有深入的商业分析。它们同样也需要一种植入了管理者职责的组织结构。

我猜想我们最终会制定出一套正式的商业审计操作规范，就像独立的专业会计师事务行的财务审计一样。商业审计无需每年进行一次，在大多数情况下，每隔三年进行一次就可以了。它的审计标准必须事先规定，并且要对公司商业表现进行系统的评价——以考察公司的目标和战略为起点，并进一步考察公司的营销、创新、生产率、人力发展、社区关系等，当然也包括公司的盈利能力。(摘自彼得·德鲁克《管理未来》)

行动指南:

你知道自己的企业内有哪些养老基金是大股东吗？这些基金为了得到企业的信息，又采取了哪些方法呢？

6 月 19 日

通货膨胀与失业

对依靠养老金的退休人员而言，通货膨胀是最大的威胁。

自美国"大萧条"以来，失业一直被视为现代社会和经济发展中的痼疾。在养老基金"社会主义"条件下，可以预见，通货膨胀会代替失业所扮演的角色。对依靠养老金的退休人员而言，通货膨胀是最大的威胁，对 50 岁以上且已经把越来越多的钱投入到未来购买力或退休利益中的人而言，通货膨胀也同样是巨大的威胁。这两个群体加在一起，便构成了接近于多数的成人人口。在防止通胀压力方面，由于养老金"社会主义"而产生的这两个群体较任何一个其他群体更为在意得多。这样一个人数众多并有共同利益的选民群体，构成了美国政治体系中的一个主要"利益集团"和一股强有力的政治力量。同时，如果失业形成了社会威胁，其威胁程度相比于通胀要小得多，因为后者选民群体的组成者毕竟是退休者和老年员工。(摘自彼得·德鲁克《养老基金的革命》)

行动指南:
你认为通货膨胀问题比失业问题更严重吗?

6 月 20 日

什么时候需要干预管制?

管理者应该使正确的干预管制措施成为法令。

管理者应该尽量设法将消除危机冲击的努力转变为企业的机遇,但这不是在任何时候都能奏效的。通常而言,消除一项危机冲击就意味着成本的增高,而危机不消除的话,便无异于将该成本转嫁给了社会大众。因此,除非是同行业公司都肯作出同样的努力,否则,某一家公司就会因此而在竞争中处于不利地位。在这种情形下,往往只有通过干预管制的方式才能奏效——换言之,需要采取某种形式的共同行动。

因此,倘若出现了某一冲击,除非增加成本否则危机无法消除。那么,管理者就应该肩负起责任:着眼于未来,并拟定一项解决问题的适当管制措施,从而用最低的成本为大众和业界带来最大的收益。然后,管理者应该进一步使正确的干预管制措施成为法令。然而,管理者,而非仅仅是商业管理者,大多数都设法躲避这一责任。(摘自彼得·德鲁克《管理:任务、责任与实践》)

行动指南:

美国在接连曝出一系列会计丑闻后,通过了萨班斯·奥克斯利法案①,来促使会计操作更加规范化。在你的行业内部,哪些危机的消除可以转变为企业的机遇呢?

---

① 美国于2002年通过的法案,要求各组织机构采用文档化的财务政策和流程,来改善财务的可审计性,从而加强对组织的财务管理,并恢复投资者的信心。——译者

6 月 21 日

工 作

"游手好闲没事做，魔鬼找活给他做。"

我们知道，工作是负担，也是责任；是祸，也是福。很早以前我们就认识到，失业会令人心理不安，这并非由于失业造成的经济上的窘困，而是它使人丧失了自尊。工作是人性的延伸。它是一种成就。它是一种帮人定位自我、评价自身价值和品性的方式。(摘自彼得·德鲁克《管理：任务、责任与实践》)

行动指南：

不要因为失业，而丧失自尊。提醒你自己，除了工作以外，还有很多其他自我定位的方式。

6 月 22 日

工作的目标和愿景

"我一生都是音乐人,且一直致力于达到完美的境界,而我一直很困惑自己是否能达到这个境界,只是下定决心要再努力一试。"

这些话永远铭记我心,给我留下了不能磨灭的印象。当然,威尔第①在像我当时年纪（18 岁）的时候,已经是位技艺娴熟的音乐家了。然而,当时的我,除了知道自己不会是个成功的棉布出口商之外,完全没有将来要做什么的概念。我那时就是一副不成熟、缺乏经验、天真无邪的 18 岁少年的模样。直到 15 年后,也就是在 30 岁出头,我才真正了解自己的长处所在,自己该归属于哪个领域。我下定决心,不论将来的工作是什么,威尔第的话将是我一生的座右铭。且假如我能活到很大的年纪,也要继续朝此方向努力,不会轻言放弃。同时,我要朝完美的方向努力,虽然我知道,我并不能为完美作出恰当的定义。(摘自《德鲁克论亚洲》)

行动指南:
即使你知道追求完美将让你感到困惑,也要追求完美。

---

① 居塞比·威尔第（1813—1901）,意大利著名歌剧家,代表作品有《纳布科》和《茶花女》等。威尔第在 80 高龄的时候,创作了他人生最后一部也是最成功的剧作——《福斯塔夫》。——译者

6 月 23 日

社区自治

管理层对于工厂社区自治以及权力下放给员工等做法怀有戒心，生怕自己的"特权"受到"侵犯"。

在我所有关于管理和"工业秩序解剖"方面的研究中，我认为最重要，而且最有创意的是：工厂社区自治，就是把管理的责任交给员工、团队小组以及一些由员工组合而成的群体，让他们自己制定工作的结构、评定主要工作的表现和负责社区的管理事宜，诸如排班表、休假的安排、加班办法、工作的安全等，特别还包括员工自己的福利。

但是，管理层对此则怀有戒心，深恐"大权旁落"，所以对此并不表示赞同。而工会对此更是坚决抵制。他们深信：要有一个显眼而具体化的"老板"作为反对的对象。然而，在二次大战期间，员工自治的表现，比起今天人们大肆吹擂的"大突破"要更好。如瑞典的一些汽车公司，做出了企图取代生产线的"创举"。说来，这仍不及美国 30 年来实行的标准生产线模式，更不要说和 IBM 公司相比。当然，IBM 不见得是有多"宽松"的公司，但他的厂房工作团队的职责早已明确，成为了公司的一种规程。(摘自彼得·德鲁克《旁观者》)

行动指南：
培养员工承担责任的能力，大胆放权给他们。

6 月 24 日

城市文明化

只有社会组织才能创造出我们的所需——公民的社区。

城市文明化将日益成为所有国家的重中之重——尤其是在美国、英国和日本等发达国家。但是，政府和商业机构都无法提供世界上每一个大城市需要的新型社区。这一重任只能由非政府组织、非商业机构和非营利组织来完成。只有社会才能创造出我们所需要的"公民的社区"，尤其是那些教育层次很高的知识型员工组成的社区，他们已经逐渐成为发达国家社会的主角。这其中的一个理由在于，只有非营利组织才能提供我们所需的高度多元化社区——从教堂到专业机构，从慈善机构到保健中心，应有尽有。

只有非营利组织才能够满足"有效社区"的第二需求，即创造公民身份。20 世纪，政府和商业机构蓬勃发展，在发达国家中这一特征尤其明显。到了 21 世纪，人们最迫切需要的是让非营利组织同样迅猛发展，并通过它们在新型的社会环境——城市中，来建立社区。（摘自彼得·德鲁克《未来社会的管理》）

行动指南：

发挥你的经验特长来做志愿者，为你所在城市的非营利组织服务。

6 月 25 日

人的尊严和地位

现代公司的最大任务或许在于找到一个公正与尊严之间、机遇平等与社会责任、社会功能之间的契合点。

现代公司是自由经济政策和市场经济社会的产物。其信念基础存在一个最大的缺陷，即忽视了社会个体对社会地位和社会功能的需要。现代公司漠视社会上失败的多数人，在这一点上，无异于加尔文教漠视多数没有被上帝选中，从而无法得到拯救的人一样。按照英国哲学家赫伯特·斯宾塞的说法，这种信念现在往往借用达尔文"适者生存"的社会进化论理论来表述，而非采用宗教理论来阐述。但是，这并不能动摇以下事实——市场经济社会的价值观成立的前提就是失败的多数人要被视为"上帝的弃儿"；对于这些弃儿，连恻隐之心都是有罪的，因为这不啻怀疑上帝决策的权威性。只有当我们相信这些人在经济上失败的理由在于：个人的过失或者他们是毫无价值的人或公民的时候，我们才会拒绝给予其社会地位和社会功能。(摘自彼得·德鲁克《公司的概念》)

行动指南:
尊重你所有的同事，原因很简单，因为他们都是人。

6 月 26 日

享受工作

那些工作有成效的人必定热爱自己的工作。

那些工作有成效的人必定热爱自己的工作。我的意思并非是他们喜欢自己所做的一切事情，那是截然不同的概念。每个人不得不做很多单调的工作，而且总有太多单调的工作等待我们完成。例如，每一位钢琴大师每天都要花上 3 个小时来练习弹奏音阶，我想不会有哪位大师告诉你他喜欢这么做，但是他不得不这么做。这并非为了消遣，而是为了 40 年过后，手尖上技艺的运用能变得更加娴熟自如。多年前，我曾听过一位钢琴家对此作出精辟阐述："我反复地练习演奏，终于我的生命融入了指尖。"弹奏音阶固然是单调而枯燥的，但是你也可以乐在其中。

对于商界中能够享受工作的人而言，他们的表现和钢琴家们如出一辙。他们对待单调的工作会持这种态度——我必须完成单调的工作；我热爱它，因为我热爱工作。我认为这便是两个组织的不同所在，不同之处并不在于平庸与绩效上，而在于两者的观念。前一种组织我们称之为"学习型的组织"。在这样的组织中，所有的成员都在不断成长，组织的工作流程也得以改善；后一种组织可能很有成效，但是下午 5 点下班后，员工对它却没有半点留恋之情。（摘自彼得·德鲁克"群英会"原载于 *Across the Board: The Conference Board Magazine*）

行动指南:
像钢琴家一样，不断练习，直至将生命融入到你的指尖上。

6 月 27 日

管理者的正统地位

　　这是组织的目的，同时也是管理职权的基础。该道德原则
就是：将人的力量转化为生产力。

　　在组织化的社会中，使各个组织以经营活动为出发点，为社会、经
济、社区和个人贡献力量，这是管理者肩负的责任。这就要求经理人了
解"管理"这门学科，并要求他们真正懂得管理艺术。实际上，经理人
的第一项任务就是要驾驭组织，使之沿着既定的目标前进。因此，换而
言之，经理人的第一项任务就是要取得经济绩效。但与此同时，他还肩
负着其他职责，包括提高工作的生产效率、帮助员工取得更大的成绩、
为社会大众和个人提供高质量的生活保障等。

　　但是，一个领导群体必须要拥有正统地位，必须让公众认可他们的
合法地位。他们需要将自己的职权植根于道德的承诺之中，同时这种道
德承诺应该能够代表组织的宗旨和特点。这样的道德原则只有一个。这
一原则正是组织的目的，同时也正是管理职权的基础，该原则就是：将
人的力量转化为生产力。而所谓组织，其实是一种工具。通过它，个人
及社会成员始终能作出其贡献，始终能够取得其成就。(摘自彼得·德鲁克
《管理：任务、责任与实践》)

　　行动指南：
合理利用你的职权，来激发你的下属员工的全部潜能。

6 月 28 日

经济成就和社会的终极目标

经济规模的扩大和发展并非以其自身为目标。只有当它们成为实现社会终极目标的手段时，才会有意义。

当我们谈及资本家未来可能取得的经济成就时，亨利·福特无疑是当代资本主义真正的典型代表，而资本主义"掘墓人"的论断显然是错误的。但是，亨利·福特同他的批评者一样，都忘记了这样一点：经济规模的扩大和发展并非以其自身为目标，只有当它们成为实现社会终极目标的手段时，才会有意义。只要它们承诺去实现这一终极目标的话，它们就是可取的。但是，如果这种承诺只是一句空话的话，这一手段的价值就难免令人心存怀疑了。

作为一种社会制度和信条的资本主义，是一种信念的诠释。这一信念就是：在自由和平等的社会中，经济成就是实现个人自由和平等的驱动力。在这以前，所有的信条都将个人的利润追逐动机视为是对社会有害的，至少是无益的。因此，建构在这些信条之上的社会秩序，都刻意地将个人的经济活动限制在狭小的领域之内，目的是使会受到个人经济活动危害的社会领域和活动最大限度地减少。(摘自彼得·德鲁克《经济人的终结》)

行动指南：
确保你的组织在追求经济绩效的同时，员工的人性也得到升华。

6月29日

社会部门

官僚阶层不会承认使自己遭受失败的滑铁卢正是非营利组织成功的沃土。

有这样一个问题："谁可以应对知识社会中的社会挑战？"它的正确答案既不是"政府"，也不是"商业组织"，而是一个独立的、全新的社会部门。政府在解决社会问题方面已经显露出了软弱无能。在这方面，非营利性机构往往能够事半功倍，而政府却总是事倍功半。

美国政府不仅没有借用联邦税收体系来给非营利组织的捐款提供便利，反而通过美国国税局，处处掣肘限制此类捐款。政府对每一限制措施都美其名曰"消除税收漏洞"，其实其真正的动机乃是官僚阶层对非营利组织的敌视，这种敌视不亚于社会主义国家从前对市场机制和私营企业的抵触。非营利组织的成功动摇了官僚阶层的权力基础，削弱了他们的意识形态权威。更重要的是，官僚阶层不会承认使自己遭受失败的滑铁卢正是非营利组织成功的沃土。因此，我们需要制定一项公共政策，确保非营利组织成为国家防范社会危机的第一道防线。(摘自彼得·德鲁克《变动中的管理界》)

行动指南:
支持非营利组织化解社会危机的努力。

6月30日

非营利组织的有效管理

非营利组织比商业机构更需要管理。

20世纪90年代早期，在美国佛罗里达州初次犯罪的人（其中多数是品性恶劣、一贫如洗的黑人或西班牙裔的年轻人），都会被送到"救世军"劳教所，每年平均超过2.5万人次。统计表明，如果这些人都被关进监狱，那么大多数人都会成为惯犯。但是，通过严格的劳教计划，"救世军"能够使80%的人洗心革面、重新做人，而这些劳教计划都是由一些志愿者来实施的。比起将这些人关在监狱的费用，这些劳教计划的开支要少得多。

这样的劳教计划和很多有效的非营利组织行为，都离不开对管理的重视。40年前，对于非营利组织而言，管理还是一个"肮脏"的字眼。因为管理当时即意味着"商业"，非营利组织又以自己摆脱了商业主义的污秽，超脱了龌龊的"底线"（盈利需要）束缚而感到自豪。现在，大多数非营利组织都已经意识到，它们比商业机构更需要管理，原因恰恰是由于它们缺乏商业"底线"的束缚。当然，非营利组织致力于行善的宗旨没有改变，但是他们意识到善意代替不了组织和领导，代替不了责任、绩效和成果。若要取得这些要素，都离不开管理，而管理要从组织的使命出发。（摘自彼得·德鲁克《管理未来》）

行动指南:

在你的非营利组织内实行有效的管理。制定高标准的组织、领导、责任、绩效和成果目标。

七　月

7月1日

商业理论

真正成功的企业家，必然有一套明确、简单而又深刻的理论，并非仅凭其直觉来经营。

一种商业理论往往包括三个部分。第一部分，对组织存在环境的设想：包括对社会及其结构、市场、顾客和技术的设想。对环境的设想，决定了一个组织可以创造出怎样的价值。第二部分，对组织的特定使命的设想。对使命的设想决定了一个组织如何定义有意义的成果——这实际上决定了企业如何预想它自身对经济与社会的影响。第三部分，对为了达成组织的使命，企业需具备的核心优势的设想。核心优势决定了组织若要保持领导地位需要在哪些领域领先于人。

古往今来，有许多伟大的企业创始人。从英格兰银行的美第奇家族，到我们这个时代的 IBM 的创始者托马斯·华森。他们都各有一整套有关其本企业的明确观念和理论，从而引导其行动与决策。真正成功的企业家，都必有一整套明确、简单而又深刻的理论，而非仅凭其直觉来经营。惟有如此，他们所建立的企业才可能长存于世。(摘自彼得·德鲁克《管理：任务、责任与实践》、《变动中的管理界》)

行动指南:

昨日的明星企业，却发现自己停滞不前，身处无法掌控的危机之中。在商业理论中，这说明了什么？

7 月 2 日

商业设想的实际测试

关于商业环境、企业目标和核心优势的设想必须符合现实。

关于商业环境、企业目标和核心优势的设想必须符合现实。20 世纪 20 年代，四个来自英国曼彻斯特，身无分文的年轻表兄弟①，决定开创一家普通的杂货店，他们认为这代表了当时社会的趋势。第一次世界大战从根本上改变了社会结构，大量的消费者需要物美价廉且款式新颖的纺织品，例如女士内衣、衬衫和长袜等商品，这也是他们率先经营成功的商品门类。随后，马莎百货公司开始制定系统的、前所未闻的核心优势规划。直到现在，商家的核心优势仍然定位于销售能力。马莎百货公司认为最了解顾客的是商家，而非厂商。因此，不是厂商，而是商家才应该设计产品，研发产品并寻找合适的厂商按照指定的式样、规格和成本标准来加工产品。对商家的这一新的定义历经了 5 年到 8 年才逐渐成形，并为传统的供应商所接受，这些供应商从前视自己为"厂商"而非"分包商"。(摘自彼得·德鲁克《变动中的管理界》)

行动指南:

马莎百货公司所作的关于商业环境、企业目标和核心优势的设想是什么？这些设想又是怎样使得该公司成为时代潮流的代表呢？

---

① 这四位表兄弟分别是西蒙·马克斯（Simon Marks）、依斯列·西弗（Israel Sieff）、哈里·沙奇尔（Harry Sacher）和诺曼·拉斯基（Norman Laski），他们开创的马莎百货现在是英国最大的零售商。——译者

7月3日

商业设想的协调一致

三个方面的商业设想必须协调一致。

关于商业环境、企业目标和核心优势这三个方面的设想必须协调一致。马莎百货公司敏锐地觉察到了第一次世界大战带来的新商业环境——大量的消费者需要物美价廉且款式新颖的纺织品，例如女士内衣、衬衫和长裤等商品。到了20世纪中期，四位表兄弟已将创办的小型杂货店发展成为大型的连锁零售店。他们大可以心满意足，享受他们的巨额财富。但是，他们并没有安于现状，而是决心重新审视自己企业的目标。他们认为自己的企业不应该经营零售业务，而要经历一场"社会革命"。马莎百货将自己的目标定位于别具一格的"专营店"。最后，他们开始重新寻找合适的厂商，来协助他们进行新的创业——因为尽管马莎百货努力游说原有的承制厂商，告诉它们在新的商业环境和目标下，需要培养新的核心优势。但是出于各种理由，它们大都不愿冒险配合。(摘自彼得·德鲁克《管理：任务、责任与实践》、《变动中的管理界》)

行动指南：

你所在企业的目标和商业环境吻合吗？企业的核心优势和目标吻合吗？

7月4日

商业设想的沟通与测试

商业理论是一种自律。

组织内的所有成员都必须懂得并掌握商业理论。当组织处于发展的起步阶段时，做到这一点相对比较容易。但当它迈向成功后，却会逐渐变得夜郎自大，忽视商业理论的存在。如此一来，组织就会陷入行事草率的泥潭。它为了成功开始投机取巧，并开始功利主义起来。它停止了思考。它停止了反思。它记住了问题的答案，但却忘记了问题本身。商业理论变为了所谓的"组织的文化"，但是"文化"代替不了自律，然而商业理论正是一种自律。

我们要经常对商业理论进行测试，但它并不是刻在石碑上能够一目了然的，它是一种设想。这种设想的对象是瞬息万变的社会、市场、顾客和技术。因此，商业理论中必须要植入应变的能力。一些理论因为非常有效，所以能够长期适用。但是，所有理论到最后都会变得陈旧并且失效。这种情形在通用汽车公司和美国电报电话公司身上都发生过，在国际商用机器公司身上也发生过，并且正在蒸蒸日上、势不可挡的日本财团身上发生。(摘自彼得·德鲁克《变动中的管理界》)

行动指南:
在你所在的组织中建立一个平台，用于沟通、系统地监控并测试组织的商业理论。

7月5日

过时的理论

治愈变异性的疾病不能拖延，需要决断。

事实上，很多首席执行官曾经都成功地革新了公司的商业理论。美国默克公司（Merck）的首席执行官将它打造成全球最成功的医药公司，其要诀就在于他革新了公司的商业理论。公司的新理论是专注于高盈利的专利药品研发，而旧理论则是力争取得未注册和非处方药品尽可能大的市场份额。这位首席执行官在实施这一巨大变革的同时，还避免了"危机"的发生，使默克公司至少从表面看是安然无恙地度过了危机。

我们不能指望公司中的"奇才"来更新已经过时的商业理论。"奇才"们通常会否认自己行为处事依靠的是领导者魅力或是远见卓识。他们工作的第一步骤是诊断和分析。他们认为要想达到目标并实现快速发展，需要认真地反思当前的商业理论。他们并不认为出现意料之外的失败，原因在于部下的无能或是事发偶然，而是将这些失败当作"系统缺陷"来应对。同样，他们也并不因为取得意料之外的成功而沾沾自喜，而是将这些成功当作对商业设想的挑战来处理。他们认为，组织的理论一旦变得陈旧，就如同患上了变异性的，甚至是致命的疾病。他们清楚并接受了这条外科大夫历经时间锤炼的能有效解决问题的真理——治愈变异性疾病不能拖延，需要决断。(摘自彼得·德鲁克《变动中的管理界》)

行动指南：

你所在公司的商业理论过时了吗？如果答案是肯定的，切勿拖延。快速行动，分析并反思企业的商业设想，并且及时拟定适应当前现实的理论。

7 月 6 日

关注企业的非凡实力

我们特定的知识是什么?

对商业所需的特定知识的有效解释听来简单,实际上却并非如此。要做好知识分析,需要付诸实践,并按一定的规则来行事。第一种分析可能会得出令人尴尬的结论:即我们的企业是搞通信的,或是搞交通的,或是搞能源的。这种普遍用语或许可以是营销人员惯用的不错的口号,但如果要将它们转化用来指导实际工作——也就是说,去用它们来做些什么实际的操作,就不大可能了。但只需通过反复尝试,定义一个人的企业知识,很快就能变得简单而有成效。"我们的特定知识是什么",没有什么问题会像这样促使管理层对自身进行如此客观、富有探察性,而又颇有成效的审视。没有一个公司可以在众多的知识领域中都领先于别人,但一个企业或许能够在不止一个领域领先于人。一个成功的企业除了在某一领域保持领先以外,至少也必须在其他知识领域具有一定实力。市场为有些特定知识产出经济上的回报,若是想要获得这类知识,企业就非要在处理某些问题上做得超乎寻常地出色才行。(摘自彼得·德鲁克《成果管理》)

行动指南:
你的组织在哪些知识方面拥有非凡的实力? 把注意力集中在这些知识上。

7 月 7 日

创造顾客的价值

对于顾客而言，减少那些没有增加价值的企业活动，他们并不会蒙受任何损失。

以活动为基础的成本核算，有利于对不同的程序进行统一分析。这为创造出顾客的价值提供了基础。以活动成本为出发点，企业可以分辨出哪些活动增加了顾客的价值而哪些不是，并尽量减少后者。当我们以价值分析作为基础，对价值创造过程进行分析时，创造价值的链条便逐渐清晰可见。过程分析寻求的是：企业在改善产品或是服务的特征、减少成本的同时重建这一过程，保持或是提高产品品质。

在汽车制造企业中，为了使每项功能发挥效用以达成预先设定的成本目标，过程分析包括设计与再设计因素，以及为了实现某种基本功能而需要具备的辅助功能。比如，一辆汽车的基本功能是提供交通手段，辅助功能则包括舒适、燃料效率与安全性。每一种基本功能与辅助功能都要求包含为顾客创造价值的因素与服务。每一种基本功能与辅助功能同样也会对汽车的质量和成本都产生影响。发挥价值链活动职能的人员，会组建一个流程小组。这个小组通常包括供货商与顾客。小组的任务就是明确产品或是服务将会发挥的功能，并分析每种功能包含的因素与服务，在实现价值目标与质量目标的同时，是否也实现了成本目标。(摘自彼得·德鲁克《21世纪的管理挑战》、《从数据到信息普及》(美国 Corpedia 德鲁克教育培训课程))

行动指南:

减少不创造价值的活动。对潜在的相关活动过程进行分析，如果出于为了提高顾客价值的需要，可以重新对过程进行设计。

7月8日

明确企业的核心优势

核心优势，能将生产商的特别能力与顾客所重视的价值有效地融合在一起。

企业要在同行业中居于龙头地位，就要具备同行业其他企业根本无法仿效，或是远不能及的优势。这种优势，能将生产商或供应商的特别能力，与顾客所重视的价值有效地融合在一起。例如，日本人能够制造出体积非常小的微型电子零件，这源于该国已有 300 年历史的一种传统工艺。具有这种工艺的艺匠，能够将风景画描绘在面积很有限的漆器表面。通用公司则有另一个独特的优势，80 年来，它总是有办法成功地收购小公司。

但问题是，那些想要取得和维持市场领导地位的公司，如何才能知道本身是否已具备某种独特的优势？又该如何知道它的优势是在增强还是在削弱？未来是否应该固守这一优势领域，还是应有所改变？要回答这些问题，首先要做到的就是仔细追踪自己公司与竞争对手的绩效，重点是找出在本应有杰出表现的领域出现的"意外的成功"或是"意外的失败"。前者说明，该领域为市场所肯定，而顾客也愿意付钱购买，同时显示公司在该领域享有领导者的优势地位；不成功的信息则应该被理解为，市场已经改变了或公司的优势正在被削弱。(摘自彼得·德鲁克《21世纪的管理挑战》)

行动指南:

明确你的组织的核心优势。更要明确这种优势是在增加还是在削弱。

7月9日

组织必须创新

每个组织都必须要有一个核心优势，那就是"创新"。

　　每个组织的核心优势都不一样，可以说它是每个组织的"个性"之一。但是，每个组织（不只是商业组织），都必须要有一个核心优势，那就是"创新"。而且，任何组织都要设计出一套能够记录及评估其创新绩效的方法。某些组织已经在实行这一方法了，其中包括几家绩效卓著的制药厂。我们发现它们并不是从自己公司，而是从仔细留意整个行业在特定时间段内的创新绩效开始的。例如，哪些创新获得了真正的成功？其中有多少是本公司的创新成果？我们的绩效与原先的目标相称吗？与我们在市场中所占地位、市场的走向、研发的经费相称吗？本公司最成功的创新，是否放在了最有成长潜力与发展机会的领域？我们错失了多少真正重要的创新机会？为什么？是因为我们根本未曾看到，还是视而不见让它们溜走了？或是我们把创新机会给搞砸了？从创新构想到把它转变为可出售的商品，我们表现如何？与其说上述大部分时间是在衡量绩效，不如说是在进行评估。然而，有了上述的过程，即使没有找到正确的解答，至少已提出了应该问的问题。(摘自彼得·德鲁克《21世纪的管理挑战》)

行动指南:
　　详细地记录下你的领域内的创新，并定时地对你的组织的绩效进行评估。

7 月 10 日

发掘成功

变革的领导者要让问题无处安身，同时给机遇提供充足的养料。

成功的变革首要的、通常也是最佳的机遇，便是发掘自身的成功，在成功经验的基础上继续前行。企业不能够忽视问题，特别是要处理好一些严重的问题。但对于变革的领导者而言，企业更应该专注于机遇。要让问题无处安身，同时给机遇提供充足的养料。

这需要一个微小但却是根本性的程序性变革：在月报表的最前面，再添加一页，列在"问题之页"之前。这一页要着重记录那些结果比预期更好的部分，包括销售业绩、营业收入、利润或产量。花在讨论这一页上的时间至少要与"问题之页"一样多。凡是有成功的变革领导者的企业，都能够成功地把握机遇。它们的做法是把所有的机会列在一页上，再把企业里能干的人员列在另一页上。这样，就便于将最能干和表现最好的人分派到有着最好机会的工作上。最好的例子可能要算是日本的索尼公司。索尼之所以能在世界上几个主要产业中都能独占鳌头，就是通过系统地、接二连三地发掘或大或小的成功而得来的。(摘自彼得·德鲁克《21世纪的管理挑战》)

行动指南:

每个月，准备一页纸，上面着重记录那些结果比预期更好的部分，包括销售业绩、营业收入、利润或产量。后面一页，再列出组织内最能干的人员，将他们分派到有着最好机会的工作上去。

7月11日

有组织地改进

任何领域内的不断改进，最终都会使操作发生转换。

变革领导者的下一个政策是"有组织地改进"。一个企业无论是对内还是对外，都需要系统地、不断地改进产品和服务的生产流程、营销、服务和技术水平、培训方式、人员开发和信息的利用等。任何领域的不断改进，最终都会使操作发生转换。

然而，不断的改进需要重大的决策。即在某个特定领域，"绩效"该如何界定？如果绩效需要改进，我们就必须清楚地界定绩效。举个例子：一个大型商业银行决定要改进支行的绩效，就要给它们提供更新、更先进的金融"产品"。但是当银行在支行引进了这些新的产品，支行很快就丢掉了顾客。到那时，银行才发现，顾客们对支行绩效的要求不过就是在处理日常业务时，不需要排很长的队罢了。银行的解决办法是：让支行出纳人员专门负责简单、重复，又不需要太多技巧和时间的日常服务。而将新的金融产品分派给一组人员，安排在不同的办公桌，并加以明显的标示，宣传各自的产品。当实施了这样的解决方案，不论是传统业务还是新开拓的服务，都取得了长足的发展。(摘自彼得·德鲁克《21世纪的管理挑战》)

行动指南：
将系统化的改进作为企业优先考虑之一。

7 月 12 日

系统化创新

成功的企业家不会坐等"缪斯女神的垂青"。他们会选择努力实干。

系统的创新，指的是追踪创新机遇的七大来源。前四大来源存在于企业内部，不论是商业性机构还是公共服务性机构，或是某一个工业或服务领域内部。他们是意外之事，包括意外的成功、意外的失败、意外的外在事件；不协调之事，如现实与设想或推测的不一致；基于程序需要的创新以及悄无声息的工业结构或市场结构的变化。第二组创新机遇的来源涉及企业或工业外部的变化。包括：人口统计数据的变化（人口变化）；认知、情绪及内涵上的变化；新知识，包括科学和非科学的。

七个创新机遇来源的界线并不分明，彼此之间有相当多的重叠部分。它们好比是七扇位于同一建筑物不同方向的窗口。每一扇窗口展现的一些景色也可以透过其他窗口看到，但是从每个窗口中心看到的景象却是互不相同的。(摘自彼得·德鲁克《创新与企业家精神》)

行动指南：

把握好这七扇创新机遇的窗口：意外之事，不一致之事，程序的需要，工业结构或市场结构的变化，人口变化，认知、情绪及内涵上的变化和新知识。

7 月 13 日

意外的成功

从"敌人"身上发现最好的机遇，往往是需要付出很大努力的。

　　意外的成功是创新的一大重要来源，因为它们往往会使我们跳出先入之见，以及我们所确定不疑的事情。意外创新所带来的创新的机遇风险最小，求索的过程也最轻松，这是其他任何来源所无法比拟的。但是，意外的创新几乎完全不为人重视，更糟糕的是，管理人员往往主动将它拒之门外。管理者不愿意接受意外成功的原因之一，就是人们有一种倾向，以为持续时间相当长的事物一定是"正常的"，而且是"永恒的"。

　　这解释了 1970 年左右美国某重要钢铁公司拒绝"迷你钢厂"的原因。管理层知道，它的钢厂正逐渐走下坡路，若想使它现代化，则需要投入天文数字般的资金。只有新型的"迷你钢厂"才是解决方案。几乎是在意外的情况下，该公司收购了这样的一个"迷你钢厂"。很快，它就开始迅速增长，产出现金和利润。钢铁公司内一些较年轻的人士于是建议，用现有的投资基金再收购一家"迷你钢厂"，并建立一些全新的"迷你钢厂"。最高管理层愤怒地否决了这项建议，他们认为"集成的一体化炼钢程序才是惟一正确的做法，其他东西都是骗人的把戏，是昙花一现、不健康的"。然而，30 年后，美国钢铁公司至今仍然健康、不断成长并且相当繁荣的部分，只有"迷你钢厂"。(摘自彼得·德鲁克《创新与企业家精神》)

　　行动指南:
　　不要忽视、拒绝意外的成功。去发掘意外的成功，并从中学习、吸收企业发展的养料。

7月14日

意外的失败

应该始终将失败视为出现创新机遇的征兆。

意外的失败，要求你走出门去，用眼看，用心听。竞争对手的意外成功或是失败也是非常重要的。无论何时，人们都应该将失败视为出现创新机遇的征兆，并慎重对待。人们不能只停留于"分析"层次，必须要走出去进行调查。当然，许多失败即等于错误，是贪婪、愚昧、盲目追求或是计划执行不得力的结果。但是，如果经过精心设计、规划及小心执行后仍然是失败，那么这种失败背后往往隐藏了某种变化，以及随变化而来的机遇。

意外的失败，往往能够使我们了解到顾客潜在的价值观和认知的改变。作为产品或是服务的设计与营销策略确立在一定的基础之上，而这些作为基础的假设可能很快面临淘汰。这也许是由于顾客改变了他们的价值定位——他们也许仍然在购买同样的商品，但他们实际上是在为了与过去不同的价值而购买的。比如，爱泽尔汽车失败后，福特汽车便发现，收入差异已不再对汽车业影响显著，对于顾客而言，生活方式的分化最为重要。(摘自彼得·德鲁克《创新与企业家精神》、《变革的推动力》(美国 Corpedia 德鲁克网上管理课程))

行动指南:

无论是你自己的还是你的竞争对手的重大意外失败，都要好好推敲。对于失败而言，任何稍稍合理的解释，也都要好好推敲。用你推敲出的结论，来指导你目前的工作。

7 月 15 日

不协调

不协调预示着潜在的"错误"。

在事物的状态与人们假想的状态之间，往往存在差异，这种差异正显示了产业、市场或是程序内部的"不协调"。对于处在产业、市场或是程序的内部的人员而言，"不协调"是显而易见的，近在他们眼皮底下。当局者察觉到它们，却总是以"它一直就是这样的"为借口，回避变革。而那些变革的领导者则会利用这些不协调，发掘组织的优势。

这里有一个汽车销售商与顾客信息不对称的例子。我们选购了并不称心的汽车，往往是由如下理由造成的：对价格的争论不休，误导性的广告，为了搞清楚代理权事宜，销售人员在销售经理和我们之间来回游说等。许多网上组织为新车和二手车开设了"一站式购物"业务，并为顾客提供包括保修、贷款及保险在内的各类型汽车的全套准确信息。这相当于，他们为顾客创造了公平选购的平台。(摘自彼得·德鲁克《创新与企业家精神》、《变革的推动力》(美国 Corpedia 德鲁克网上管理课程))

行动指南:

在你的市场或是你的程序内部，是否存在着"不协调"的事情？是否可以将它们转变成为你的优势？

7 月 16 日

程序需求

"需求是创新之母"。

创新的前两个来源主要是由机遇推动的，而第三个来源则建立在一句谚语上："需求是创新之母"。即把需求当作创新的一个来源。这种"需求"，我称之为"程序需求"。组织中的所有人都应知道这种程序需求是客观存在的。但通常情况下，没有人对此作出处理。但是，一旦出现创新，它则会马上被视为"理所当然"的事情而被接受，并很快成为"标准"。

程序创新以将要被完成的工作为开端，并要求具备五个基本标准：一个独立的程序；一个薄弱或欠缺的环节；一个清晰而明确界定的目标；一个可以清楚界定的解决方案的规则；大众对"应该有更好的方法"的共识。举个例子来说，O. M. 斯科特公司是美国数一数二的草坪护理产品生产商。其实，它的领导地位是由一种被称为"撒播者"的简易小车奠定的。使用者可以通过在车上进行设定，从而适量地、均匀地撒播化肥。没有这个工具的时候，这个程序中存在着内部的不协调，顾客往往为不能均匀撒播化肥而感到沮丧。如今"撒播者"已被广泛使用。(摘自彼得·德鲁克《创新与企业家精神》、《变革的推动力》(美国 Corpedia 德鲁克网上管理课程))

行动指南:

在你的组织中，看是否存在欠缺的环节。你要能够将程序、程序的目标、欠缺环节缺失的认定层次、欠缺的环节本身及具体化的解决方案等描述清楚。

7 月 17 日

产业和市场结构

产业和市场结构相当脆弱。受到一点点打击，它们就会瓦解，且速度很快。

产业和市场结构看起来非常牢固，以致业内人士可能会认为它们是老天安排好的，是自然秩序的一部分，而且一定会永远持续下去。市场和产业结构的变化同样是一个重要的创新机遇。在产业结构中，变革需要产业内的每一个成员都有创业精神。它需要每个人重新问自己："我们的业务是什么?"当然每个人的回答都会不一样，但其中却可能会有新的答案。那些大型、垄断性的制造商与供货商，享受了多年的成功，处于无人能及的地位，傲慢得不可一世。最初，它们并不把新来的企业放在眼里，认为它们毫无实力，甚至把它们仅仅看成是业余水平。但是，当它被新企业抢走了越来越多的业务而想反击的时候，已变得非常困难了。

举个例子。直到 UPS（联合包裹邮递业务）和 FedEx（联邦快递）越来越多地抢走了美国邮政署的业务，它也没能作出任何反应。使美国邮政署如此不堪一击的原因就在于，它没有能够应对好快捷文件和包裹急送业务需求的急剧增长。(摘自彼得·德鲁克《创新与企业家精神》、《变革的推动力》(美国 Corpedia 德鲁克网上管理课程))

行动指南:
永远不要停止问自己"我们的业务是什么"。

7 月 18 日

人口变化

人口变化，既意味着创新机遇大量涌现，且非常可靠。

在所有的外部变化中，人口变化（指人口规模、年龄结构、人口成分、就业状况、教育情况以及收入的变化等）是最一目了然的。它毫不含糊，具有最可预测的结果。人口变化对商品类型、购物者以及购买的数量也有着重大的影响。

人口变化从本质上讲是具有不可预测性的，它在产生影响之前，有一个较长的间隔期，但间隔期却是可以预测的。特别是年龄分布（这也是最具预测价值的）中人口重心的转移。所谓人口重心，就是指在任何给定的时间里，人口中所占比例最大、增长最快的年龄层。而重心转移之后随之而来的是有"代表性"的行为的改变。十几岁少年的举止当然仍然是少年的模样，但是，人们对十几岁少年的行为的看法又回到了从前，而不再把它们看作是社会行为所制定的价值观了。统计数据是一切出发点所在。对于那些真正愿意实地去看、去听意见的人而言，人口变化不仅是一种非常可靠，而且是效率很高的创新机遇。(摘自彼得·德鲁克《创新与企业家精神》)

行动指南:

对于你的产品或服务的市场而言，哪些人口因素会产生影响？在未来的 5 年到 10 年中，这些因素将会创造出怎样的机遇呢？

7月19日

认知的改变

如果一种普遍的认知从看见杯子是"半满"的改变为"半空"的，那么，这里就存在着重大的创新机遇。

从数学上讲，"杯子是半满的"和"杯子是半空的"没有任何区别。但是这两句话的意义却是完全不同的，造成的结果也不一样。如果一种普遍的认知从看见杯子是"半满"的改变为"半空"的，那么，这里就存在着重大的创新机遇。

意外的成功或是意外的失败，对于顾客而言，往往是认知与意图改变的一种暗示。当认知发生改变时，事实并没有改变，但事实背后的含义变了。比如说，美国的卫生保健事业不仅反映出健康数据，更反映出了美国人价值观的改变，比如对年轻的崇拜心理的改变。40年前，保健方面取得的微小进步也会被视为前进了一大步。而现在，即使重大的进步也很少能引起人们的注意。这种认知上的改变，为新创的健康杂志、药品替代物、健身中心以及其他的一些"健康"产品和服务等创造了广阔的市场。(摘自彼得·德鲁克《创新与企业家精神》、《变革的推动力》(美国Corpedia德鲁克网上管理课程))

行动指南:
明确认知方面的重大改变对你的产业产生的影响，驾驭这些变革。

7 月 20 日

新知识

在有关创新以及企业家精神的理论与实践中，基于聪明点子之上的创新只能归于附录。

新知识并不是成功创新最可靠、最可预测的来源。相对于科学化的创新而言，在可见性、吸引力和重要性方面，它可算是最不可靠、最不可预测的。基于知识的创新和其他的创新比起来，所需的时间最长。首先，新知识的出现，和它成为可应用的技术之间有很长的时间跨度；其次，新技术转化成在市场上流通的新产品、新工艺或是服务也需要很长时间。

引进创新通常是激动人心的事情，会吸引一大批人的注意，这也就意味着创新者要一次成功。他们不大可能会有第二次机会。在这方面，即使是最成功的创新者，一般也会很快遇到超乎想像的大量竞争者的出现，他们必须要懂得未雨绸缪。比如，苹果公司发明了个人电脑，而IBM通过创新性地模仿，便从苹果手中抢得了市场的领导权。苹果没能保持住领导者的地位而沦为特定市场厂商，原因就在于它没能够事先预计到未来要面对的竞争，不懂得未雨绸缪。在有关创新以及企业家精神的理论与实践中，基于聪明点子之上的创新只能归于附录。但是，也应该给予足够的认可与赏识。毕竟，它代表了社会所需求的品质，其中包括主动性、独创性与抱负。(摘自彼得·德鲁克《创新与企业家精神》、《变革的推动力》(美国 Corpedia 德鲁克网上管理课程))

行动指南:

你和你的组织是创造者还是模仿者？如果是前者，那么一定记得要预料到你的成功可能引发的竞争，学会未雨绸缪。

7 月 21 日

公共服务机构中的创新

公共服务机构的大多数创新都是由外界因素或遭遇灾难引起的。

公共服务机构，诸如政府机构、工会组织、教会、大中小学、医院、社区和慈善组织、专业协会和行业协会等，与任何企业组织一样，都需要具有创新与企业家精神。事实上，在这方面它们需要比企业做得更好。

当今社会、技术和经济的快速变化，一方面对它们构成了严重的威胁，另一方面也提供了极大的机遇。然而，公共服务机构却发现它们甚至比最"官僚化"的公司都更难于进行创新。"既存"的组织似乎是更加难对付的障碍。必须承认，每一个服务机构都乐意使自身的规模日益壮大。由于无法用利润来检测绩效，因此规模就成为衡量服务机构绩效的一个标准，也是它们追求的目标。于是，就总会出现许多需要做的事情。但是如果停止做"已经做过的事情"，而做一些新的事情，对服务机构来说也是非常厌烦的事情，或至少也是折磨人的痛苦事情。公共服务机构的大多数创新都是由外界因素或遭遇灾难引起的。比如说，美国现代大学开始形成，因为传统的学院和大学正逐渐消亡，无法再吸引学生。(摘自彼得·德鲁克《创新与企业家精神》)

行动指南:

在你的非营利组织中，你要学会同只会做"已经做过的事情"的官僚们斗争到底。做出新的改变，在你的组织中反映出社会、技术与经济变革的飞速发展。

7 月 22 日

公共服务机构需要界定的任务

我们的任务已经完成了。

首先，公共服务机构需要明确界定自己的任务。即自己想要做什么？自己为何存在？公共服务机构的重心应放在目标上，而非行动计划和方案上。行动计划和方案不过是达成目标的手段罢了。因此，组织应当把它们作为暂时的和短期的手段。第二，公共服务机构需要用合乎现实的字眼来描述组织的目标。比方说："我们的工作是缓和饥馑，而不是消除饥馑。"它需要设定一个可以实现并可以获得人们承诺的目标，因此它最后可以宣称："我们的任务已经完成了。"大多数的任务都应能用最适宜的话而不是用夸大的字眼来描述，然后人们才可以说："我们已经达到我们的目标了。"第三，倘若组织未能达到目标，即表示目标不正确，或至少设定得不正确。如果尝试多次仍未能实现目标，我们就必须承认目标不正确。任何失败都是"铁证"，促使我们重新检验目标的正确性。而这个观念与大多数公共服务机构的想法完全相反。(摘自彼得·德鲁克《创新与企业家精神》)

行动指南：

写出你所在的非营利性组织的任务。这一任务是否可行？是否只是些充斥着无尽期盼的言语？如果是后者，用真正实际可行的目标来取代它吧。

7 月 23 日

最优化的市场地位

市场独占会在企业内部催生出强大的阻力，阻碍任何创新。

市场营销目标的一项主要决策，是市场地位的决策。我们常听人说："我们要争取第一。"也常听人说："我们但求市场销售能逐渐增加，管他什么市场占有率！"这两种观点，听起来似乎有道理，可是都是错的。如果市场占有率不断降低，则销售增加也并不见得对公司有什么利益；换言之，如果整个市场扩张得太快，而公司的销售追赶不上，对公司也并无好处。公司的市场占有率如果太低，终将跳不过在市场上被"边缘化"的命运，实力会由强转弱。而纵然没有反托拉斯法，市场占有率太高了，也不见得合适。市场独占常使领导人沉醉其中，而独占事业的危机往往不在于公共大众的反对，而在于其本身的自鸣得意。企业内部的创新常有阻力，使革新难于推动。事实表明，市场也不愿只依赖于一个供货商，没有人乐意只看到一个供货商独霸市场，使他们受制于它，别无其他选择余地。

对市场地位目标的追求，不在于求其"最大化"，而在求其"最优化"。因此，这就有赖于对顾客、对产品或服务、对商场细分以及对分销渠道等的详细分析。因此，我们必须有一个市场策略，也必须进行一项颇具风险的决策。(摘自彼得·德鲁克《管理：任务、责任与实践》)

行动指南：

通过对顾客、竞争对手、市场细分以及对分销渠道等的详细分析，来决定你所在组织的最优化市场占有率。你的市场战略，不应该单纯建立在独占市场或是增加市场占有比例上，而要建立在最优化的市场占有之上。

7 月 24 日

一味追求高利润率的后果

一味追求高利润率，不啻给竞争对手撑起了一把保护伞。

大多数商人都已意识到，利润和利润率是截然不同的。利润总额＝营业额×利润率。企业要想获得最大的盈利能力和利润流，它的利润率就应维持在能够带来最佳市场定位和资金周转的水平上。

为什么一味追求高利润率虽不会给企业带来毁灭性的打击，但却很有可能给企业带来严重的冲击呢？因为这样做不啻给竞争对手撑起了一把保护伞，而且还会让竞争对手在几乎没有风险的条件下占尽市场的先机。

施乐公司发明了复印机，工业史上极少有产品能迅速地取得如此巨大的成功。但是，施乐公司随后开始一味地追逐利润率，它给复印机增加了一个又一个新功能，借以其提高利润率。但是每增加一个新功能，也就必然增加了产品的成本，而且更为重要的是，使得产品的维修服务更为困难。大多数普通消费者并不需要这些新增功能。因此，日本的佳能公司推出了自己的复印机，其实这款机型很像是施乐公司第一代复印机的复制品。但是，由于这款机型简单实用而且易于维修，所以在短短不到一年的时间内就占领了美国市场。(摘自彼得·德鲁克《变动中的管理界》、《企业致命的五宗罪》(美国 Corpedia 德鲁克教育培训课程))

行动指南:
你的企业是否已对一味追求高利润率感到愧疚了呢？

7 月 25 日

市场营销的四大教训

> 亨利·福特应该会说："我们能够以这样低的价格销售 T 型车，是因为销售仍能让公司获取丰厚利润。"

在市场竞争极其残酷的 21 世纪，有四条市场营销的重要教训要吸取。第一条就是："以低价招徕顾客不会奏效。"现代公司依克塞尔车型的营销失败是最佳的案例。这款车本身并没有任何缺陷，但是现代公司为了挺进美国市场，对这款车的定价过低。结果，公司没有获得足够的利润来投入到促销、服务和产品性能改进等环节，也没能给经销商提供足够的利润。现代公司想借鉴日本公司的成功经验，进军美国的低端汽车市场。但是日本公司早就明白这种策略需要有巨大的利润作保障。

"准确地确定目标市场"是第二条教训。传真机占领美国市场既可以说是日企营销的成功范例，也可以说是美企惨败的教训。日本公司并没有问："市场前景如何？"而是在思考："市场对产品的需求如何？"它们敏锐地察觉到随着速递业务的蓬勃发展，对传真机的需求已经出现。而美国公司却没有推出传真机，因为它们的市场调查表明传真机没有潜在销售空间。但是有一条数十年来的营销铁则告诉我们：对尚未面市的产品做市场调查是徒劳的。第三条重要的教训就是"营销要面向所有的顾客群，而非'我们'的顾客。"最后一条教训是要因时制动，发掘商机。在这一点上，美国教会利用人口结构的改变而取得新的发展就是一个典型的例子。(摘自彼得·德鲁克《管理未来》)

行动指南:

将以上四条营销经验应用于你的企业：不要以低价招徕顾客；要思考"市场对产品的需求如何"；营销要面向所有的顾客群；充分利用人口结构的改变。

7 月 26 日

从销售到营销

"消费者至上主义"可以被视为是"市场营销的耻辱"。

尽管人们对市场营销以及营销策略的探讨日益重视,但是就很多行业而言,市场营销仍只是停留于口头说辞而已。所谓的"消费者至上主义"就能证明这点。消费者对企业有什么要求,便决定了有什么样的市场。他们要求企业从消费者的需要、现实和价值观出发。他们要求企业以满足消费者的需求为目标。他们要求企业把对顾客的贡献作为奖励的基础。在企业推行市场营销多年后,仍有所谓的"消费者至上主义"的强大呼声出现,便足以证明市场营销并没有得到切实推行。"消费者至上主义"可以说是"市场营销的耻辱"。实际上,销售与营销是恰恰相对立的,而非同义词或是互补词。

当然我们可以说,总得有些市场销售工作。但是市场营销的目的,是在于使销售得以顺畅如流,在于认识顾客并了解顾客,从而使得产品或服务能适应顾客的需求,树立良好的口碑。从理想的角度而言,市场营销在于赢得愿意购买的顾客。要做到这一步,路途也许还非常遥远。但是,"消费者至上主义"却清楚地阐明了,企业管理的正确口号应该越来越多地强调:"从销售走向市场营销。"(摘自彼得·德鲁克《管理:任务、责任与实践》)

行动指南:

你所在组织的产品和服务能够满足顾客的实际需要吗?如果不能,这是否说明了你的组织的市场营销的困境呢?

7 月 27 日

成本主导的定价模式

顾客没有义务保证企业获得利润。

大多数欧美企业在给产品定价时采用在成本基础上加上目标利润的"成本主导定价模式"。但是，一旦企业开始推销其产品或服务，又不得不降价，重新花巨资改造它们，并且承受亏损之痛。因此，企业往往被迫放弃非常有前景的产品或服务，原因就是定价失误。有的企业可能会争辩道："我们必须实现足够的收入以补偿成本，并创造利润。"但是，顾客没有义务保证企业获得利润。如此看来，以市场上消费者愿意支付的价格为出发点，并由此来设计产品，才是惟一正确的定价策略。这种做法，在一开始确实会有很多工作；但是，相比于成本定价法要好得多。后一种定价模式会导致企业为了收回成本连年亏损，且不敢采取大幅降价措施，以至于在市场上全线溃败。

价格驱动的定价模式是美国人于百年前首创的。它使得通用电气公司早在 20 世纪初就奠定了在发电设备生产领域内的领军地位。通用电气当时就开始根据发电公司能够支付的价格，来设计涡轮机和变压器等产品。通用电气的产品质量并不一定优于其竞争对手。但是它的定价是顾客支付得起并且也愿意支付的价格，所以顾客能够并且最终购买了它的产品。（摘自彼得·德鲁克《变动中的管理界》、《企业致命的五宗罪》（美国 Corpedia 德鲁克网上教育培训课程））

行动指南:

反思你公司的定价策略。根据客户的实际情况来定价。建立一个团队来帮助调整成本结构，确保公司在当前价格的基础上获得必要的利润。

稳定企业中的成本控制

在成本控制方面，应当"预防为主，治疗为辅"。

众所周知，去除 5 磅的重量比事先不增加它要困难得多。"预防为主，治疗为辅"这句话最适用于成本控制了。我们必须明察秋毫，确保成本上升的幅度小于收入增加的幅度，并且确保在面临经济衰退抑或收入减少的情况下，成本下降的幅度必须大于收入减少的幅度。

在这一方面，某一全球医药界的巨头堪称典范。这家企业从 1965 年到 1995 年，在去除了通胀的因素以后，规模还增长了将近 8 倍。在这 30 年间，它确保了企业成本的增长率和收入的增长率之间维持着固定的比率，即当收入每增长 10%，成本增长最多不能超过 6%。经过五六年的实践，该企业又摸索出了一套新的经验，即在经济衰退期，如何将成本降低的比率和收入的降低比率维持相同的水平。企业花了多年时间来使之奏效，现在企业对此已经习惯成自然了。企业一直以来都没有裁员，因为根本无此必要。 （摘自彼得·德鲁克《永恒的成本控制》 （美国 Corpedia 德鲁克网上教育培训课程）、《成果管理》）

行动指南：

将企业营业成本的上升和收入增加之间维持在一个固定的比率上。并确保营业成本的降低和收入降低的比率相同。

企业成长中的成本控制

如果我们新的投资取得成功，将会带来多少营业额？前期投资多大才是合理的？

为了使企业成长，前期投资是必不可少的。这种投入的目标是明天的利润，所以它有可能在很长时期内只有投入而没有回报。在这一方面，应该如何管理从而实现成本控制的目标呢？第一法则就是为这些活动制定独立的预算——我称其为"机会成本预算"。第二法则就是要认真思考我们今后能从这些投资中获得怎样的收益，在什么时候能够获得这些收益。

在 20 世纪 70 年代和 80 年代，花旗银行成为全球惟一成功的跨国银行，仍是我所知道的最佳案例。它成功的秘诀在于，事先周密地考虑在新的投资领域中合理的前期投资额，考虑在新的投资地区最少而且应该能够取得的收益。花旗自问："如果我们在新的投资对象国，取得成功并成为市场的领军人物，我们将会有多少营业额？鉴于合理的前期投资不能超过未来收益的某一比率，我们投入多大的前期投资才是合理的？"之后，花旗凭借其丰富的经验，判断出新设的分支机构何时才会达到损益平衡，即何时将会开始盈利。(摘自彼得·德鲁克《永恒的成本控制》(美国 Corpedia 德鲁克网上教育培训课程)、《创新与企业家精神》)

行动指南:

为研发计划制定独立的预算。确定最有可能会产生的预期成效。监测产生的成效，并且相应地调整预期目标。

7 月 30 日

消除成本中心

如果我们减掉这一工作环节，企业大厦会不会轰然倒塌？

无论一个企业在防止成本增长方面做得有多好，它都不得不采取缩减成本的措施。企业就好比人，尽管我们会积极锻炼，节制饮食并且避免药物滥用，但是我们仍免不了会生病，因此企业也总有缩减成本的必要。在降低成本的时候，管理者通常会问："我们怎样才能让工作更有效率？"这个问题显然是无关紧要的。关键的问题应该是："如果我们去掉这一工作环节，企业大厦会不会轰然倒塌？"如果答案是"有可能不会"，那么我们就可以去掉这一环节。令人感到惊奇的是，我们所做的事情之中，十有八九都会成功；但是，在缩减成本方面做得成功的企业，不会等到被迫缩减成本时才付诸行动。它们已经将成本缩减融入了企业的日常经营活动之中，也就是将系统化放弃融入了企业的日常工作之中。否则，去除部分经营活动的主张就会遭遇到极大的政治阻力。(摘自彼得·德鲁克《永恒的成本控制》(美国 Corpedia 德鲁克网上教育培训课程))

行动指南:

建立起一套系统的步骤，来检查所有的产品、流程和服务。坚决摒弃那些不再能够体现顾客价值观念的东西。

7 月 31 日

永恒的成本控制

成本控制的实质并非缩减，而是预防。

真正重要的并非成本控制的方法，而是要认识到，有效地控制组织活动的成本取决于正确观念的建构。要做到这一点，就必须接受这样一个前提条件：成本控制的实质并非缩减，而是预防。成本永远不会自行降低，因此成本的预防是一项永不间断的工作。无论组织的结构多么完善，都需要反复检查其成本控制的有效性。无论它在控制成本方面做得有多精心，每隔几年都需要对其经营活动和流程进行评估。

这一过程同时确保了全体员工能够欣然接受成本控制。员工们应该视成本控制为机遇而非威胁。如果成本控制被简单地当作成本缩减，员工们会认为它威胁到了自己的饭碗，从而产生抵触情绪。如果成本控制无论在员工的观念上还是在实践中，都体现为一种成本增加的预防措施，那么员工们就会视其为一种机遇。至少员工们为了得到更优越和更稳定的工作，会支持成本控制。(摘自彼得·德鲁克《永恒的成本控制》(美国 Corpedia 德鲁克网上教育培训课程))

行动指南:
每隔两年到三年，对你所在组织的经营活动进行评估。

八　月

8月1日

多样化经营

"鞋匠应榷紧其楦头。"①

这句老话，至今听来仍颇有道理。企业多样化经营的业务越少，则企业越易于管理。简单带来明确。人们能够了解自己的本职工作，并掌握其本职工作与整个企业产出的成果和绩效之间的关系。一切努力也将被集中起来。企业对员工的期望也因此而易于认定，成果亦易于评估和测定。企业机构越简化，出错的机会也就越少。反之，企业越复杂，则越难发现何处发生了错误及如何改正错误。复杂的机构常常引起沟通方面的困难。企业机构越复杂，就意味着要有更多的管理层，更多的形态与程序，更多的会议，更多决策上的延迟。

多样化经营间实现协调，只有通过两种方式。一种方式是把企业与技术、企业产品与生产线，以及企业行为等都包含于一个共同市场中；另一种方式是企业的业务、市场、产品与生产线，以及企业行为都贯穿着一种共同技术。通过这两种方式，企业就能在拥有多样化经营的同时，仍能在根本上保持协调。(摘自彼得·德鲁克《管理：任务、责任与实践》)

行动指南:

审视你的企业，是集中化经营还是分散化经营？如果是分散化经营，利用市场与技术作为集中化经营的基础，制订企业的发展计划。

---

① 此句意为：人应当谨守本分，不问他务。——译者

8 月 2 日

不适当的规模

一个企业机构之所以规模不适当，往往是因为没有找到其足以生存与繁荣的适当位置。

不适当的规模，是一种耗竭性的、使企业机构不断衰弱的慢性疾病，也是一种非常普遍的疾病。在大多数情况下，这种疾病是可以治愈的。但治疗时既不轻松也不畅快。这种疾病的症状很明确，且大都相似。一个企业机构如果规模不适当，大抵总是在某一个领域、某一项业务、某一种职能或某一项努力方面，这些方面显得与企业机构的其他方面不成比例，显得"臃肿"。在这一方面也许是太"肥大"了，也许是花的功夫太多了，也许是耗用的成本太高了，导致企业机构不能创造经济绩效与成果。美国汽车公司便是个很好的例子。它宣称要实施连续性计划，主动收购全新的强大的经销商，以促进销售额的提高。为了达到维系其企业规模的销售量，企业无法负担的支出也提高了。而这些代价显然是企业所承受不起的。

有效解决这一问题的策略是：设法改变企业的性质。一个企业机构之所以规模不适当，往往是因为没有找到其足以生存与繁荣的适当位置。将美国汽车公司和德国大众汽车公司对比，便不难看出两者的差别所在。这两家公司，一家由于缺乏企业特色，规模不当；而另一家则把握住了特殊的位置，因而规模适当。(摘自彼得·德鲁克《管理：任务、责任与实践》)

行动指南：

审视你的企业，是否由于规模太小而不能参与业内竞争？如果答案是肯定的，那就要为自己创造一个有利的位置，以便自己可以有效地参与竞争。

8月3日

企业的成长

不能带来全面生产率提高的产量增长就像脂肪一样，应当让它随着流汗消耗掉。

管理层必须审慎地思考清楚：公司至少需要怎样的成长？所谓"至少"的成长，即是指企业若没有这样幅度的成长，将会丧失实力，丧失勇气，丧失企业的绩效能力。如若如此，企业还怎样生存？任何一家企业，都要有一个足以维系其生存的市场地位，否则，它很快会被边缘化。实际上，它很快就会沦为一家规模不适当的公司。如果市场日益扩张，不论是在国内市场，还是在海外市场，企业也必须随之成长，以便维系其生存。有时候，企业所需的"至少"成长，可能也有颇大的成长幅度。

企业需要分辨出哪些是健康的成长，哪些是不适当的成长，也就是说，要能区分出是肌肉、脂肪还是肿瘤。判断的原则非常简单：在一段时间内，能够使企业资源的总体生产率得到提高的成长，就是健康的成长。企业要满足这种成长的需求，支持这种成长。而如果成长只能带来产量的增加，且在相当短的一段时间内，并不能够使企业资源的全面生产率得到提高，那么这种成长，长出的便是脂肪。不能带来全面生产率提高的产量增长，也应当将它消耗掉。最后，任何导致生产率降低的产量的增加，则都要立刻通过手术根本去除。(摘自彼得·德鲁克《动荡时代的管理》、《管理：任务、责任与实践》)

行动指南:

为了保持你的组织的市场地位，你要明确你的组织"至少"的成长。

8月4日

新企业的管理

每一个新项目就好比是新生儿，而新生儿是需要精心呵护的。

创新工作，特别是旨在开发新型业务、新的产品或服务的创新工作应该直接向"负责创新的行政官员"汇报，而不应该向负责现有经营的直接管理者汇报。但不幸的是，人们在这一问题上存在着普遍的错误。

一个新项目就好比是新生儿，在可预见的未来它都不会成熟，而新生儿是需要精心呵护的。"成年人"，即指那些负责现有事业或产品的行政官员，既没有时间关注也根本不了解新生的项目。采用这种方法最有名的是3家美国公司：宝洁公司，生产肥皂、清洁剂、食用油和食品的公司；强生公司，卫生和医疗保健品供应商；3M公司，工业和消费产品的主要制造商。这3家公司在具体经营的产品上各不相同，但在本质上它们采用的是相同的策略。它们一开始就将建立的新企业作为一个独立的业务，并设立了一个专门的项目经理来负责。(摘自彼得·德鲁克《创新与企业家精神》)

行动指南：
给新生的业务精心的照顾。把"新生儿"与"成年人"分开来对待。

8月5日

有计划地主动扬弃

你要做到有计划地主动扬弃，淘汰那些已经过时的产品、流程和服务。这是你避免因竞争对手的压力才仓促行动的惟一方法。

创新的组织绝不把时间和资源浪费在吃老本上。如果能够做到系统地放弃，就能将组织的资源，尤其是最宝贵的人力资源从过去的羁绊中解放出来，投入到创造明天的新业绩中去。

你要做到有计划地主动扬弃，淘汰那些已经过时的产品、流程和服务，这是你避免因竞争对手的压力才仓促行动的惟一方法。美国知名的大企业杜邦公司深谙此道。当 1938 年尼龙刚刚面世时，杜邦公司立即组织化学专家研究新型的合成纤维，使之能够在市场上和尼龙形成竞争。它同时降低了尼龙产品的价格，此举的目的是使潜在的竞争对手难以绕开杜邦公司的专利，从而奠定了自己在市场上的领导地位。这恰恰证明了为什么时至今日，杜邦仍然是全球领先的合成纤维制造商。而与此同时，杜邦生产的尼龙产品仍然在市场上占有一席之地，并且获利颇丰。（摘自彼得·德鲁克《管理未来》）

行动指南:
主动淘汰你公司过时的产品，不要让你的竞争对手逼你这么做。

8 月 6 日

管道式观念化①的创新

为某一种疾病设计的处方药剂，往往最终被应用在治愈其他完全不同的疾病上。

当一个新企业确实取得了成功的时候，它所处的市场往往不是它原来打算占据的市场，产品或服务也可能与它一开始考虑的相去甚远，用途也全然不是最初为产品设计的那些。如果一个新企业没有估计到这些，没能利用这些意外的和未见过的市场来组织自己，也没有完全关注市场，不以市场为推动力，那么它将只会为竞争对手创造机遇。

因此，新企业应该在创始之初就设想到，它的产品或服务，可能在其他人没有想到的市场中找到客户；产品和服务，也可能出现在设计产品或服务时无人预想到的用途，而被意料领域以外的客户，甚至是它从未听说的客户所购买。如果新企业从一开始就不注意市场，那么它很可能为竞争对手创造市场。(摘自彼得·德鲁克《创新与企业家精神》)

行动指南:

企业在创新发展之际，不要以你的预想的想法去应对市场反应。不要以你固有的想法来看待你的新企业。

---

① 管道式观念化，指的是观点狭隘、只用直线式的思维对未来作出悲观预测。——译者

8月7日

企业研发实验室：社会创新

管理正日益成为社会创新的代言人。

企业研发实验室可以追溯到 1905 年。当时由德国裔美国物理学家查尔斯·普罗托伊斯·斯坦因梅茨为通用电气公司提出这一设想，并建立了世界上第一个企业研发实验室。斯坦因梅茨起初就有两个明确的宗旨：第一，将目的性明确的技术发明作为目标，并开展科研工作；第二，在新兴的社会组织形式——大型公司内，通过技术创新建立起持续的自我更新机制。

斯坦因梅茨的实验室迅速改变了科学与技术在研究中的关系。在制定研发项目的目标时，斯坦因梅茨首先确定为了取得期望的技术成果而需要的理论科学依据，然后组织"纯"理论研究以获取所需的新知识。斯坦因梅茨本人原本是一个理论物理学家。但是，他的每项贡献都是研究领域的成果，这些研究都是有既定目标的，是某一新型生产线设计和研发项目的组成部分，例如分马力电动机等项目。无论是过去还是现在，人们都认为：技术是一种"应用科学"。在斯坦因梅茨的实验室里，连最纯的理论研究都是以技术为驱动力的，即都是以技术应用为最终目标的。(摘自彼得·德鲁克《生态愿景》)

行动指南:

借鉴斯坦因梅茨的成功经验，开展以市场为驱动力的研发工作。

8月8日

"无围墙实验室"： 社会创新

斯坦因梅茨提出的"科学要以技术为驱动力"的主张，遭到了很多学院派科学家的谴责。

斯坦因梅茨的创新催生了"无围墙实验室"，这是美国人对特大型科研项目作出的具体而重要的贡献。第一个类似的实验室是美国前总统富兰克林·罗斯福早年的律师所合伙人贝兹·欧康诺，于20世纪30年代早期，发起并管理的美国小儿麻痹症国家基金会，其目标就是攻克小儿麻痹症。这一基金会就是"无围墙实验室"的早期代表。这一攻关项目历时25年之久，并且成功地在统一战略部署和宏观指导下，网罗了大批的科学家投身其中。这些科学家来自全国十多个不同地区，各自从事着十多个不同领域的相关研究，并按照既定的步骤开展科研工作。

这一经验为第二次世界大战的科研项目提供了成功的模式。此后，出现了雷达研究室、林肯研究室以及规模最大的原子弹攻关研究的曼哈顿计划等实例。当苏联发射了第一颗人造卫星后，美国国航局也组织了类似的"无围墙实验室"，决心将人送上月球。斯坦因梅茨提出的科学要以技术为驱动力的理念至今仍然争议颇多。但是，当出现新问题，例如1984—1985年间艾滋病成为严重的医学问题时，我们立即就会想到建立在该理念基础上的科研组织。(摘自彼得·德鲁克《生态愿景》)

行动指南:

恐怖主义是当今文明社会面临的一个严重的社会问题。我们应该怎样利用"曼哈顿计划"式的"研发"工程来解决这一顽疾呢？

8月9日

企业研发实验室：过时了？

技术传播的速度异常惊人，而且在行业间相互交错联结。

大型企业研发实验室的数量为什么在减少？公司下属的研发中心是19世纪最为成功的创新之一。但是，现在很多企业的研究部主任和高科技产业的实业家们，都倾向于认为这种实验室正日益变得过时。为什么？因为技术传播的速度异常惊人，而且在行业间相互交错联结，所以，很少有某种技术可以为某个企业独享。而且，某一特定行业需要的知识，往往来自行业外的全新科技，而行业内的人对此往往是完全陌生的。结果，过去很多大型企业的研发实验室现在正日趋过时。

几十年来，美国电话技术领域取得的创新，大部分都来自大型电话公司的研发中心贝尔实验室。但是，该领域中却没有人研究过，甚至没有人听说过"玻璃光纤"这一名词。它是由康宁公司发明的，且这一发明在全球通讯业界掀起了翻天覆地的变革。(摘自彼得·德鲁克《未来社会的管理》、《未来社会》(美国 Corpedia 德鲁克网上管理课程))

行动指南:

了解其他行业中的科技发展动态，从中汲取能够帮助本行业发展的营养。

8月10日

新生的企业

企业不是要去改造顾客，而是要满足顾客。

最重要的是，经营新企业的人需要花时间到企业外面的世界去观察：到市场中，与顾客和销售人员交谈，去看，去听。新企业还需要建立一套系统性的工作制度来提醒自己，"产品"或"服务"是由顾客界定的，而不是生产商。在产品或服务给顾客带来的效用与价值方面，企业应该不断地挑战自己。新企业最大的危险是它以为自己比顾客"更知道"产品或服务应该是什么样子的，产品应该如何被销售，以及服务该应用于何处。新企业尤其要重视的是，新企业应该乐意将意外的成功看作是商机，而不是把它看作是对自己专业知识的一种羞辱。而且它还应该记住这句营销名言：企业不是要去改造顾客，而是要满足顾客。缺乏市场意识是大多数新企业的通病。在企业的早期阶段，这是最严重的问题了，有时甚至会永久地阻碍那些幸存下来的新企业的发展。（摘自彼得·德鲁克《创新与企业家精神》）

行动指南：
将新企业意外的成功看作是商机，而不是麻烦的问题。

8月11日

迅速成长的新企业

新企业越成功，缺乏财务前瞻性的危险就越大。

对财务缺乏足够的关注同时又缺乏正确的财务政策，是企业发展第二阶段中最大的威胁，尤其是对迅速成长的新企业来说，更是如此。假设一个新企业成功地推出了产品或服务，并且发展迅速。公司于是报出"利润快速增长"、"发展预期乐观"的报道。股市于是"发现"了一匹黑马，特别是当新企业是个高科技企业，或是当时最时髦行业内的企业。大量的分析预测说，新企业的销售将在5年之内达到10亿美元。

然而，一年半后，新企业垮了。它突然间陷入了赤字泛滥的状态，总共有275名员工，却要解雇掉180人；总裁被革职；甚至整个企业面临大公司的廉价收购。原因不外乎是：缺少流动资金；无法筹措扩张所需的资本；无法控制开销、库存和应收账款。这三种财务问题通常会同时爆发。然而，只要其中一项就足以危及这个新企业的健康了，甚至还会要了它的命。一旦发生这种财务危机，只有克服重重困难，忍受住巨大的痛苦才能度过。(摘自彼得·德鲁克《创新与企业家精神》)

行动指南:

为你的新企业制定合理的财政策略，合理地管理你的企业。不要仅仅因为相信你的财会人员足够"精打细算"，就放弃一套有效的策略。

8 月 12 日

新企业的现金管理

　　银行界有一条古老的金科玉律：在预测现金收支时，将应付账款以提前 6 天支付计算，而应收账款以延后 6 天入账计算。

　　创办新企业的企业家很少有不在乎钱的，相反的，他们一般都很贪心，因而只注重利润。但是对于新企业来说，这种做法并不好，至少，利润不该成为首要关注的对象。企业应该先注意现金流、资本和控制。没有这些，利润就是个空的数字——也许没过一年或一年半，利润就消失了。企业有投入才会有收获。从财务角度来说，这意味着新企业的增长需要增加财务资源而不是耗竭它们。一个新企业越健康、发展越快，也就需要越多财务资源的投入。

　　新企业需要进行现金流的分析、预测和管理。事实上，在过去几年中，美国的新企业（有些高科技公司除外）在这方面比以前的新企业做得好，这很大程度上是因为美国的新企业家已经懂得，实践"企业家精神"需要财务管理。如果进行了可靠的现金流预测，现金管理就比较容易了。这里的"可靠"，指的是做了"最坏情况"的假设，而不是只有乐观的预期。如果说这种预测过于保守的话，那么即使当最坏的情况发生时，现金也能在短期内保持盈余。(摘自彼得·德鲁克《创新与企业家精神》)

　　行动指南:

　　为新企业进行"最坏情况"的假设，对新企业的现金流动与现金预测作出估测。密切关注企业的应收账款与库存水平。

8 月 13 日

新企业的管理团队

关键的工作并不是在书本中找到的，而是要通过对具体企业进行分析才能得出来。

当新企业的客观经济指标预示企业利润将在三五年内翻一番，那么创始人则必须开始组建新企业很快就会需要到的管理团队。首先，创始人及公司的其他主要人物将必须考虑，企业的关键工作是什么？哪些特定领域将影响企业的生存与成功？凡是管理团队中有成员认为应该属于关键领域的工作，都应该被纳入他们的考虑范围之内。

下一个步骤是针对企业中的每个成员的。从创始人开始，每个人都要问："哪些工作是我最擅长的？企业里，我的每一位主要同事又都真正擅长于哪些工作？"接下来，要搞清楚这样的问题："基于个人能力的不同，每个人应各自对哪些关键工作负起首要责任？哪些人适合负责哪些关键工作？"然后就可以开始成立一个团队了。但是所有的重要工作都必须由能力已经得到了证实的人来负责。(摘自彼得·德鲁克《创新与企业家精神》)

行动指南:

从企业的内部或外部来检测你的新企业。创新者是否已清楚地界定了企业的关键工作？是否将这些工作分配给了有能力的员工？

8 月 14 日

有待开发的企业潜力

机遇不会主动找你，而是在"你找到它的地方等你"。

运气、机遇和意外都会影响企业，就像影响人一样。但是，仅有运气还是无法成就一个企业的。惟有那些能够系统地寻找并挖掘潜力的企业，才能够事业兴旺，蒸蒸日上。一个企业在应对挑战和机遇方面无论作了多么精心的准备，它离理想中的绩效目标总还有很大的差距。企业的潜力往往比已经发挥出的能力要大得多。

企业所面临的威胁和自身的缺陷正预示着开发潜力的方向。如果能将这些问题转化为机遇，企业就会得到令人惊讶的收获。看待机遇，必须要将它和企业过去的经历对照考虑，和过去的得失对照考虑。有时，为了实现这些转变，仅仅需要管理者改变自己的态度即可。以下三个问题可以帮助企业开发自己的潜力：

- 使企业变得脆弱的缺陷在哪里？
- 企业的不平衡之处何在？
- 我们在害怕什么？企业的威胁又是什么？怎样才能将它们转化为机遇？（摘自彼得·德鲁克《成果管理》）

行动指南:
你的企业应该回答以上三个问题，从而向理想的绩效目标靠近。

8 月 15 日

从弱点中发掘机遇

从心理层面而言，找寻并开发企业的潜力并非易事。

从心理层面而言，寻找并开发企业的潜力并非易事。它必将遭遇来自企业内部的阻力，因为它意味着打破惯例，意味着员工放弃自己引以为豪的技能。因此，要应对挑战，掌握失衡的状态，以克服固有缺陷，使工作流程更有效率，是需要付出艰辛努力的。

所以，在企业的弱点与缺陷中去寻找潜在机会的努力，很可能会遭到企业内成功人士的嫉恨，因为这种努力被视为对他们地位、荣誉和权力的直接威胁。这也恰恰说明了，往往是企业的非核心层员工，而非企业的领导者，能够将机遇转化为现实。要做到这一点，无论是从客观层面还是从心理层面上看都非易事，这表明企业在这方面还需努力，管理者还需更加重视。(摘自彼得·德鲁克《成果管理》)

行动指南:
将你企业的弱点转变为机遇。

8月16日

发掘创新性的点子

创新是如此迷人的事情，但真正的问题却在于：创新产品或是新型服务的"死亡率"往往也是非常高的。

即使是在最为平常的组织里，产生的新点子数目也要比被人们善加利用的多。真正的问题在于，新型产品或是新型服务的"死亡率"往往是非常高的。就像过去的婴儿死亡率一样，新型产品或新型服务的"死亡率"完全是可控的。企业不需投入很多钱，并且很快就可以让它降低下来。因为"死亡率"居高不下的主要原因，就是人们对企业家战略不够重视。正确的企业家战略往往有很高的成功率。

若想提高企业地位，使企业成为市场的领导者，有四种明确的企业家战略：孤注一掷；打击对方的弱点；找到并占据一个专门的适当位置；改变产品、市场或是某个产业的特征。这四种战略彼此间并不排斥。企业家往往在同一个战略中就包含两种，有时甚至会包含三种战略思想。不过，这四种战略各有优势。每一种战略适用于某一种创新，而不适合于其他。每一种战略都需要企业家采取不同的行动。最后，每一种战略也都有自己的局限性和风险。(摘自彼得·德鲁克《创新与企业家精神》、《企业家战略》(美国 Corpedia 德鲁克网上管理课程))

行动指南:

系统化地发掘创新性的点子。谨记大多数创新者在他们的创新战略上，都是相当保守的。

8 月 17 日

孤注一掷

"孤注一掷"战略

"孤注一掷"是美国内战时期一名南部邦联将军用来形容他的骑兵连连取胜的战略。在商业中，采用这种战略，企业家追求的即使不是即刻建立独占性的企业，其最终目标也是领导权。这种企业家战略可以产生最高的回报率，但所负担的风险也是非常高的。它不允许有失误，也不会给你第二次机会。使用这种战略的结果要么是占领市场和产业主导权，要么就是一无所获。企业家必须一次中的，否则他们就注定失败了。采用此战略而成功的创新者是少之又少的，大部分的人都落败了。然而，一旦成功，"孤注一掷"的回报率是惊人的。3M、宝洁公司、英特尔公司还有微软都是通过施行这种战略而取得成功，从而占据了市场领导权的。

然而，这项战略的特殊风险在于：企业首先取得了成功，但当其他的企业实施另一个企业战略——攻对方的弱点，便可能将你击败。比如说，在一个车库里创造了苹果电脑的两个年轻的工程师，没有任何财政支持，两个人从前也没有任何从商经验，从一开始就致力于去创造一项产业并占据主导。但这很快就被 IBM 赶超了。(摘自彼得·德鲁克《创新与企业家精神》、《企业家战略》(美国 Corpedia 德鲁克网上管理课程))

行动指南:
当你开发一种新产品、流程或是服务的时候，保护好你的软肋，防止被别人赶超。

8 月 18 日

攻对方的弱点

"攻对方的弱点"通过创新性的模仿，可以赶超领导者。

这种战略，创新者并不是要去开发一种新的产品或服务，而是利用别人已开发出的成品再加以改进。这是一种模仿，是一种创造性模仿，创新者改进了原有的产品或服务，从而更好地满足顾客的所想所需。一旦创新者成功研发出顾客所想要的功能，这种产品或服务也就占据了领导地位，控制了市场。

20 世纪 70 年代，IBM 成为个人电脑供应商中的领头羊可以说是个极好的例子。苹果公司发明了个人电脑，苹果一出现，即刻引发了巨大的反响。IBM 于是开始启动超越苹果的工作。它这样想："苹果的缺陷在哪里?"在一年半的时间内，IBM 投放到市场上的个人电脑，不但考虑了所有个人电脑用户的所需所想；还提供了一项苹果电脑所欠缺的东西：软件。在接下来一年中，IBM 个人电脑成为世界范围市场的领导者，并占据这一位置十年之久，而苹果却被边缘化了。到了二十多年后，20 世纪 90 年代末期，苹果只得沦为了一个让人敬而远之的特定划分市场企业。（摘自彼得·德鲁克《创新与企业家精神》、《企业家战略》（美国 Corpedia 德鲁克网上管理课程））

行动指南:
从竞争对手那里找到一个能够成功创新的地方，在此基础上进行改进，最终超越它。

8 月 19 日

企业家柔道

企业家柔道，就是将市场领导者自认为是其优势的地方，转变为它的弱点，并伺机打败它。

日本的柔道大师，恰恰是从他对手的自以为是和沾沾自喜中去寻找力量。他们深知，对手的每一个攻击战略很可能都是建立在自己的优势技术之上。如此这般，柔道大师就能够发现，对手对这种优势技术的持续依赖，实际上使他变得不堪一击且毫无防御可言。他就能将对手的力量转化成对手的致命弱点，并击败对手。

和柔道选手类似，由于企业也往往依设定的计划行事。企业家柔道就是将市场领导者自认为的优势之处转化为它的弱点，并击败它。比方说，日本人接二连三地取代了美国人的市场主导权：首先是在复印机领域，后来是在机器工具领域，再到电子消费品、汽车、传真机。采取的战略大都相同。他们将美国人引以为豪的东西转化成了美国人的弱点，再击败美国公司。美国人将高利润视为自己最强大的实力，他们格外关注高端市场而没有给大众市场足够的供货、提供足够的服务。日本人于是采用只有最少功能的低成本产品打入美国人的市场。美国人甚至都不曾尽力去与他们对抗。但日本人一旦抢占了大众市场，他们的现金流动也就很快进入高端市场。很快地，高端市场、大众市场便全都被他们抢占了。(摘自彼得·德鲁克《创新与企业家精神》、《企业家战略》(美国 Corpedia 德鲁克网上管理课程))

行动指南：
使你的组织保持灵活性，把握你的竞争对手的实力，在市场中他们所忽视的领域中去寻求机遇。

8 月 20 日

变化中的经济特性

成功的创新者，懂得根据顾客所乐意负担的价格来定价。

在其他的企业家策略中，创新者往往要研发出某种创新性的产品或服务，而这种策略则不同，它本身就是一种创新。创新性的策略利用改变效能、价值以及经济特性，将已经存在的产品或是服务改变成为新型的产品或服务。在这种策略下，新的经济价值和新的顾客产生了，但实际上并没有产生新的产品或服务。改变产品或服务的经济特性的最佳方式，通常是改变价格。最终，生产商至少可以挣到相同数目的钱，也可能会更多。但确立价格的方式，一定要反映出顾客愿意支付多少的现实，而不能只考虑生产商自身的实际情况。

这里有个例子：互联网被设计成一种信息网络。大多数的生产商是通过为人们提供访问权限而赚钱的，比如通过提供电子邮箱地址来赚钱。但是，雅虎和一些其他的公司却放弃了这种思路，而是通过那些需要在网上给访问者做广告的广告商们来获利。雅虎的问题是："谁是顾客？"答案是："是那些想要通过访问互联网而得到潜在顾客的供应商。"这改变了整个产业的特性。从而给互联网提供了一个新的运营维度。(摘自彼得·德鲁克《创新与企业家精神》、《企业家战略》(美国 Corpedia 德鲁克网上管理课程))

行动指南：
把握你的顾客真正想要买的东西。通过更好地满足他们需要的方式来为他们提供服务，这样才能为你的组织创造出更多的经济成果。

8 月 21 日

生态适当位置： 收费站策略

> 如果创新者取得了成功，就说明他占有了一个几乎无人可以替代的位置。

第四种主要的企业家策略，即通过在市场中占据一个生态适当位置，使创新者可以在特定领域实现真正的垄断。第一种抢占适当位置的策略称之为收费站策略。在这种策略中，创新者所创造的产品或服务对于更大一级的产品生产及服务的流程是所不可或缺的部分，而使用这种产品的成本并不重要。这个市场的规模必须足够有限，这样任何占据了第一位生态适当位置的企业也就等于可以有效地阻止任何外来者的侵入。

这里有个例子：艾尔康公司是 20 世纪 50 年代末由一个大型制药公司的推销员建立的。他非常清楚，在白内障手术中存在着一个重大的"不协调"现象，在这种外科手术中有一道非常危险的程序，那就是当外科医生切割韧带时，存在一定的流血风险，这种出血会损害到患者的眼睛。这位创新者发现有一种酶，几乎可以立即分解这种特殊的韧带，而无需开刀。只是当时还没有办法保存并防止这种酶自行分解。后来，这位创新者又发现从 1890 年开始，人们就已经发现有许多物质，可以用来保存酶并使酶保持活性。于是他将其中一种物质应用于这种手术用酶，并获得了专利。不到一年半，全世界的眼科医生都用上了他的这种专利产品。(摘自彼得·德鲁克《创新与企业家精神》、《企业家战略》(美国 Corpedia 德鲁克网上管理课程))

行动指南:
在内部流程中，发掘存在的不协调，采用这种收费站策略。

8月22日

生态适当位置：专门技术策略

如果创新者能够适当地留有自身的专门技术，那么它通常可以应对竞争。

第二个生态适当位置的策略，是专门技术策略。在这种策略下，创新者所占据的适当位置与在收费站策略下所占据的类似，都是独一无二的，只是市场可能更大一些。比方说，每个人都知道许多大型的美国汽车制造商品牌。但是，又有多少人知道为这些汽车公司提供刹车踏板、电路或是照明系统的公司名称？这些公司实际上占据了在特定生态市场中的专门技术位置。这一市场位置是通过在一种新的行业和市场中，早期开发出高技术而获得的。一旦这一市场开始发展壮大，创新者就占据了遥遥领先的地位，并成为了标准化的产业供货商。

一个最好的例子是美国20世纪领先的发明家查尔斯·凯特林。他的第一项发明，或许也是世界上最赚钱的发明，就是致力于建立一个专门技术的小市场。他发明了自动启动装置。在这之前，启动汽车都要人推拉手动扳手，这是既费力又相当危险的。所以在汽车业迅速发展的15年间，所有的汽车制造商都要去买凯特林的自动启动装置。这并没有给整部车增加很高的成本，只增加了1%到2%的成本。但是，人们知道凯特林的利润率大概增长了50%或更多。(摘自彼得·德鲁克《创新与企业家精神》、《企业家战略》(美国Corpedia德鲁克网上管理课程))

行动指南:

通过为行业内的产品或是服务提供专门技术，去改进现有的操作结构，从而发掘出产业内迅速成长的部门。

8 月 23 日

生态适当位置： 专门市场策略

采用专门市场策略，创新者必须要创建一个小而新、且能够获利的市场。

最后一个生态适当位置的策略，是建立专门的市场。这个专门市场的规模，如果说它够大，是指它足以获利；若说它够小，是说潜在的竞争对手不屑于进入这样的市场。举个例子，从 1919 年直到第二次世界大战前，甚至再往后数十年的时间，长达二十多年获利最高的金融产品要算是美国运通的旅行支票了。它占据了这样一个专门市场的位置。带旅行支票出行比携带大量现金要安全得多，而且到各地都可使用。比如说，英国的任何一家旅馆都接受旅行支票。银行通过卖出支票，每笔交易可以收到一定的手续费。这不仅使美国运通不需要到市场上去买卖支票，连银行也不愿意再开设任何与之相竞争的业务了。由于支票持有者往往在购买支票几个月后，甚至几年后，才兑换现金，而在这段期间内，美国运通握有"商业票据"，即可以无息使用支票持有者所支付的现金。因而，美国运通获利颇丰。后来，金融业人士都了解到旅行支票是一种高利润业务，但这个市场又不够大，对许多大银行来说，它们并不觉得有必要强行介入。（摘自彼得·德鲁克《创新与企业家精神》、《企业家战略》(美国 Corpedia 德鲁克网上管理课程)）

行动指南：
总结你自己在施行这三个寻求适当生态位置的创新策略（收费站、专门技术、专门市场）中的经验。发掘出更多的社会生态策略。

8 月 24 日

生态适当位置策略所面临的威胁

只要能够维持，生态适当位置策略都是获利性最高的企业战略。

所有的适当位置策略都有一个共同之处，就是它们大都不能持久施行。这类策略的一大威胁，就是很容易被竞争对手所赶超，特别是由于技术变革的缘故。艾尔康公司就是一个例子。在它几乎坐稳全球垄断地位 15 年后，一个捷克斯洛伐克人发明了一种新型的白内障手术，即移植透镜手术，在这种手术中，眼部韧带不需要被分解而是得到了保存。这样，艾尔康所解决的技术难题便只能成为历史了。

另一个威胁是小市场很快会变为主要的大众市场。这是旅行支票所遇到的问题。在第二次世界大战前夕，对美国人来说，到欧洲旅行还是很稀罕的事情。而今，两天内搭乘跨洋喷气式飞机赴欧的美国旅客数量，几乎相当于"二战"前一年内所有轮船的载客量；且现今的大众游客往往都使用信用卡。再比如，在"一战"中的美国或是"二战"中的欧洲和日本，当汽车市场变成了大众市场，削减成本的压力很大，这意味着凡是想要依靠专门技术而占据适当位置的供货商，就等于要牺牲利润。这些企业就是汽车公司所施加强大压力要求减价的对象，且至今仍然如此。这些企业别无选择，只能屈服。(摘自彼得·德鲁克《创新与企业家精神》、《企业家战略》(美国 Corpedia 德鲁克网上管理课程))

行动指南:

评估你的产品、生产流程和服务所面临的退化威胁。建立系统性的创新机制，以防止你企业的产品和服务遇到的不可避免的威胁。

创新策略的三个案例研究

　　爱伯，巴克，查理这三家制药公司，都称得上是世界上最为成功的制药企业。爱伯和巴克是大型公司，查理是中等规模的，但发展非常迅速。三家公司在科研上投入比率大致是相同的，但他们所实施的科研战略却大不相同。

8 月 25 日

爱伯公司的科研战略

爱伯的目标就是在主要领域占据先期领导地位，在这一领域内掌握优势，并保持这一领导地位。

爱伯公司每次都会在精心挑选的领域内投入大笔的科研经费。爱伯公司选定的大多是由大学中的纯科研机构首先证实了存在着某种突破的领域。之后，在商业产品远没有成型之前，它会雇用本领域内最杰出的人才投入工作。然而在这些特定领域以外，公司不掏任何科研经费，也无意介入其中。这一战略是从20世纪20年代当人们对维他命的研究初现端倪的时候开始实施的。而后，爱伯也是在磺胺类药剂刚刚被人们视为某种"科学新奇事物"的时候，就投入到该领域进行研究。到了1940年，公司便成为了该领域内的佼佼者。爱伯直到1950年才展开下一步行动，这一年，中枢神经系统药品，也就是第一种镇静剂刚刚出现。于是，它再一次在科研领域大力投入，并最终奠定了其在镇静剂领域内数一数二的垄断地位。到了20世纪70年代中期，仍然是在理论研究界的早期成果的基础上，爱伯在微生物学与细胞结构的研究方面投入大量的人力物力，而没有重视——应该说是故意如此——生殖控制领域。

爱伯公司在大领域中，甚至是在该领域刚刚成型的阶段，就占据了举足轻重的地位。这种战略风险很高，但同样具有巨大的回报率。(摘自德鲁克《管理学案例》(参见7月12日内容))

行动指南：
爱伯公司是在寻求＿＿＿＿＿＿企业家战略，是第＿＿＿＿＿个机遇窗口。

8 月 26 日

巴克公司的科研战略

巴克公司的战略目标是在每个领域内都握有一小部分药品，且这些药品都是具有明显优势的，并对提高临床医学水平发挥举足轻重的作用。

巴克公司的战略是完全不同的。它的实验室——或许算得上是制药业公司中最为知名的了，该实验室致力于各种领域的研究工作。而在某领域的基本科学理论没有成型之前，巴克并不会涉足这一领域。理论成型后，它才会在该领域内开展工作。在每十个旗下实验室开发的产品中，公司投入到市场上买卖的只有两三个。当研究线上的一种新的特效药即将成型的时候，公司会仔细地审视产品甚至整个行业。首先，新产品是否具备成为某种医疗"新标准"的优越性？其次，这种产品是否能够对整个保健和临床医学领域产生重大影响，而不是只被界定为专属于某一专门领域（即使是比较大的领域）？最后，这种产品所设立的"标准"是否可以维持多年，而不被其他具有竞争性的产品取代？

如果上述三个问题的答案都是否定的，那么公司将把这一研发成果转卖给别家公司，而不是转化成自己的产品。这两种途径，都使公司获利颇丰。研发成果的转卖收入，与公司将它制成药品并出售的收入相差不多。而且，这种方式也确保了每家公司的产品都可保证具有专业医疗认可的"领先"水平。(摘自德鲁克《管理学案例》(参见 7 月 12 日内容))

行动指南：

巴克公司是在寻求＿＿＿＿＿＿企业家战略，是第＿＿＿＿＿个机遇窗口。

8月27日

查理公司的科研战略

查理公司不从事科研工作。它寻求只利用相当简单的研发成果便可以给它带来领先地位的领域，只要足够重要，即使是一个较小的领域，查理也能接受。

查理公司不从事科研工作，它所做的就是开发。那些对于爱伯公司或是巴克公司颇有吸引力的产品，它都不会插手。它知道，在内外科的临床应用中有些已有的产品并不能发挥很好的效果，但只要经过微小改进，便可以大大提高疗效。查理所寻求的机会往往在比较小的领域中，即使是出现了的确有优势的产品，也不会激发外来介入或是竞争。

查理的第一个产品是一种简单的酶，实际上人们认识这种酶已经有40年了。但它利用这种酶实现了无血白内障手术，大大减轻了眼外科医生的工作压力。它所需要做的只是找出延长这种酶的保质期的方法。后一个产品是一种非常简易的药膏，可以涂在新生儿的脐带上以防止感染并加速伤口愈合；而这已经成为了世界上所有妇产医院的一种标准。该公司后来又生产了一种产品，这种产品替代了过去新生儿采用的去毒疗法，即采用冲洗方式来预防新生儿感染。实际上，这种产品也不是什么新发现，而是既有方案的混合。在每个领域，世界市场都是非常有限的（也许至多有2 000万美元），以至于一个供货商如果生产出确实有优势的产品，那么它就能占据数一数二的地位，且只会遇到很少的竞争，而无需承受价格压力。(摘自德鲁克《管理学案例》(参见7月12日内容))

行动指南：

查理公司是在寻求＿＿＿＿＿＿企业家战略，是第＿＿＿＿＿个机遇窗口。

8 月 28 日

成功铸就新现实

只有童话故事才会出现"他们从此快乐地生活在一起"的结局。

成功往往会使创造成功的行为本身变得过时。成功往往会铸就新现实。成功首先就会自发地引出不同于以往的问题。一个成功公司的管理者要能够反思"我们的业务是什么"实属不易。公司的所有员工可能都会认为问题的答案不言自明，无需探讨。企图驳倒成功和不安于现状的做法从来都是不受欢迎的。当公司处于顺境时，如果管理者不能反思公司的业务定位，那么他们无疑太过于骄傲自满而变得懒散松懈、夜郎自大了。这也注定了公司的噩运行将不远了。

美国 20 世纪最为成功的两个行业莫过于无烟煤生产业和铁路行业了。他们都自鸣得意地认为自己受到上帝的眷顾，将永远拥有不可撼动的垄断地位。他们认为自己行业的业务定位是不言自明的，因此反思毫无必要，革新的做法纯属多余。倘若这两个行业的管理者不被成功冲昏了头脑，不完全忽视反思和革新的必要性，这两个行业也不至于丧失垄断地位——无烟煤生产业更甚，早已湮没殆尽。至关重要的一点是，当公司实现了自己的既定目标时，管理者要扪心自问："我们的业务是什么？"这需要自律和责任感。但如果不这么做，后路只有一条——公司行将衰落。(摘自彼得·德鲁克《管理：任务、责任与实践》)

行动指南：

考量你所在组织的某种产品或服务。它的市场份额分配状况如何？你的组织又占到了多大份额呢？然后，扩大你的界定范围（例如，从铁路系统扩大到整个交通系统）。在广义市场上，你的组织所占的份额又有多大呢？

8 月 29 日

注重机遇的组织

富有成效的组织必定热爱它所从事的事业。

组织有摆脱不了的"重心引力"——关注自身存在的问题。然而我们必须时刻努力,争取摆脱这种重心引力。在我称之为"发掘成功"这方面,很少有组织的表现能够让人满意。以当今全球最大的消费性电子娱乐产品制造商索尼公司为例,大体上索尼所做的就是紧紧抓住录音机行业的发展趋势,不断从中发掘成功。如果能够把这种意识植入组织内部,并使之变为对每个成员的要求,那么也就能营造出一种注重机遇而非注重问题的理念。而且,更为重要的是,你创造了快乐的源泉。我知道,也许从学术的角度而言这并不严谨,但是富有成效的组织必定喜欢它的事业。我经常被问及自己选择公司并为其担任顾问的标准是什么。我的标准是:当你走进公司的大门时,不出两分钟你就可以判断员工是否乐在其中。如果并非如此,我也不会为这样的公司工作。但是,如果员工们喜欢自己的工作,并且坚信明天会更好的话,这就营造出了一种截然不同的公司氛围。(摘自彼得·德鲁克"群英会"原载于 *Across the Board: The Conference Board Magazine*)

行动指南:
将你的组织打造成一个注重机遇的团队。

8 月 30 日

从意外之中发现机遇

有些人在取得成功以后，就会忽视问题的存在。

每一个意外都值得重视。在一个自下而上的汇报系统中，不免容易忽略机遇和意外。其实，这一点也很容易改变。50 年前，我的一位良师益友为某家大公司创立了一套行之有效的反馈分析方法。包括第一线生产主管在内的所有经理人，每月都要坐下来认真思考并写出一封信，信的主题是"意外之事"。信件的主要内容不是关于对错的判断，而是所发生的意外事件。然后，他们会集中开会讨论这些信件，并带着"它告诉了我们什么"这样一个问题进行反思。大多数意外事件充其量只能算是奇闻逸事，但是总有三四个意外事件是和公司的发展有关联的。正是凭借这一方法，这家名不见经传的药品制造商逐渐壮大成为全球医药界的旗舰企业。它的成功来自从意外中捕捉机遇，这就好比某个医生给病人进行药物治疗，结果产生了出乎意料的疗效一样。你必须要着眼于成功，尤其要着眼于未曾实现的成功，而且要紧紧抓住这种机遇，将它变为现实。（摘自彼得·德鲁克 "群英会" 原载于 *Across the Board: The Conference Board Magazine*）

行动指南：

每个月给你的上司写一封信，汇报你所碰到的意外之事。找到未曾实现的成功机遇，并且紧紧抓住这些机遇。

8 月 31 日

保持动态的平衡

管理层必须要在变化和连续性之间保持动态的平衡。

我在日本的出版商——钻石公司，最近选取了我在过去 50 年发表的一系列论文，以《已发生的未来》（《生态愿景》，1993）为名出版发行。我将自己求知的历程，写成了这本书的最后一章。在这一章节里面，讲述了我 60 年前开始工作时的经历，当时我的主要任务就是在变化和连续性之间保持平衡。正是基于这一考虑，我 10 年后走上了管理的研究之路。我发现，管理层这个社会的特殊机构，必须要在变化和连续性之间保持动态的平衡。否则，社会、组织和个人的发展前景都会被扼杀。(摘自《德鲁克论亚洲》)

行动指南:
建立一整套系统的创新变革策略。

九　月

9月1日

了解你的时间

卓有成效的管理者会从安排时间入手。

"认识你自己"这句充满哲理的古训对于现代人而言,实在是太难理解了。但是,如果你希望自己工作业绩突出而且富有成效的话,那你可以遵循"了解你的时间"这一准则。

讨论管理者的工作任务,绝大多数都是从对某项工作计划的建议方案开始。这听起来似乎很有道理,但是它有一个致命缺陷,就是在实践中并不可行。计划只是纸上谈兵,只是美好的愿景而已,很少能够变为现实。依我之见,卓有成效的管理者并非一开始就着手开展工作,他们会从安排时间入手,而不是从计划入手。他们首先要了解自己的时间是怎样花掉的。然后,他们试图安排好自己的时间,并把那些耗时又低效的活动从日程表中删除。最后,他们将自己可以支配的零星时间整合成为大块的时间单元。以下的"时间安排三部曲"就是令管理者的工作变得富有成效的基础:

- 记录时间
- 管理时间
- 整合时间

(摘自彼得·德鲁克《卓有成效的管理者》)

行动指南:

你可以通过记录时间、管理时间和整合时间的"三部曲",来了解自己的时间是怎样花掉的。

9月2日

记录时间并避免浪费时间

如果某一活动毫无成效，那么你就不该为它浪费时间。

要使管理工作富有成效，第一步就是要将时间的实际使用情况记录下来。有些管理者会亲自做这种记录，也有一些管理者会让秘书代劳。记录由谁来做并不重要，关键在于必须把时间的使用情况及时记录下来。许多卓有成效的管理者都保持着这种习惯，并且每月都定期对记录进行检查。检查之后，他们就会反思并重新修改他们的日程安排。他们首先会找出那些无关紧要而且毫无绩效的琐事，这些琐事纯粹是浪费时间。为了找到这些琐事，你应该对时间记录表中的所有的事项进行判别："如果这件事不做，结果会有什么影响?"如果答案是"毫无影响"的话，那么你就不应该为它浪费时间。（摘自彼得·德鲁克《卓有成效的管理者》）

行动指南:

对你所有的活动做好时间记录。避免在那些毫无绩效的琐事上浪费时间。

9 月 3 日

整合时间

　　卓有成效的管理者知道，追求时间高效利用的努力是永无止境的。

　　时间管理的最后一步，就是要将记录和分析所显示的，通常是管理者自身可以支配的时间整合起来。要想成为一个卓有成效的管理者，就需要有大块的可支配时间。这一点对于人事工作而言显得尤为重要，因为这理所当然地是管理者的一项核心任务。如果某位经理人认为自己能在短短的 15 分钟内，可以和部下沟通所有的计划、方针和绩效问题，这无异于自欺欺人。

　　整合时间的好方法有很多。有的管理者会一周拨出一天或者几天时间在家办公；有的管理者会每周专门拨出两天时间，用于处理会议、检查和研究问题等日常性工作，而将其他几天的上午都留出来处理重要事务。尽管如何整合零碎时间的方法非常重要，但更为关键的是时间的使用方法。卓有成效的管理者首先要了解自己到底有多少可支配的零碎时间。如果事后发现其他事情占用了这部分时间，他们就需要重新审查自己的时间记录，并将那些耗时又低效的活动砍掉。(摘自彼得·德鲁克《卓有成效的管理者》)

行动指南:
整合你的时间，并将大块的时间腾出来，以备重要任务之需。

9 月 4 日

卓有成效的管理者的实践

所有卓有成效的管理者都有个共同之处，就是把正确的事情做好。

我所见过的卓有成效的管理者，几乎没有什么共性，他们在性格、知识和兴趣方面都迥然不同。他们惟一的共同点就在于，把正确的事情做好，而把没必要的工作砍掉。

要使工作变得卓有成效，管理者在实践中要做到以下五点：

• 卓有成效的管理者要知道他们的时间是怎样花掉的。学会利用自己可以支配的点滴零星时间，来有条不紊地开展工作。

• 卓有成效的管理者要重视对外部的贡献。

• 卓有成效的管理者要善于用人之长。他们不仅能够利用自己的长处，而且能够挖掘他人的长处。

• 卓有成效的管理者能够集中精力地去发挥绩效，从而取得丰硕的成果。他们会按照事情的轻重缓急来安排工作。

• 卓有成效的管理者善于作出有效的决策。他们知道这是一个有机整体，因此要按照正确的条理和顺序来解决问题。他们知道仓促决断只能导致忙中出错。

如果有一个管理者，他才智过人、勤勉奋进、富有创意并且学识渊博，但是如果他不能够践行上述五点的话，那么他必定会效率低下。(摘自彼得·德鲁克《卓有成效的管理者》)

行动指南:
牢记上述五点并将之运用在实际工作中。了解自己是怎样把时间花掉的；重视对外部的贡献；善于用人之长；集中精力地去发挥绩效；善于作出有效的决策。

9 月 5 日

关注贡献

"我能作出怎样的贡献?"这一问题能给管理者更多的自主权,因为它让管理者更有责任感。

大多数管理者都有对自己的职权范围过分重视的倾向。他们往往只注重埋头苦干,却不太关心工作的成果。他们生怕自己的组织或上级让他们"吃亏",所以特别在乎自己应享的"权益",结果却使工作效果大打折扣。卓有成效的管理者关注贡献,他能将注意力从自己狭隘的工作领域转移到整个组织的目标上。他们会问自己:"我要作出怎样的贡献,从而能对我所在组织的绩效和成果产生影响?"他的重点在于责任感。

管理者关注贡献是使其工作卓有成效的关键。这会影响到他自己工作的内容、水平、标准和效果,影响到他和上司、同事以及部下的关系,影响到他使用会议和报告等决策手段的效率。如果管理者能够关注贡献,那么他的注意力就会从自己狭隘的部门、技能和专长中释放出来,转而投向整个组织的绩效。他也就能够更加重视外界,因为那才是产生效益的地方。 (摘自彼得·德鲁克《卓有成效的管理者》、《21世纪的管理挑战》)

行动指南:
时刻提醒自己要为组织,而且应该为组织作出的贡献。

9月6日

绩效评估

"评估"及其背后的指导思想,有过分强调"潜力"之嫌。

卓有成效的管理者往往会拟订自己别具一格的绩效评估表。评估表的开始部分往往是关于某位员工的记录:在过去和当前岗位上,组织希望他能作出什么贡献,以及他在各个岗位上的实际表现。接着,评估表会提出以下四个问题:

1. 他在哪个方面工作做得比较好?

2. 他在哪个方面将会有上佳表现?

3. 如果想完全发挥自身特长,他还需要学习什么知识?

4. 如果我有子女,会不会愿意他们在他手下工作?(1)如果愿意,理由是什么?(2)如果不愿意,理由又是什么?

实际上,这种评估要比以往的评估程序严格得多,并且评估的重点是放在员工的长处之上;而人的短处只是以完成任务、取得绩效和发挥特长的某种局限性的面目出现的。与长处无关的问题只有一个,就是"4.(2)如果不愿意,理由又是什么?"管理者的部下,尤其是那些聪明、年轻又有进取心的部下,往往会以某个富有魄力的上级作为榜样。如果组织内的某个管理者很有魄力,但又非常腐败的话,那么他就会给组织带来巨大的坏影响。这就是管理者的缺点会产生负面影响,而非仅是限制其部下取得绩效并发挥特长。(摘自彼得·德鲁克《卓有成效的管理者》)

行动指南:
进行绩效评估的时候,不妨采用文中的四个问题。

如何培养员工

　　每个组织都在培养员工。只不过有的使员工茁壮成长，有的则使他们畸形发展。

　　每个组织都在培养员工。只不过有的使员工茁壮成长，有的使他们畸形发展。在培养员工方面我们可说知之甚少。但我们非常清楚哪些是培养员工的"禁忌"，界定这些"禁忌"远比阐明"准则"容易得多。

　　第一条禁忌，我们不要将注意力放在员工的缺陷上。成年员工可以学会更多的为人处世之道，学习新的知识技能；然而，期望他们按照我们的喜好来改变性格的想法是不切实际的，因为他们的性格已经定型。

　　第二条禁忌，培养员工，不要持短浅的成见。员工为特定工作要学习特定技能；但是培养员工的内涵绝非仅限于此，员工发展必须面向他们整个职业生涯甚至是一生的时光。特定工作必须要和长远目标相结合。

　　第三条禁忌，不要重用"太子爷"似的人物。要重绩效，而不要重许诺。管理者只有做到重视绩效而不是可能性的话，他才能够建立高的绩效标准。降低标准容易，而提高标准却非常困难。

　　管理者要学会用人所长，并且建立真正的高绩效标准，然后花时间和精力来评估这些绩效——当然，这并非易事。管理者要和员工促膝谈心，可以提一些这样的问题："去年，你和我制定了这些目标。你完成得怎样？成功之处在哪里？"（摘自彼得·德鲁克《非营利组织管理》）

　　行动指南:
　　培养你的员工。你要注重他们的长处，并且对他们提出高的绩效标准。你还应该定期对他们的绩效进行评估。

9 月 8 日

知识型员工成为卓有成效的管理者

致力于充分发挥自己及其他人长处的管理者，总能将组织的绩效和个人的成绩有机地结合起来。

管理者通过自我发展来提高效率，是满足如下两种需求的惟一途径：第一种需求是社会需要通过组织的贡献来实现其绩效目标；第二是个人对成功的需求。这也是组织的绩效和个人的成绩能够结合起来的惟一途径。致力于充分发挥自己及其他人长处的管理者，总是努力让自己的知识成为组织成功的机遇源泉。他重视自身的贡献，从而将自身的价值转化为组织的成效。

知识型员工对经济报酬也有需求，因为它是对知识工作者的一种约束。但是，光有经济报酬是不够的；他还需要有机遇，需要有成绩，他希望能完成其使命，希望能实现其人生的价值。只有使自己成为一名卓有成效的管理者，他才能获得以上这些满足感。只有提高管理者的效率，才能让社会协调好如下这两种需要：第一，组织需要员工为其作出它所需要的贡献；第二，个人需要组织成为其实现自身目标的途径。(摘自彼得·德鲁克《卓有成效的管理者》)

行动指南:

了解自己的长处。在恰当的时机，利用这些长处来为组织服务，为组织作出贡献。确保你的价值观念和组织的价值观念协调一致。

9月9日

对自己的职业生涯负责

> 梯阶已经撤走。存在于产业内部若有若无的结构恰似绳梯一样，它也早已被打破。现在有的只是密密麻麻的藤条，你只能带上自己的弯刀上路了。

如果说身穿精致法兰绒西服的年轻人，代表了在一家公司终身供职的形象，那么今日职场形象又是怎样的呢？那就是自己要对职业生涯的规划负责，不要依赖特定的公司。同样，你自己要把握好职业生涯的方向。你并不知晓你下一份工作将会是什么：你可能在一家私营企业的办公室工作，也有可能在一家大型剧院上班，还有可能脱离组织的庇佑，成为在家工作者。因此，你有责任了解你自己，只有这样，你才能够找到合适的工作。同时，也能够实现自我发展；而且，当家庭成为你个人价值观和人生诸多抉择中重要一环的时候，你还可以兼顾两者。

其实，大部分美国人并没有准备好如何选择自己的工作。当被问及自身的优势和缺点时，他们往往会呆呆地看着你，或者答非所问地大谈自己的专业知识。他们的简历往往会罗列一长串目标职位。对于这些人而言，现在已是清醒的时候了。现在的职场生涯和工作程序已和从前截然不同。我们要超越所谓的"客观评价标准"，去创造出自己的天空——这也就是我认为的"核心优势"。(摘自彼得·德鲁克《变动中的管理界》)

行动指南：

对你自己的职业生涯负责。列出你自己的优势和缺陷，并找出你想承担什么任务？无论这些任务是否存在于你所就任的组织内，都要作好充分的准备去完成它们。

9 月 10 日

绩效的定义

所谓绩效，并不是要求"百发百中"——那是马戏团中的表演。

若想要组织健康发展，第一个条件就是要有严格的绩效要求。实际上，之所以组织应该推行"目标管理"，应该注重任务的目标需求，其最主要的原因之一，便在于促使每一位管理者都能自动为自己设定高的绩效标准。为了实现这个目的，必须先对所谓绩效有一正确的了解。所谓绩效，并不是要求"百发百中"，而是应该以一种持之以恒的能力，是一种在相对较长的时间内就所分配到的各项工作均能产出成果的能力。在绩效要求中，错误在所难免，失败也不可能完全没有。绩效的要求固然必须反映当事人的实力，也同时必须反映出当事人的局限性。

也许有些人从未犯过错误，也从未有过失误，只要是尽力去做便从未失败，但这些人是信不过的。这种人要么就是但求无过的人，要么就是安于现状的人。其实，越是优秀的人，犯的错误可能会越多——因为他们乐于尝试新事物，而多做则常多错。（摘自彼得·德鲁克《管理：任务、责任与实践》）

行动指南:

将绩效定义为"集中平均值"。为员工营造这样一种氛围，即允许他们利用自己的长处去大胆拓展，允许他们为了实现高目标成就而犯错。评估你的员工的绩效，就是要看他们是否具有"在一段相对较长的时间内就各项所分配到的工作均能产出成果的能力"。

9 月 11 日

产生影响的成果

我们该实现什么样的成果，才能让它产生一定的影响？

要回答"我应该贡献什么"，就必须先回答另一个问题，那就是"我在哪里通过什么方式能够创造出产生影响的成果？"这个问题的答案需要平衡许多件事情。创造成果是件很不容易的事情，如果用现在流行的话来讲，就是要求有"延展性"。但创造成果也并非遥不可及的东西。作为目标的成果，如果是遥不可及的东西——或者是要在最不可能出现的情况下才能实现的话，那么这样的目标算不上是"雄心壮志"，只能算是一种愚蠢罢了。同时，成果也必须是有意义的东西，应该是能够产生一定影响，还应该是可以看得到的。如果有可能，应该能够接受一定的测评。

"我应该贡献什么"的决策要平衡三个因素。首先是这样一个问题："情况要求我们做些什么？"其次是："以我的实力、创造绩效的方式以及自身的价值观和目的，我怎么才能作出最大的贡献？"最后一个要明确的问题是："怎样的成果才能够产生影响？"回答了上述三个问题，才能够得出行动的结论，即该做些什么，该从何处开始，怎样开始，该制定怎样的目标和时间期限。(摘自彼得·德鲁克《21世纪的管理挑战》)

行动指南:

为你的职位确定一个可以产生影响的成果。在你的实力基础上，你怎样才能作出最大的贡献？而后，还要为这些成果设立目标与时间期限。

9 月 12 日

自我管理： 明确长处所在

从表现尚佳发展到表现完美，比从能力欠佳发展成普通水平要容易得多。

你可以通过反馈分析法来发现自己的长处所在。具体做法是：每当作出重大决策或采取重要行动时，事先写下你所预期的结果。9 到 12 个月之后，再以实际结果与当初的预期相互比较。两到三年后，这个方法可以使你了解哪些决定和行为产生了实际成果或是超出了预期成果，并以此了解你的长处。你一旦通过反馈分析法明确了你的长处，你就可以利用这些知识来提高你的绩效与成果。你可以通过五种方式来实现。

第一，专注于你的长处；第二，加强你的长处，你可以通过掌握新的知识或是在旧有知识的基础上加以提高；第三，找出无法克服的品性，通常最糟糕最普遍的情况是指你的傲慢品性。这种人往往对自身的狭小领域外的知识嗤之以鼻，而这会导致较差的绩效成果；第四，改正不良习惯和不良品性。比如，一个人做事拖拖拉拉，可能导致合作破裂，而无法完成小组工作；第五，找出那些你所不该做的事情。(摘自彼得·德鲁克《21 世纪的管理挑战》、《自我管理》（美国 Corpedia 德鲁克网上教育培训课程））

行动指南:
通过反馈分析法来发现自己的长处所在，加强你的长处，克服那些妨碍你全面开发个人优势的不良习惯，找出那些你该做的工作，真抓实干。

9 月 13 日

自我管理：我的工作方法是什么？

那些损害你的价值观的工作成果会变得一文不值，并最终侵蚀、破坏你的优势。

就像每个人会有各自不同的长处与短处，每个人工作表现的方式也是不尽相同的。比如，有些人是通过阅读来学习，而有些人是通过倾听来学习。阅读者很少能变成成功的倾听者；反之亦然。学习风格只是构成一个人工作风格的一个因素，还必须考虑其他的因素。比如，你是在与他人合作的工作中工作表现好，还是单独工作时更能产生成果？如果你与别人共同工作成果更大，那么通常与你合作的是你的下属、同事还是你的领导？你是否需要一个可预知且结构分明的工作环境？压力是否对你的发挥有促进作用？

你还要考虑自己的个人价值是否与你的长处相吻合（至少两者之间并不存在冲突）。当你的价值观与长处发生冲突的时候，要选择你的价值观。那些损害你的价值观的工作成果会变得一文不值，并最终侵蚀、破坏你的优势。这些还只是我们必须回答的问题中的一部分。至关紧要的事情是找出自己特有的工作风格。(摘自彼得·德鲁克《21世纪的管理挑战》、《自我管理》(美国 Corpedia 德鲁克网上教育培训课程))

行动指南：

通过回答上面的问题，来明确你的工作风格。反思你的价值观，不要将你的长处定位在破坏你的价值观的领域，要找到长处与价值观的契合点。

9 月 14 日

自我管理: 我的贡献是什么?

　　成功的事业不是运气或是计划的产物。它是由那些有能力把握住与自己的长处相符的机遇的人们创造出来的。

　　当你明确了自己的长处和工作风格以后,你就可以寻求适当的机遇了。这项工作需要你利用自己的长处,与你的工作风格相适合,并与你的个人价值体系相一致。它们也可以帮助你作出适当的贡献。但你首先要决定你的贡献是什么。

　　找出自己应该作的适当的贡献,可以帮助你将知识转化成行动。你认为你应该作出什么贡献? 换言之,你可以为你的组织做什么? 回答这些问题有助于你分析机遇,从而把握住那为数不多的适当机遇。当这样的机遇出现的时候,如果适合你和你的工作方式,那么你最好抓住它们。这要求你考虑到具体情况的需要,你所潜在的最大贡献,以及你所必须创造的成果。成功的事业都是经过这样的过程创建起来的,成功的事业不是运气或是计划的产物,它是由那些有能力把握住与自己的长处、工作风格和价值相符的机遇的人们创造出来的。(摘自彼得·德鲁克《21世纪的管理挑战》、《自我管理》(美国 Corpedia 德鲁克网上教育培训课程))

　　行动指南:
　　你所寻求的机遇,就是那些能够将你的长处施展其中,并且与你的工作风格和价值观相一致的机遇。

9 月 15 日

自我管理： 工作关系

组织是建立在信任的基础上的，而信任则是建立在交流与相互理解的基础上的。

如同了解自己的长处、工作风格和价值观是非常重要的事，了解在你身边工作之人的这些特征也是同样重要的。每个人都是一个个体，而在个体之间往往存在着巨大的差异。存在差异并不重要，重要的是每个人是否都创造了绩效。只有当团队内的每个成员作为个体本身都能创造出绩效，这样，团队作为整体才能创造出绩效。若想取得这样的成果，你就必须考虑到别人的长处、别人的工作风格和价值观。

在你界定清楚了自己的长处、工作风格、价值观以及你应作出的贡献后，你还必须明确哪些人还需要清楚这些内容。那些依赖你和你所依赖的人都需要了解这些有关你工作方式的信息。交流是一种双向的过程，要你的工作伙伴去思考并界定他们自身的长处、风格和价值观念，对你来说也是一件舒适的事情。(摘自彼得·德鲁克《21世纪的管理挑战》、《自我管理》(美国 Corpedia 德鲁克网上教育培训课程))

行动指南:

工作中有些人会依靠你的付出，才能继续开展工作。列出这些人的名字，并列出他们具体需要你作的贡献是什么。同时，你也需要依靠一些同事的贡献才能开展你自己的工作，也要列出他们的名字以及你需要他们为你提供的具体贡献。确保这样两个小组中每个环节都能运转正常，当然也包括你自己。

9 月 16 日

管理你的上司

没有什么比一个成功且水平正迅速提高的上级更有益于自身的成功了。

大多数人都至少有一个上司。而对于知识型员工而言，他们还可能有越来越多的上司，他们的工作需要得到这些人的批准和认可，同时也需要依靠他们来获得支持。

要成功管理你的上司是有诀窍的。首先，就是要拿出一张纸，列出一份"上司名单"，你应该对这些人负责，你和你的工作要得到他们的认可，你要依靠他们才能开展有效的工作并有效地调动你自己的员工。其次，一年至少你要拜访名单中的每位上司一次，并询问他们："我和我的员工需要做什么才能对您的工作有所帮助？我们做什么事情会使您的工作受阻，或是让您的日子不好过？"你的工作就是促使你的每一位上司都能依照他们自己的工作方式来工作，并使每位上司都发挥出独特的个性。让你的上司感到你的工作能调动他们发挥长处，并弥补了他们的局限性与不足之处，这样他们会感到非常舒服。(摘自彼得·德鲁克《卓有成效的管理者》、"管理你的上司"(美国 Corpedia 德鲁克网上教育培训课程))

行动指南:

制定一份"上司名单"，向名单中的每一位上司提出文章里的那两个问题。

9 月 17 日

自我管理： 管理你的下半生

你该如何对待自己的下半生？

从体力的层面来看，知识型员工可以一直工作到年老，甚至超出传统的退休年龄也不足为奇。但他们也要面对着脑力耗竭的风险。通常人们所说的"筋疲力尽"，正是四十来岁的知识型员工普遍感到的烦恼，这并不见得是压力所致，而另有一个非常普遍的原因——应该说毫无例外的——是对工作的厌倦。

一个大型成功企业的最高管理者曾这样对我说："我们的工程师变得懒散不堪，你知道这是为什么呢？"于是，我与差不多12位成功能干且收入颇丰的工程人员进行了交谈。他们给我的回答大都如此："我的工作与公司的成功至关重要。我很喜欢它，这个工作我已经做了十多年了，我非常拿手也非常引以为豪。但是我现在闭着眼都能把这工作做好，工作对我已毫无挑战可言了。我只是感到厌倦，每天早上不再期待着踏入办公室的门。"然而，这些朝九晚五的上班族所给出的并不是正确的答案。这些人都是该专业领域内屈指可数的人才。他们所需要的是重新找回兴趣。一旦他们找回了兴趣，哪怕只是一点点兴趣，比如说，他们可以为高中生做一些数学或理科知识的专门辅导工作，很快他们对工作也会感到满足。(摘自彼得·德鲁克《21世纪的管理挑战》、《自我管理》(美国Corpedia 德鲁克网上教育培训课程))

行动指南：

在你的工作之外去设定目标。现在就开始去努力实现这些目标吧！

9 月 18 日

自我管理：社会的革命

自我管理是基于以下这些事实才得以展开的：员工比组织的寿命要长久，知识型员工具有流动性。

自我管理对人类来说是一种革命。它要求个人挖掘出前所未有的新特性，对知识型员工来说尤其如此。从实际效果来看，它要求每一个知识型员工都以一名首席执行官的思维去想、去行动。还要求知识型员工对于我们都认为是理所当然的思维与行动方式来个 180 度的转变。

体力工作者只需完成要求他们做的工作——要么是由任务决定，要么是由老板决定；知识型员工则要进行自我管理，因而从体力工作者向知识型员工的转变势必对社会结构产生深刻的挑战。对于任何一个现存的社会而言，即使是最具有"个人主义"思想的人，也会潜意识地将两件事视为理所当然：一个是组织比员工寿命长，一个是多数员工不会流动。自我管理是建立在完全相反的事实上的。在美国，人员的流动性是司空见惯的事情。但即使在美国，员工也比组织的寿命长——也就意味着员工需要为自己的下半生作准备，这也是一种革命性的事件，没有人作好了准备；许多现有的机制，比如说现有的退休系统，也并没有为此作好准备。(摘自彼得·德鲁克《21 世纪的管理挑战》)

行动指南：
开始思考同样可以给你带来成就感的第二职业生涯。先列出你感兴趣的领域，包括到一个非营利组织中从事志愿者的工作。

9 月 19 日

非竞争性生活

没有人能够奢望一辈子都不遇上任何严重的生活挫折，或是工作失败。

经历过竞争挑战，一大批已经取得了成功的知识型员工（无论男女）——包括商业管理者、大学教师、博物馆管理者以及医生，在他们四十来岁的时候大都安于平稳的生活。他们知道他们已经实现了他们所能实现的一切。如果工作便是他们的全部所有，那么他们就有麻烦了。因此，知识型员工需要不断开发非竞争性的生活、他们自己的社团生活并培养一些工作以外的兴趣，而且最好是当他们还比较年轻的时候就开始培养。这些外在的兴趣可以给他们在工作领域外作出个人贡献与成就提供机会。

没有人能够奢望一辈子都不遇上任何严重的生活挫折，或是工作失败。有个能干的工程师 42 岁时，错失了公司的晋升机会，便认为自己在工作上还算不上成功。但在他工作以外的领域，比如他在当地教堂做一名出纳员，取得了接连的好评与成功。此外，如果一个人家庭破裂，在外面他可能还有自己的社团生活，也会使他有一种归属感。（摘自彼得·德鲁克《21 世纪的管理挑战》、《未来社会》（美国 Corpedia 德鲁克网上教育培训课程））

行动指南:

在工作以外，你不需要面对竞争压力的领域，建立自己的兴趣。并在该兴趣领域中，找到自己归属的社团。

人事决策

山峰越高，峡谷就越深。

人的决策是一种赌博——这主要基于人所能做的事情，至少也算是一种理性的赌博。卓有成效的管理者利用员工的长处创造生产力。他根据员工所能处理的事情来安排岗位和晋升，并不是去缩小他们的缺点，而是使他们的优势最大化。人的能力越强，缺点也就越多。这就好比山峰越高，峡谷就越深。"好人"的说法不能成立，因为我们必须要搞清楚一个人"好在哪里"。人可能在某一领域非常出色，但不大可能在各个方面都创造绩效。人只能在一个领域施展才华，或至多在为数不多的几个领域中施展才华。通常管理者都是以一个人能够做好的事情作为分配基准，而后再要求他们真正去做事。

在有些领域存在缺陷是非常重要的，也是合理的。品质与团结本身并不能创造任何价值。但若是缺少了它们，工作就会有失误。在这些领域，缺点本身也就是一种资质不够的体现。(摘自彼得·德鲁克《卓有成效的管理者》)

行动指南:

当你在作人事决策的时候，一定要了解工作分配状况。挑选候选人要选择那些符合某一新工作要求的，且在这方面有长处的员工。

9 月 21 日

"寡妇制造者" 式职位

"寡妇制造者"式职位，指的是一项工作，它会使两位有才干的人栽跟头。

"寡妇制造者"是 19 世纪新英格兰轮船制造商们用来形容那些看起来一切良好，实际上却接连发生致命事故的新轮船。为了防止类似事故的再次发生，他们不是去对船的问题进行检修，而是会立即将船拆得粉碎。在组织中，"寡妇制造者"指的是一项工作，它会使两位有才干的人栽跟头。不管再来一位多么有才能的人，也往往难逃厄运。这种职位，我们只能放弃并对其进行结构重建。一个组织在经历高速增长或是急剧变革的时候，最容易出现这样的职位。我在许多组织中见到过类似现象。比如，有一个大学在短短十年间，从一个从事本科教学的机构发展成为一个大型研究性机构。就这样，两位按照原有结构非常称职出色的校长却丢了差事。类似的情况还发生在系主任的职位上，直到学校对学校结构进行彻底重组，才有人顺利填补了这些职位的空缺。

"寡妇制造者"式的工作往往是由一个一般人所没有的、兼有各种性格特质的人创造出来的，而后这个人又能在这种职位上全身而退。换言之，这类工作看起来合理，实际上却是由个人的失误而不是由实际职能造成的问题。遗憾的是，人的性格是不能改变的。（摘自彼得·德鲁克《人事决策》(美国 Corpedia 德鲁克网上教育培训课程)、《管理：任务、责任与实践》）

行动指南：

在你的组织中，找出这样的"寡妇制造者"式的职位，要么就对该职位进行调整，要么就干脆把这个职位撤销掉。

9 月 22 日

超龄的管理者

如果不能帮助公司渡过难关，不如淡出管理层。

对于步入花甲之年的老龄管理者和专业员工，公司应该制定详细的人事政策。这方面的政策应该遵循这样一个基本原则：员工 60 岁之后，就应该离开管理岗位。这一原则应该在公司内坚决贯彻执行。这一原则不仅对老龄的管理者是适用的，对公司内的每个员工也都是适用的。如果不能帮助公司渡过难关，不如淡出管理层。因为当一个管理者年老体衰之后，其决策在几年以后往往会显露出漏洞，这种情形时常发生。为此，一个超过 60 岁的管理者应该更换角色，从事那些独立完成的工作，而非"管理者"的工作；从事那些可以发挥其特长、继续专注于他的某项重要贡献，比如，从事咨询、辅导、制定标准或是解决分歧的工作，而不再从事那些"经理人"的工作。日本的公司内设有"顾问"，这一实践颇为成功。这些顾问工作很有成效，而且直到 80 岁还能继续发挥余热。(摘自彼得·德鲁克《管理前沿》)

行动指南:

给超过 60 岁的管理者制定一项离休政策。确保年岁已高的管理者不是公司内惟一的政策制定者，因为这些决策的成果往往要等到他们退休以后才能显现出来。

9 月 23 日

控制、管制与管理

事件如果有意义，那就比事件本身要重要得多。

由于技术的进步，尤其是我们能够以极快的速度来分析大量数据资料。商业机构和其他社会组织比之过去，更能设计出各种"控制"方法。我们在"控制"方面取得了如此快速的进步，对于"管制"又有些什么意义呢？具体而言，"控制"方法的极大提高，是否能帮助我们在"管理"上实现更好的"管制"？就管理者的任务而言，"控制"纯粹是为了达成目的的手段，该目的在于"管制"。如果我们控制的对象是社会组织中的"人"，那么控制必须成为行动的动机，从而实现对人的管制。我们需要一种"转换"，把控制产生的各种信息转变为行动指南。这种"转换"，我们称之为"觉察"。在社会组织中，还有另一心理层面的复杂性，即所谓的"不确定原则"。在社会机构中，我们对于事件的可能反应无法事先勾勒出来。

但是，例如"利润降低了"，这虽然是一项"管制指数"，但是却无法告诉我们是否会有"提高价格"的反应，更无法告诉我们提高价格的比例。同样，"销售额减少了"这一"管制指数"，也无法告诉我们是否会有"降低价格"的反应。事件本身可能没有意义。即便有意义，我们也不知道意义是什么。(摘自彼得·德鲁克《管理：任务、责任与实践》)

行动指南：
审视你用于管理组织的绩效评价标准。删除那些对组织的绩效没有意义的评价标准。

9月24日

控制：既非客观，也非中立

评价不仅改变了事件本身，也改变了观察者。

在和企业机构相近的社会情境下，评价既不是客观的，也不是中立的。这种情境下的评价是带有主观性质的，而且必然是带有偏见的。这种评价不仅改变了事件本身，也改变了观察者。社会情境下的各项事件，由于成为我们选定的评价对象而会受到关注，从而也产生了价值。一旦某种现象成为我们挑选出的"控制"对象，该"现象"便会受到特殊重视。在商业机构等社会组织中，"控制"既是一种"目标的设定"，也是一种"价值的界定"。它们都不是客观的，而是必然带有道德意味的。控制能够拓展我们的视野，因为它足以改变被评测的事件本身和观察者。它不仅能够赋予事件意义，而且还能赋予其价值。这表明基本的问题并非"我们应怎样控制"，而是"在控制系统内，我们的评价对象是什么"。（摘自彼得·德鲁克《管理：任务、责任与实践》）

行动指南：

请牢记："你的评价标准决定了你的所得。"因此，确保每一项绩效评价标准和组织的目标或价值相吻合。否则，你就有误导组织的危险。

9 月 25 日

控制应该注重成效

当今组织所需的是针对"外界"的综合感应器官。

任何社会机构存在的目的，无非是为了给社会、经济和个人作出贡献。因此，如果有任何成果的话，这些成果只会出现在企业的外部——体现在经济之中，体现在社会之中，体现在顾客之中。顾客是创造利润的惟一源泉。企业内部部门只会消耗成本，只是一些"成本中心"。管理的成效是具有"实业性"的成效。但是取得"外界"足够的信息委实不易，自然更难有可靠的信息。人们虽然对管理已经作了上百年的耐心分析，分析了其深层次现象、事件和数据；人们也对企业内部个人的工作与任务特质作了上百年研究。但是，种种分析和研究，都和"实业性的工作"毫无关系。应该如何记录并量化效率这一努力已非难事，倘若工程部的效率极高，但是它设计的产品都是错误的产品，那么保留这一部门又有什么意义呢？以 IBM 为例，20 世纪50 年代和 60 年代是它大举扩张的时期，不论其经营是否有效率，我敢说那都无关紧要；关键在于该公司的基本企业观念是行之有效的。

企业的"外界"，虽然是企业机构成果的源泉，却难以深入接触。大型组织的管理者最大的问题，便是他们不接触"外界"，和"外界"绝缘。为此，如今组织所需的，就是一个针对"外界"的综合感应器官。（摘自彼得·德鲁克《管理：任务、责任与实践》）

行动指南:

制定一套系统化的策略，用以收集来自外部环境的关键性信息。这些信息应该包括顾客满意度、非顾客群消费习惯、技术进展情况、竞争对手和政府相关政策等内容。

9 月 26 日

不可测度事件的控制

保持可测度事件和不可测度事件之间的平衡，是管理者将
要长期面对的核心问题。

企业和其他组织一样，很多重要的成果是无法测度的。任何有经验
的管理者都知道一家公司或企业如果无法吸引并留住人才，最后必将难
以为继。有经验的管理者也知道，这比公司全年的损益报表更为重要。
损益报表确实不能告诉我们什么，更无法量化。这绝非一份"无形"的
报表，而是"有形"的报表，只是无法测度而已。可测度的成效，如果
不经过十年八年是难以显现出来的。

保持可测度事件和不可测度事件之间的平衡，是管理者将要长期面
对的核心问题，也是一个决策者面临的重要课题。企业内部的可测度事
件，如果与一项不可测度事件所依据的假定不吻合的话，则必将误导企
业的发展。倘若如此，那么各种测度都将成为错误的信息。因此在企业
内部，我们的测度越多，则越容易发生错觉——我们会过分重视这些事
件。为此，经常容易发生的危险就是：我们会满以为自己的测度准确，
自己的控制变得更为优化了。其实不然，如果我们这样做的话，即使我
们的企业没有沦落到无法管理的境地，至少企业的控制将会变得更差，
而不是更好。(摘自彼得·德鲁克《管理：任务、责任与实践》)

行动指南：

列出影响组织目标实现的可测度及不可测度的变数。对那些可
测度的变数进行定量分析，对于那些关键性的"质"的变数加以定性
分析。

9 月 27 日

组织的终极控制

人们的行为处事都要以奖惩制度作为标准。

一个社会组织中的各项控制都有一项根本的、不可改变的限制。社会组织由"人"构成，而每个人都有其自身的目标、观点和的需要。不论一个社会组织的集中化程度有多高，也不能不顾及其成员的志向和需要；不能不允许其成员个人身份和行为的存在，同时又通过奖惩、激励和制裁等措施来进行员工管理。这类措施可以量化，例如"加薪"的方式。但是，管理制度本身并不具有"可计量的特征"，因此是无法量化的。

然而，在这里却可以真实地观察到组织的控制机制。人们的行为都要以奖惩制度为标准。对于组织成员而言，惟有如此，才能真正反映出组织的价值观，而不会被表面声称的目标和定位所蒙蔽。组织的终极控制要以人事决策机制为基础，组织的控制有违于这一终极控制，必将难以奏效；还会导致组织内部纷争不断，最终导致组织完全失控。因此，在我们设计组织的控制方案时，必须掌握并分析实际上控制着组织的"人事决策"因素。我们必须明确：在一个以"人"为成员的组织内部，隐性的、定性的奖惩制度以及其价值观和禁令是至关重要的；而带有"工具性质的董事会"，纵然其如何强有力，并且配有电脑等辅助设备，相比于前者都是次要的。(摘自彼得·德鲁克《管理：任务、责任与实践》)

行动指南:

明确组织内的奖惩机制，包括涉及员工晋升的制度。评估组织内现存的绩效评价标准。确保组织的绩效评价标准能够真正体现出奖励、晋升和惩罚的精神。

9 月 28 日

协调企业的近期和远期目标

> 管理者既要做到"近视",也要做到"远视"——其难度不亚于"特技表演"。

管理者的特定任务有二:第一,他要创造出一个整体,并令整体的功效大于部分之和;使整体成为一个生产性的实体,令其产出效益比资源投入要大。第二,他要分析每一项决策和行动,并协调企业的近期目标和远期目标。管理者必须做到两者兼顾,而不能顾此失彼。

如果管理者没有前瞻意识,不能想到"一百天以后"的事,那么也就不会有"下一个世纪"的未来。换而言之,管理者无论作出什么企业决策,必须兼顾权宜之计和长远发展。近期和远期是他考虑问题的两个时间维度。纵使他不能使两个维度的决策协调一致,至少也要在两者之间达到平衡。他也许为了保护当前的利益而牺牲未来的百年大计,那么他就必须审慎地计算这种牺牲的尺度;反之亦然。他必须力求将利益的牺牲减少到最低程度。对于这样的牺牲而引起的损害,他也必须设法尽快弥补。他在两个时间维度内生活和工作。他所肩负的责任,一方面是企业整体的绩效,另一方面是他自己所作的贡献。(摘自彼得·德鲁克《管理:任务、责任与实践》)

行动指南:

制定一套绩效评价体系,从而最大化地提升组织的财富创造能力。该体系既要包括近期和远期的评价标准,也要包括定量和定性的评价标准。

9 月 29 日

专业化误导

"我在建一座教堂。"

有这样一个古老的故事:有人分别问三位石匠他们在做什么。第一位石匠说:"我在赚钱谋生。"第二位石匠边干活边回答说:"我是在做全国最出色的石匠活儿。"第三位石匠仰望天空,目光坚定,说道:"我在建一座教堂。"只有第三位石匠才真正具备经理人的素质。第一位石匠知道自己需要什么,而且勤勉为之。他"做一天和尚,撞一天钟",但永远成不了一个经理人。第二位石匠颇值得我们研究。他所提到的"工作技艺"自然是不可或缺的。事实上,如果一个组织不能激发成员充分发挥其全部"技艺",员工的士气就会受挫。但是,如果过分强调个人技艺,就不免会有这样一种危险,即员工所做的无非是打磨石头之类无足轻重的小事,他却坚信自己从事的是什么宏图大业。在企业内部,必然要鼓励员工发挥个人技艺,但是个人技艺必须要和整体的需要相结合。(摘自彼得·德鲁克《管理:任务、责任与实践》)

行动指南:

制定一套程序,使组织内的每个员工都能明白个人贡献应该如何与企业的产品和服务相结合。

9 月 30 日

待遇结构

待遇必须要能够做到将个人稳定的认识和组织的持续性平衡起来。

员工工作就会得到薪酬，而任何薪酬体制均难免会产生"错误的指引"。无论是在企业内部还是在社会上，待遇都是人们地位高低的象征。它足以成为判断一个人价值和绩效的标准。它不免和我们所怀的"公正合理"的情绪结合在一起。金钱自然是可以量化的。但在薪酬体制中，金钱反映出的却是组织内最"无形"的、最敏感的价值和品质。因为，我们无法制定出一套既完全合理又"科学化"的薪酬制度。

无论是对个人还是对组织而言，最理想的薪酬制度必然是各项职能之间的一种"折衷"，是众人对薪酬的各种看法之间的一种"折衷"。即使是最理想的薪酬制度也存在这种"折衷"的双面性。既能够发挥其凝聚的力量，同时也存在着瓦解组织的力量；既能够给组织正确地指引方向，同时也有可能误导组织；即能够鼓励正确的行为，也有可能会引发错误的行为。为此，一套好的薪酬制度应该是简化的，而非复杂的。好的薪酬制度，应能使人对其加以判断，使个人所得与职位相吻合，而不是设计出一套复杂的模式强加到每个人身上。我们所能做的，仅仅是确保薪酬制度而不要鼓励错误的行为，不要追求错误的成果，并且不要让员工的绩效偏离共同的目标而已。（摘自彼得·德鲁克《管理：任务、责任与实践》）

行动指南：

制定一套待遇制度，该制度要能够鼓励个人发挥绩效，并且能将个人的激励因素和有益于整个组织持续性的激励因素结合起来。

十　月

10 月 1 日

追求完美

"上帝能看见!"

公元前 440 年,古希腊最伟大的雕刻家菲迪亚斯雕刻了一座雕像。距今已有 2 400 年的这座雕像,如今仍然矗立在希腊雅典的帕台农神庙顶上。当时菲迪亚斯完成雕像,索求费用时,雅典市的会计官却拒绝支付。会计官说道:"这座雕像是在神庙的顶上,而神庙又位于雅典最高的山上,我们除了看到它的正面,其他什么也看不见。我们又看不到它的背面,你怎能向我们索要正反两面费用呢?""你错了,"菲迪亚斯反驳说,"上帝能看见!"

无独有偶,当人们问我最满意自己作品中哪一本时,我会笑着答道:"下一本。"我并不是在开玩笑。我所表达的意思,即威尔第在他80 岁高龄时所说的,要以追求完美的心态来创造歌剧。我现在已经比威尔第创作《福斯塔夫》时年龄更大了,却仍然在构思并创作我的两本新书。我希望这两本书要比自己从前的任何作品都更加出色,更接近完美。(摘自彼得·德鲁克《德鲁克论亚洲》)

行动指南:
无论工作中有多少险阻,你不要动摇追求完美的执著之心。

10 月 2 日

决策目标

一项决策若想变得卓有成效，就要满足边界条件。

决策过程要求对决策要达到的目标有清楚明确的说明。决策要达到什么目的？在科学领域，称这些为"边界条件"。一项决策，若要有所成效，就必须能实现它的目标。边界条件越是清晰明确，决策有效的可能性就越大，实现其预定目标的机会就越多。相反，如果未能对边界条件作充分的阐述，那么不管决策看上去有多明智，到头来肯定是效果不佳的。

"解决这个问题，至少应该有哪些条件？"这通常就是探索边界条件的一个办法。艾尔弗雷德·P·斯隆在1922年时任通用公司总裁的时候，通常这样问自己，"如果取消部门负责人的自主权，能否满足我们的需要？"很明显，答案是否定的。他所面临问题的边界条件是要让业务部门的负责人有领导权并担负责任。这种领导权和责任几乎与总部的统一行动和统一管理同样重要。他所需要的边界条件是从机构的结构上解决问题，而不是在机构的人事问题上进行调整。就是出于这样的考虑，斯隆才使他的解决方案站住了脚。（摘自彼得·德鲁克《卓有成效的管理者》）

行动指南:

找出一个你今天正面对的问题，清楚地界定出你作出这一决策想要实现的目标是什么、需求是什么。

10 月 3 日

决策制定

管理者在决策时必须先从是非标准出发，而不能一开始就"凑合"了事。

由于考虑到最终难免需要作出妥协，管理者在决策时必须先从是非标准出发，而不能一开始就"凑合"了事。假如管理者搞不清楚什么是正确的边界条件，那么他自然也弄不清楚什么是正确的妥协、什么是错误的妥协。到头来，很可能作出错误的妥协。我在 1944 年开始搞首次大型咨询项目时就学到了这一点。该项目是要对通用汽车公司的管理结构及管理方针作一次调查研究。艾尔弗雷德·P·斯隆是当时通用公司的董事长及总经理。调查刚开始，他就把我叫到了他的办公室，对我说道："我不给你框死范围，需要研究什么、写什么、应该得出些什么结论，那都是你的事情。我的惟一指示是：把你认为正确的东西写下来，不要担心我们会有什么反应，也不必顾忌你的看法是否合我们的胃口。你只管提建议，不必为我们必须采取的妥协措施而操心。本公司的管理者个个都懂得要采取妥协措施。不过，他们都不知道如何采取'正确的'妥协措施，除非你先告诉他们什么才是'正确的'。"

每位正在考虑决策的管理者都应该把斯隆先生的这段话当作座右铭。(摘自彼得·德鲁克《卓有成效的管理者》)

行动指南:

找出这篇文字中完全能够满足你的要求的决策，并界定这一决策的成果有哪些。

10 月 4 日

正确的妥协

"半块面包总比没有面包来得好。"

由于考虑到最终难免需要作出妥协,管理者在决策时必须先从是非标准出发,而不能一开始就"凑合"了事,更不能以人来论是非。假如管理者搞不清楚什么是正确的边界条件要求,那么他自然也弄不清楚什么是正确的妥协、什么是错误的妥协,到头来,很可能做出错误的妥协。

妥协有两种不同的性质。第一种妥协就好比古谚语所说的那样:"半块面包总比没有面包来得好。"另一种妥协就像所罗门王判案①故事中所说的那样,孩子的母亲清醒地意识到:"与其要回半个死孩子,还不如将孩子送给对方为好。"在前一种妥协中,边界条件得到了满足,面包的作用是提供食物,而半块面包当然也是食物,也能起到同样的作用。然而,半个孩子就不一样了,那只是半个死尸而已。(摘自彼得·德鲁克《卓有成效的管理者》)

行动指南:

思考一下在故事中你读到的两个问题,作一个代表妥协的"半个面包"的决定,但要倾向于可以获得理想解决方案的正确方向。再去设想一个"一点儿面包也不剩"的解决方法。

---

① 《圣经·列王纪上》记载了这样一件事:一日,两妓女争一童,久执不下。所罗门王令人将童一劈为二,各与半,一女愿劈,一女不愿,宁判童与彼。王遂判童归后者。——译者

10 月 5 日

将决策转化成行动

在决策成为某个人的具体工作和责任，还没有实现之前，
决策不过是良好的愿望而已。

决策是行动的责任。只有当预期的事情顺利实现，决策才是有意义
的。有一件事情人们已经习以为常了，即采取行动的人往往不是作出决
策的人。实际上，在决策成为某个人的具体工作和责任，还没有实现之
前，根本无所谓"作决策"。在化为具体行动之前，决策不过是良好的
愿望而已。然而，不幸的是，有太多的决策只停留在愿望的层次上。

除非一开始就将所需实现的行动包括在决策之中，否则决策不会变
得卓有成效。若将决策转化为行动，必须先回答这些问题：

- 决策必须要让谁知道？
- 必须采取什么行动来贯彻落实？
- 应由谁来采取行动？
- 这一行动应该包含哪些内容，以便让执行决策的人可有所遵循？

决策行动也必须与执行决策者的能力相适应。这一点对于那些需要
改变自己的行为、习惯和态度才能使决策产生成效的执行者，就显得更
加重要了。(摘自彼得·德鲁克《卓有成效的管理者》、《决策制定的因素》(美国
Corpedia 德鲁克网上教育培训课程))

行动指南：

思考一下你所制定的决策：该决策必须要让谁知道？必须采取什
么行动来贯彻落实？应由谁来采取行动？这一行动应该包含哪些内
容，以便让执行决策的人有所遵循？

10 月 6 日

不同看法的管理

卓有成效的决策制定者懂得管理不同看法。

管理者所制定的决策，如果是众口一词的决策，通常不一定是好的决策。好的决策，惟有靠冲突意见的碰撞，惟有靠不同观点的交锋，惟有靠不同判断的抉择，才能建立起来。因此，决策的第一条规则便是：没有反对的意见，便没有好的决策。

据说艾尔弗雷德·P·斯隆在通用公司的一次高层管理会议中这样讲道："诸位，在这个问题上我认为我们已经达成完全共识了。"在座各位都点头称是。"那么，"斯隆接着说，"我宣布散会了，这个问题还是留待下次会议再继续讨论吧，我希望到时有人能提出不同意见来，那样我们才能对我们的决策有更深入更全面的理解。"我们需要不同的看法，不外有三个理由。第一个理由，它确保了决策制定者不至于成为组织的奴隶。组织中的每个人都有自己特定的主张，并总是希望——他们的希望往往也是忠于组织利害的希望，组织能够采纳对他有利的决策。第二个理由，不同看法可以为决策提供不同的选择方案。一项没有备选方案的决策，就成了绝望赌徒手中的骰子，不管你多么仔细地猜测，恐也太难把握结果。最后一个理由是，不同看法往往能够激发人的想像力。(摘自彼得·德鲁克《管理：任务、责任与实践》)

行动指南：
你可以通过将持有不同意见的员工汇聚到决策小组中来，对决策的不同看法进行讨论。作出选择的依据是"什么是正确的"，而不是"谁是正确的"。

10 月 7 日

决策过程的要素

忽视过程中的某一个因素，决策就会站不住脚；这就好比地震时，搭建不牢的墙容易倒塌一样。

好的决策制定者都了解，制定决策是要有一个过程的，有其清晰界定的要素和步骤。决策都是有风险的，因为进行决策就是将现有的资源分配到未知而又充满不确定性的未来当中去。但如果我们切实遵循决策的过程，并采取了必要的步骤，风险便可以最小化，该决策也很有把握可以取得成功。好的决策制定者应该：

- 了解进行决策的时机；

- 了解决策最为重要的部分是什么，从而确保决策是对问题对症下药；

- 了解如何界定问题；

- 在弄清楚究竟什么是正确的决策后，才会去考虑该决策是否能够接受；

- 了解在最可能出现的情况下，到了最后往往存在妥协；

- 了解只有具备可实施性和有效性的决策，才是真正该作出的决策。(摘自彼得·德鲁克《卓有成效的管理者》、《决策制定的因素》(美国 Corpedia 德鲁克网上教育培训课程))

行动指南：

找到你现在正面对的某个困境。问题出在哪里？找到答案后，全面正确地分析这个问题，而后再采取制定决策的步骤。

决策是必要的吗？

好的外科医生不会做没有必要的手术；人不会作不必要的决策。

没有必要的决策不仅是对时间和资源的浪费，它们还可能使所有的决策变得毫无成效。所以对你来说，区分必要和不必要的决策是很重要的事情。外科医生或许提供了有效决策的最好例子，他们每天都要作出颇具风险性的决策，这自外科创始之日起已经有千年的历史了。由于世上没有毫无风险的外科手术，所以外科医生决不会去做没有必要的手术。医生用来制定决策的原则主要有：

第一个原则：如果病人可以不承担任何风险、危险或是痛苦，就能够自愈或是使自己的病情稳定，你只需要花些时间，定期对他进行检查就行了。你不必开刀。在这种情况下动手术，显然属于不必要的决策。

第二个原则：如果情况正在恶化，且可能危及生命，你可以采取一些行动，那么你就应该采取行动——尽快开刀且动作迅速。尽管存在风险，但手术是必要的。

第三个原则：这是介乎于两者之间的情况，而且是最多见的情况。这类情况不会恶化也不会危及生命；但也不会自愈，可以说还是相当严重的。在这种情况下，外科医生就要权衡机遇与风险。而这一决策也正是区别一流的外科医生和平庸医生的关键点。(摘自彼得·德鲁克《卓有成效的管理者》、《决策制定的因素》(美国 Corpedia 德鲁克网上教育培训课程))

行动指南：

列出你正在面对的三个问题。将三个问题分类归在上述三条原则下面，避免作出不必要的决策。

10月9日

将问题分类

到目前为止，最常见的错误就是将一个可能引发其他后果的情形只当作是一系列与众不同的特别事件。

管理者往往会碰到四种类型的问题：

(1) 对组织和行业都是非常常见的一般性事件；

(2) 对组织来说是特别的事件，对行业仍是常见的一般性事件；

(3) 真正特殊的事件；

(4) 事件虽显特殊，但也只是一般性事件的征兆而已。

除了第三类真正特殊的事件以外，所有的事件都要求采用一般性的解决方案。一般问题就用标准的规则和操作方法来解决。一旦找到了正确的原则，所有类似一般性事件便都可以通过采用这种标准原则来解决。管理者所必须做的就是，将这一原则应用到具体问题的具体状况中去。然而，特殊事件则要求特别的解决方法，每个问题还必须个别对待。真正特别的事件是很少见的，实际上许多人已经几乎解决了组织面对过的所有问题，只需再找出各种标准的规则和操作方法，用它们去解决大多数类型的问题就可以了。(摘自彼得·德鲁克《卓有成效的管理者》、《决策制定的因素》(美国 Corpedia 德鲁克网上教育培训课程))

行动指南：

找出一个你正面对的有普遍解决方案的问题。解决办法是什么？再找出一个同样是你正面对的需要有特殊方案解决的问题。通过形成有效决策的规则，来找出特殊的解决办法。

10 月 10 日

界定问题： 实例

由错误的问题得出正确的答案，那是很难处理的。

给问题下定义是有效决策中最为重要的因素，但这也往往是管理者较少留意的环节。作为一种规则，当一个问题得出了错误答案，人们往往对错误答案做一定修改，但仍设法保留。但若是对一个错误的问题给出了正确的答案则很难处理，主要是由于这种情况很难判断清楚。

美国一家最大的制造公司的管理层总是以自己的安全记录为荣。因为在该行业中，该公司的每千名员工的事故率是最低的；即使以世界制造业标准来看，它的记录也是非常低的。然而它的工会却还是经常抨击它可怕的事故率，美国职业安全与健康局（OSHA）也经常对此提出批评。这家公司认为这是一个公关问题，于是投入大笔资金去为自己那近乎完美的安全记录做广告。但工会的抨击并没有减少。公司将全部事故都合计起来，仍然没有找到公司哪里存在着非常高的事故率。但当公司将事故进行分类，立刻发现在几个类别之下，大概有百分之三的部门的事故率超出平均值。还有几个部门有着高事故率。公司所收到的投诉大都是来自这些部门的。也就是说，发生在这些部门内的事故多被记录在案，也写进了 OSHA 的报告当中。（摘自彼得·德鲁克《卓有成效的管理者》、《决策制定的因素》（美国 Corpedia 德鲁克网上教育培训课程））

行动指南：

在你的组织中，你或者是你的同事是否在对错误的问题给出正确的答案，你是否可以采取什么不同的措施来确保问题得到较好的解决？

10 月 11 日

界定问题：原则

> 如果一个问题的定义并不能解释并包含所有可观察到的事实，这个定义就是不完整的，甚至是错误的。

有效的决策制定者怎样才能明确正确的问题是什么？他们要回答这些问题：

- 这是关于什么的问题？
- 这与什么相关？
- 这一情况的关键是什么？

这些问题并不是新问题，但在对问题进行界定中的作用是至关紧要的。考虑问题必须从多个角度，这样才能确保恰当的问题得到良好的解决。检验问题是否得到了正确界定的一种方式，就是将问题的解决方案与可以观察到的事实相比照。如果一个问题的定义并不能解释或包含所有可观察到的事实，这个定义就是不完整的，甚至是错误的。而当我们正确地定义了问题，决策本身也就变得相当容易了。（摘自彼得·德鲁克《卓有成效的管理者》、《决策制定的因素》（美国 Corpedia 德鲁克网上教育培训课程））

行动指南：
制造公司将自身的问题界定为公共关系的问题。说这一界定有错误，是因为它忽略了些什么"事实"？

10 月 12 日

让别人乐意接受的决策

如果等到你作出了决策才开始想要将它"推销"出去，这些决策不大可能成为卓有成效的决策。

除非组织"买下了"某项决策，否则这一决策仍然是毫无成效的，只能是良好愿望罢了。一项决策若想要有所成效，在决策制定过程刚一开始时，就要考虑该决策是否具有"可卖性"。这也是从日本式管理中得到的启示。从决策制定开始运转到得出最终决策之前，日本式管理已经卖出了它的决策。

凡是会受到决策影响的人，比如说为了与一个西方公司建立一个联合企业，或是为了获得潜在美国分销商的少数股权，这些人都需要记录下决策是如何对他们的工作、职业或是单位产生影响的。很显然，他并不能参与到对下一步可能的行动发表意见、建议或是反对的程序中，但他们仍然应该思考一下这些问题。这样，高层管理者也就更能了解这些人是站在怎样的立场上的。高层管理的决策都是自上而下的，在日本组织中，我们看不到所谓的"参与型管理"，但所有将会受到该决策影响的人都非常了解决策的全部内容——不论他对某一决策是喜欢还是不喜欢，他都会为决策的施行作好准备。这样，组织不需去"推销"某项决策，决策已经被人们接受了。(摘自彼得·德鲁克《管理：任务、责任与实践》、《决策制定的因素》(美国 Corpedia 德鲁克网上教育培训课程))

行动指南：

一项决策的施行需要许多人的参与，要将这些人融入到决策制定的过程中来。之后，根据这些人的贡献多少，来决定由谁来将这一决策有效地实行下去。

10 月 13 日

成果检验决策

"可怜的艾克……现在……他若再发号施令，贯彻起来恐怕就不会再像在军队里那么顺当了。"

决策时要充分利用反馈信息，以便能够根据实际情况不断地验证决策的预期目标是否合适。决策是由人作出的，而人难免会犯错。再了不起的决策也不可能永远是正确的。就是最英明的决策也很可能会有毛病，最有效的决策总有一天也是会被淘汰的。

德怀特·艾森豪威尔当选总统时，他的前任哈里·S·杜鲁门曾说道："可怜的艾克，他在当将军的时候，一道命令下去，贯彻起来畅行无阻。现在他得坐在这间大办公室里了，他若再发号施令，贯彻起来恐怕就不会再像在军队里那么顺当了。"出现这种现象，并不是说将军的权力要比总统的大，而是因为他对军队机构早已了解：如果不去核查命令落实的情况，那么大多数命令都会落空的。他们早就知道，亲自下去看一看，这是取得反馈信息的惟一可靠的办法。而提交报告的办法——这也是总统想要了解情况的惟一手段，帮不了太多的忙。(摘自彼得·德鲁克《卓有成效的管理者》)

行动指南:

你要确保自己能走出去到实地考察一番，得到现场反馈。这样才能找出决策是否实现了它预期的成果，才能找出是否有必要再制定其他的决策。

10 月 14 日

决策制定中的持续学习

如果能学会把决策的实际成效和预期成果进行反馈分析，
那么任何一个资质普通的管理者都能成为出色的决策者。

没有什么比在管理者的工作中植入持续学习的要素更为重要了。这种
持续学习的方法就是把实际的成效和预期结果进行反馈分析，并将反馈信
息融入决策制定的过程中。每当管理者作出重要决定的时候，他都应将预
期发生结果的内容和时间付诸笔端。9 个月或 1 年以后，管理者应该把实
际成效和预期成果进行比对，而且只要该决定正处于贯彻执行过程中，就
应该坚持使用这种反馈分析法。例如，一家公司对另一家公司实行收购
后，管理者要在 2 年到 5 年之中，将收购后的实际成效和预期成果进行反
复比较，因为必须经过几年时间，并购企业的整合效果才会显现。

我们通过这种方法，学到的知识之多、学习的速度之快，都令人啧
啧称奇。2 400年前，希腊的医学之父希波克拉底就已经精辟地概括了
行医之道：给病人开出药方后，把预测的治疗效果记录下来，并将自己
的预测和病情的实际情况进行比较。每一位有经验的医生都会告诉你，
只要能做到上述这点，几年后，任何一个资质普通的医生都能成为出色
的大夫。(摘自彼得·德鲁克《卓有成效的管理者》、《决策制定的因素》（美国
Corpedia 德鲁克网上教育培训课程)）

行动指南:

当你作出重大决策的时候，一定不要忘记写下对未来发展趋势
的预测。当时机成熟的时候，把实际结果和预测进行比较，并从中汲
取经验。你还要把学到的经验利用到今后的决策制定过程中去。

10 月 15 日

决策责任的分配

管理者应该站得足够"高"，才能有权制定决策；同时，他也必须要站得足够"低"，这样才能够获得决策的详细资料。

任何企业的决策，大致都有以下四个基本特性：

第一，任何决策都有某种程度的"前瞻性"。换言之，决策能够指引企业走向多远的未来？

第二，任何决策都会带来冲击。它会对其他职能产生冲击，对其他领域产生冲击，对整个企业产生冲击。

第三，决策的性质取决于融入其中的一系列"质"的因素。这些因素包括：行为的基本准则、伦理价值、社会和政治信念等。

第四，决策还有另一种分类方法，即决策究竟是一种周期性的，还是一种偶然性的（即便它算不上是罕见的）。

任何一项决策，都应该尽可能交由"最底层"或"最接近事件发生现场"的管理者来决定。但是，作出决策的管理者的层次也必须是能够统揽全局，要兼顾到所有可能受影响的活动和目标。这里所说的第一条准则提示决策权最低"应该"下放到什么层次。第二条准则提示决策权最低"能够"下放到什么层次，并且还告诉我们哪些管理者必须参与决策、哪些管理者必须知情。这两条准则综合在一起，就告诉我们决策责任应该如何分配。(摘自彼得·德鲁克《管理：任务、责任与实践》)

行动指南：

决策尽可能交由"最接近现场"的管理者决定。一项决策越是能够长期指引企业的发展方向，对企业其他功能的影响就越大，所涉及"质"的因素就越多。决策在企业中出现的频率越高，重要性就越突出。

10 月 16 日

社会的合法权力

除非社会中的决定性权力是合法的，否则这样的社会无法正常运转。

合法的权力正是源于对人的本质和终极成就的基本信念，这一信念乃是个人的社会地位和社会功能的基础。事实上，合法的权力可以定义为以社会的基本精神为正当理由的统治权。在每一个社会中，许多权力都和这一原则没有任何关系，许多制度也都不是为了实现这一原则而专门建立的。换而言之，在一个自由的社会中，总有许多不自由的制度，总有许多的不平等。圣人也会有错。但是，只要我们称之为"统治权"的社会决定性权力，是建立在自由、平等或高尚的道德基础之上，是通过为实现这些目的而建立的制度来行使的，社会就能正常运转，成为一个自由、平等和高尚的社会。原因就在于其制度性结构是一个权力合法的结构。(摘自彼得·德鲁克《工业人的未来》)

行动指南:
试想伊拉克在推翻萨达姆政权之后，应该如何建构合法的社会权力呢？哪些"不自由"的制度可能还会延续呢？在建构起合法的社会权力以后，哪些不平等还会继续存在呢？

10 月 17 日

社会的良心

宗教除非放弃自己的精神王国，否则无法接受任何社会。

《经济人的终结》一书最后得出了这样的结论：教会终究无法成为欧洲社会和欧洲政治的基石。它们注定要失败，尽管失败并非出于当时人们容易忽视的那些理由。宗教诚然可以给处在绝望以及现实世界的苦痛中的个人提供终极的精神皈依，但它却无法让所有民众摆脱绝望的梦魇。这一论断恐怕现在依然成立。西方人，事实上应该说是所有人，都未拿定主意和这个世俗的世界挥手告别。实际上，如果人们还期待任何拯救的话，他们依然寄希望于"世俗的拯救"。对于教会，尤其是基督教会而言，它们能够（而且应该）传播"社会福音"，但是它们不能够（也不应该）用政治来替代"上帝的慈悲"，或用社会科学来代替"救赎"。在任何社会中，宗教都具有极强的批判性，除非它能放弃自己的精神王国，否则无法接受任何社会，甚至任何社会制度。因为宗教的精神王国，是凡人的灵魂和上帝对话的精神家园。为此，宗教存在着两重性：一方面它是社会良心的维护者，具有无穷的力量；另一方面它成为政治和社会加以利用的力量，故也存在着致命的缺陷。(摘自彼得·德鲁克《经济人的终结》)

行动指南:

宗教应该富有社会批判性，而不应该成为一种政治力量。美国当前教会的地位和这一原则是否吻合呢？

10 月 18 日

资本主义存在的合理性

作为一种社会秩序和一种信仰的资本主义，表达了这样的信念：在自由和平等的社会中，"经济成就"是促使人们享有自由和平等的主导力量。

资本主义表达了这样一种信念：只有让私人利润成为社会行为的最高评价标准，才能建立起自由和平等的社会。当然，"利润动机"并非资本主义的首创，无论是在什么社会秩序下，它一直都是而且将始终都是个人行为的主要动机之一。但资本主义是第一个，也是惟一正面肯定利润动机的社会制度。它认为，这一动机是社会自动实现自由和理想的手段。而以往所有其他的社会信仰则都认为利润动机对社会是有破坏性的，或至少是没有益处的。

因此，资本主义赋予经济领域以独立和自主，这就意味着经济活动不应当从属于非经济的考虑，而应该具有更高的地位。所有的社会力量都应该致力于取得更高的经济成就，因为经济进步承载在社会太平的承诺上。这就是资本主义。如果没有这种社会目的，它就没有意义，也就没有存在的合理性。(摘自彼得·德鲁克《经济人的终结》)

行动指南:

美国人创造了巨大的经济成就，但是美国社会并没有出现太平盛世的局面。我们应该给经济活动加以何种限制，从而能将它对社会自由和平等的威胁降低到最低程度呢？

10 月 19 日

超越资本主义

我认为高层管理者中饱私囊却频频解雇员工的做法，无论
是从社会角度还是从道义角度来判断，都是无法宽恕的。

我赞同自由市场机制。尽管有时它也会失灵，但是除此以外没有其
他机制能更奏效。但是对于将资本主义确立为一种社会制度，我心中却
颇存疑虑，因为资本主义往往将经济活动视为生活的惟一要义。事实
上，它只是生活的一个层面，而非全部。例如，我经常告诫经理人：
"如果公司内最高和最低工资的差距达到 20 比 1，这已经临近警戒线了。
倘若这种悬殊的差距进一步拉大，那么只会造成员工对公司的不满，并
造成员工士气受挫，那么公司必然会遭到重创。"

如今，我认为高层管理者自己中饱私囊却频频解雇员工的做法，无
论是从社会角度还是从道义角度来判断，都是无法宽恕的。这势必会造
成中层管理者和普通员工的不满情绪，而这种不满情绪的巨大代价就得
由社会来担负。简而言之，资本主义的经济衡量标准并没有充分考虑到
一个人全方位的需求。如果这样一种"短视"的制度占据了生活的方方
面面，对于任何社会而言都是有害的。(摘自彼得·德鲁克《未来社会的管理》)

行动指南:

你所在组织的高层管理者是否有中饱私囊，却大量裁员的做法
呢？如果有，列举出这种做法在哪些方面造成了员工的不满，并造成
了士气受挫的后果。

10 月 20 日

利润动机的效率

利润动机本身就能给人带来极大的满足，而无须借助其他外在途径。

惟一相关并且有意义的问题就是：当今社会，利润动机是否是实现权力追求效率最高的渠道。我们可以断言，在现存的渠道之中，利润动机的社会效率如果算不上是最高的，至少也是非常高的。其他已知的实现权力追求的渠道都会给野心勃勃的权力追求者带来满足感，但是这种满足感却是建立在他得到直接的权力并且将人踩在脚下的基础之上的。利润动机本身就能给人带来极大的满足，而无须借助其他外在途径。(摘自彼得·德鲁克《公司的概念》)

行动指南:
请记住：对财产的支配权相比于对人的支配权，给社会造成的危害要小。

10 月 21 日

巨型国家

　　政府的身份已不再是政策的制定者、推动者、承保人和出资人。它已经成为执行者和管理者。

　　在帝国和超国家存在的几个世纪中，民族国家是惟一存在的政治现实，但是它本身在过去一百多年里也发生了深刻的变革。从民族国家到巨型国家的转变始于 19 世纪的最后几十年。在 19 世纪 80 年代，当时的德国首相俾斯麦创立了福利国家，这是向巨型国家转变迈出的一小步。第二次世界大战以后，迅速出现了很多社会计划。例如，英国的国民医疗保健制度是第一项（除了极权国家以外）使政府的作用超出了承保人或提供者的范畴。在该制度下的医院和医疗保健事业由政府接管。医院的工作人员成为政府的雇员，而医院实际上由政府来实施管理。

　　到了 1960 年，政府是解决所有社会问题、完成所有社会任务的最恰当的执行者，这一观点已经成为当时所有西方发达国家公认的信条。

(摘自彼得·德鲁克《后资本主义社会》)

　　行动指南:

　　你可以上网搜索那些评价英国国民医疗保健制度服务水平的报道。以此为例，并借助其他所了解的例子，对政府作为医疗卫生事业提供者的效率进行评价，并把评价的结果和非营利组织以及盈利组织的服务效率进行比较。

10 月 22 日

政府的目的

每个政府都是"图表政府"。

政府不是一个好的管理者,出于需要,它必须要考虑程序性的问题,因而它也难免大而笨重。政府也要适度地注意到这样的事实:它所花的钱都是公众的钱,所以每笔钱都要有所交代。政府除了"官僚化"外,没有别的选择了。至于政府是"法治"的政府,还是"人治"的政府,显然是个值得讨论的问题。但每个政府按照定义来说,就是"图表政府",这意味着较高的成本是不可避免的。

但是政府的目的就是要作基本的决策,而且还要有效率地作出决策。政府的目的是要集中社会的政治力量,它要强调论争点,它要陈述出主要的选择。换而言之,政府的目的是要治理。这一点,我们可以从其他的机构看出来,是和"做事"不相容的。任何要把"治理"和"做事"进行大规模合并的企图,都会造成决策能力的瘫痪。较小规模下的企业必须要直面现代政府所面临的问题:"治理"和"做事"两不相容。企业管理明白这两件事是必须分开的,而最高机构,也就是作决策的人,必须要和"做事"分开。否则决策人作不了决定,而做事的也做不了多少事。这种现象,在企业管理中,我们称之为"分散化"。(摘自彼得·德鲁克《不连续性时代》)

行动指南:
设想一个美国政府进展不顺利的社会项目,在同样的社会领域,看看是否存在着某些非营利组织比政府处理得好的典型例子?(比如说,在吸毒、青少年早孕之类的领域。)怎样才能鼓励这些非营利组织拓展他们的服务?

10 月 23 日

政府分散化

重新私有化，可以恢复政府疲弱无力的实力及其创造绩效的能力。

"分散化"应用于政府，不仅是"联邦制度"的另一种形式，即由地方政府而不是由中央政府来执行任务。它应是一个有系统的政策，要运用其他在团体组织社会中的非政府机构，来真正地"做事"，即让它们来表现、管理和执行。

政府在开始时应这样问："这些机构如何工作，他们能做什么？"然后再问："如何可以形成并组织政治和社会的目的，而使它们成为这些机构表现的机会？"它还要问："这些机构的能力和技能，对于政府来说有什么完成政治目标的机会？"重新私有化并不会削弱政府，实际上，它的主要目的就是恢复政府疲弱的实力及其创造绩效的能力。我们不能再继续沿用政府过去行事的方式了。从这种方式中，我们所能得到的只有官僚政治和空白的绩效。(摘自彼得·德鲁克《不连续性时代》)

行动指南:

起草一份法案，将社会规划转化为你和你的组织可以加以利用的机遇。向你的议员提出建议，并帮助他们看到将这一建议转化成法律事实的政治好处。

10 月 24 日

强有力的政府

政府要成为"指挥家"，努力弄清楚每一件乐器最适宜演奏哪种乐曲。

正如卡尔·马克思所说的："我们不要面对着'逐渐萎缩的政府'。"相反的，我们需要的是一个精力充沛、强大又活跃的政府。但我们的确面对着这样的选择：是选择大而无能的政府，还是要一个精干的政府，因为它只管决策和指挥而把"做事"交给别人。我们面对的不是"恢复放任主义"而听任经济自然发展。在一切重要的范围中，在这团体组织的多元性社会中，我们有了新的选择：一种组织的不同，其中的机构都习惯了做他们所最适宜的工作。

政府要研究如何去构建一个既定的政治目标，以便对某个自治机构而言更具吸引力。这正如我们称赞一位作曲家，是因为他创作出"可演奏"的乐谱，恰能表现出圆号、小提琴或是长笛与众不同的风格；我们也可以称赞立法者，因他能设计某种工作，使它最适合于多元化社会中的这一个或那一个自治自发的私人机构。（摘自彼得·德鲁克《不连续性时代》）

行动指南：

若你发现立法者构建了由非政府机构进行管理的政府项目，而这些非政府机构具备解决政府机构要么不具备、要么处理能力有限的许多社会问题的能力，那么，你就给报社编辑写信，予以表扬。

10 月 25 日

国际层面上的政府

在对外援助中，最好的做法可能莫过于保护环境了。

在国际层面上，我们需要强大高效的政府。我们牺牲主权利益就是为了得到能为世界社会和世界经济工作的超国家的结构。

如今，环境保护需要国际生态法。我们也可以把污染制造者"隔离"起来，并且在国际贸易中，对那些会严重污染或破坏人类生活环境（例如污染海洋、产生温室效应或者破坏臭氧层）的产品予以禁运。有人会指责说，这是"对国家主权的干涉"，情况的确是如此。如果要实行这种方法，那么富裕国家可能不得不对贫穷的发展中国家的高昂环境保护费用提供补偿，比如补偿建设污水处理厂的费用。其实，在对外援助中，最好的做法可能莫过于保护环境了；环境保护可能会比发展援助取得更好的效果。(摘自彼得·德鲁克《不连续性时代》、《新现实》)

行动指南:
支持用于保护环境的对外援助。

10 月 26 日

需要强大的工会

工会要想再次成为一个有活力的、高效的、合法的机构，它必须进行彻底的变革。

在发达国家中，劳工运动的真正力量来源于道义：它追求成为现代世俗社会的政治良心。

不论一个组织归谁所有，也不论该组织是一个企业、政府机关还是医院，其管理层必须拥有足够的权力。这种权力植根于企业的需要之中，并且建立在个人能力的基础之上。正如美国宪法的起草人所知道的那样，权力之间是需要相互制约来达到平衡的。现代化的社会是一个组织化的社会，每一个组织都需要工会这样强有力的机构。近几年出现的事件[①]恰恰证明了这点。否则，就会出现不受控制、无法控制的政府官僚主义。但是，工会要想再次成为一个有活力的、高效的、合法的机构，它必须进行彻底的变革；否则，工会将会变得毫无作用。（摘自彼得·德鲁克《管理前沿》）

行动指南:

致信给当地的工会成员，让他们向工会的领导呼吁：当今的社会已经进入了"知识社会"。在这样的社会中，制造业的总产值会继续增长，但是制造业的从业人口却会持续减少。工会成员要督促工会领导帮助员工进行再培训，使之成为技术工人，并减少对"外包"策略的抵触情绪。

[①]　此处主要指的是波兰事件。——译者

10 月 27 日

知识型员工的政治整合

如果用一个杜撰的词语来描述，知识型员工是一个"单一阶级"。

新出现的大多数人，即"知识型员工"，不归属于以往界定的任何利益群体。他们不是农民，不是体力工人，也不是企业家；他们是组织的雇员。他们不是"无产者"，因此也没有遭到阶级压迫剥削的感觉。如果将他们视为整体，他们是拥有养老基金的"资本家"——他们中的很多人就是"老板"，而且有自己的"部下"。但他们也有自己的上司。他们不是中产阶级。如果用一个杜撰的词语来描述，知识型员工是一个"单一阶级"，尽管他们之间的收入水平可能不在一个层面上。无论他们是为公司、医院还是大学工作，这对他们的社会地位毫无影响。对于他们而言，辞去一家公司的会计工作，而到一家医院从事会计工作，他们的社会或经济地位并没有改变，改变的只有工作而已。

这种地位并不能反映什么具体的经济或社会文化。迄今为止，并没有适用于所有知识型员工的政治概念和政治整合标准。(摘自彼得·德鲁克《新现实》)

行动指南:

无论是从旧的还是从新的定义来判断，知识型员工都是"资本家"。你有没有见到过为这些新兴资本家谋求利益的政党呢？

10 月 28 日

公司也是一个政治机构

在对待组织首要任务之外的公司相关群体时，经理人必须要有政治考虑。

在执行组织的首要任务时，所遵循的法则就是"最优化"。无论这个组织是以货物和服务为核心任务的公司，或是以医疗保健为核心任务的医院，还是以研究和高等教育为核心任务的大学，概莫能外。在这一法则的指导下，经理人决策的依据并非"什么是对的"，而是"什么是可以接受的"。但是，在对待公司以外的相关群体，超越首要任务这一狭小的界定范围时，公司的经理人必须要有政治考虑。经理人要认识到为了避免公司外相关群体动用否决权，必须要满足他们的最低要求。经理人不可能是政治家；同样，他们也不能作出牺牲公司利益的决策。但是，经理人也不能只考虑实现组织内部首要任务的最优化。在持续性的决策过程中，经理人要学会将两种方式综合起来。公司固然是一个经济组织，但是它也是一个政治组织。

为此，经理人必须仔细考虑哪些公司外相关群体具有否决和阻碍决策通过的能力，他们最低的期望和要求又是什么。(摘自彼得·德鲁克《成功运转的社会》)

行动指南:

列举出你公司外的相关群体。接下来，你应该制订周密的计划，做到既要能够使顾客的需求最优化，又能同时兼顾所有相关群体的最低需求。

10 月 29 日

将良好意愿转化为成效

"把布鲁克林大桥卖了，要比把它送出去容易得多。"

非营利组织并非仅仅是提供服务而已，它希望自己的最终用户不是一个"使用者"，而是一个"行动者"。它通过服务来促使人发生变化。它希望自己成为一个"接受者"，而非仅仅是一个"提供者"。

过去，非营利组织往往认为自己并不需要市场营销。但是，正如19世纪一个出名的骗子所说的那样："把布鲁克林大桥①卖了，要比把它送出去容易得多。"没有人相信天下会有免费的午餐。最富有善心的服务项目也需要市场营销，但是非营利组织的营销和普通组织的销售截然不同。它更注重从接受者的角度来看待提供的服务。你必须要明确推销什么，推销给谁，以及推销的最佳时机。(摘自彼得·德鲁克《非营利组织管理》)

行动指南:

救世军的使命是扶贫济困。从受援者的角度而言，他们又会怎样看待这一使命呢？救世军应该对自己的服务采取何种营销策略呢？

---

① 布鲁克林大桥是横跨美国纽约曼哈顿岛与布鲁克林区的大桥。在美国，"sell the Brooklyn Bridge"是常用的俚语，表示"带有欺骗性质的营销策略"。——译者

10 月 30 日

非营利组织的资金发展

筹集资金就好像是四处化缘。

非营利组织必须要制定自己的资金发展策略。非营利组织的资金来源方式也许正是它与企业和政府之间的最大区别。企业通过向顾客销售产品或服务来筹集资金；政府通过征税来获取财政收入。非营利组织却不得不从捐赠人那里取得资金。非营利组织的资金来源，至少很大一部分来自那些愿意参与合作但自己并非受益人的捐赠者。

如果非营利组织身处筹资的困境，那么它也就陷入了危机四伏、定位不明的危险处境。非营利组织筹资策略的目标正是要确保其完成自身使命，并且不要让使命屈从于筹资的需要。这也是现在很多为非营利组织工作的人士用"发展资金"来代替"筹集资金"的缘由。"发展资金"的目标是要网罗出一个赞同组织宗旨并从资金上支持组织的群体。它意味着创造出一种通过"给予"来实现"参与"的会员制度。(摘自彼得·德鲁克《非营利组织管理》)

行动指南:

如果非营利组织身处筹资的困境，那么它也就陷入了危机四伏、定位不明的危险处境。在你所接触过的非营利组织中，是否存在着这种情况呢？

10 月 31 日

非营利组织卓有成效的董事会

对董事会成员而言，重要的并非权力，而是责任。

为了使工作更有成效，非营利组织需要一个强有力的董事会，一个能履行其职责的董事会。董事会不仅要协同制定组织的使命，而且要确保组织完成使命。董事会要确保为组织配备一个富有能力的管理层、一个合适的管理层。董事会是组织绩效的评估者，也是组织资金的主要筹集者。

在非营利组织董事会的大门口，应该悬挂这样一块匾额，上面用遒劲的大字写道："对董事会成员而言，重要的并非权力，而是责任。"董事会成员的责任不仅是对组织而言的，也是对董事会自身而言的，而且也是对组织的员工和使命而言的。一个常见的问题就是董事会成员间的不团结。每当出现问题的时候，董事们就会争执不休，分歧严重。因为在非营利组织内部，使命确实是而且应该是极其重要的，这一点比其他类型的组织更加明显。因此，非营利组织董事会的作用就显得更为重要，又更容易引发争论了。在这一点上，董事长和首席执行官之间的配合显得至关重要。(摘自彼得·德鲁克《非营利组织管理》)

行动指南：

你是否曾在非营利组织任职呢？如果有过这样的经历，你所在非营利组织的董事会是否帮助组织实现了其使命呢？组织在完成使命的过程中，董事会是否发生了意见分歧并且行动受挫呢？

十一月

11 月 1 日

组织的灵活性

跳蚤跳跃的高度可以是自己身高的数倍，而大象则不能。

　　大的组织不可能时常改变。一个大的团体组织之所以能有所成效，是凭它的超大规模而不是凭它的灵活性。大的规模使一个团体组织可以利用多种知识和技巧来工作，而任何个人或小团体只能通过合并才可能做到。但是大的组织也有它的局限性。一个团体机构，无论它愿意做什么，在同一时候只能完成少数的任务。这不是更优越的组织或是能"有效的交流"的组织能够解决的，团体组织的法则就是集中力。

　　然而现代的团体组织，必须要能够改变。事实上它必须要学会改变，也就是创新。它必须要能把稀有而昂贵的知识资源，从生产力低而无结果的领域转移到能有所成就、有所贡献的机遇当中。然而，这还需要有能力来停止一切浪费资源的工作。(摘自彼得·德鲁克《不连续性时代》)

　　行动指南：

　　你的大型组织正在处理的少量工作是什么？是否是适当的工作？如果不是，那么停下这些工作，去集中精力处理更有意义的工作吧。

11 月 2 日

商业情报系统

错误假设的后果是灾难性的。

商业情报系统就是对有关商业环境的组织情报进行系统化处理的程序。它包括对外部情报的收集与整理，再将情报结合到具体决策中去。关于环境的组织化情报不仅要包括世界范围内实际竞争对手的情报，还要包括潜在的竞争对手的情报。然而，外部情报并不是都能够获取到的。即使是掌握到的情报，许多企业也会对情报不够重视，听之任之。事实上，在改变一个产业的新技术中，有一半是来自产业外的，而有关这些新技术的情报是可以掌握到的。分子生物学与基因工程并不是由大型制药产业研发形成的，但是它们却改变了整个保健产业。这些技术的研发情报是容易掌握的，制药产业公司必须要与这些方面的进展保持同步。(摘自彼得·德鲁克《21世纪的管理挑战》、《从数据到情报普及》(美国 Corpedia 德鲁克网上教育培训课程))

行动指南:
找出正在改变你企业的三项来自产业外的技术，建立起一套商业情报系统，收集关于这些技术的情报及其他正在成形的技术的情报，抢在你的竞争对手前，将这些技术转化成你的资本。

11 月 3 日

情报的收集与利用

情报组织化可以用来检测公司对自身商业理论的假设。

情报组织化会对公司的策略形成挑战。第一，它可以检测公司对自身商业理论的假设，包括公司对自身所处环境的假设，如社会与社会环境、市场环境、顾客环境与技术环境等。特别是对于蕴藏着重大威胁与机遇的环境情报的检测，也正在日益变得紧迫。其次，还要考虑公司对具体使命的假设。第三，要考虑组织为实现其使命所必须具备的核心优势所在。可以通过设计一套软件来将这些情报分类提供给具体的团体组织，比如像医院、大学或是灾害保险公司等。

公司可以为自己提供一些所需要的情报，比如关于顾客与非顾客的情报。但即使是大公司也需要雇用一些企业外专家来帮助它们获取并组织所需的情报。情报来源是非常多样的，而大多数企业所需的对环境的了解只能通过外部的情报来源才能得到。这些来源包括：各种数据银行和数据服务机构、各种语种的杂志、商业协会、政府出版物、世界银行报告、科学论文以及专业研究成果等。（摘自彼得·德鲁克《21世纪的管理挑战》、《从数据到情报普及》（美国 Corpedia 德鲁克网上教育培训课程））

行动指南:
你是否有了可以对公司的策略和假设形成挑战的情报?

11 月 4 日

情报的测试

情报系统的最终测试标准就是要做到有备无患。

情报系统的最终测试标准就是要做到有备无患。这意味着在事态变得严重之前，管理者要分析事态、掌握事态，并针对它作出相应的调整和应对之策。对此有一个典型的事例。在 20 世纪 90 年代末期，当亚洲发生金融危机的时候，大多数美国金融机构并没有感到惊慌失措。原因在于这些金融机构已经意识到，对于亚洲经济和货币而言，什么才是真正的"情报"。它们逐渐摒弃了自己在亚洲国家的分支机构和附属机构所提供的情报，因为它们开始认识到这些情报只不过是一些"数据"而已。相反，它们开始组织其他相关情报，包括各种资产组合投资（例如短期借款等）之间的比率、国际收支平衡表，以及短期外债偿还的资金来源等。在金融危机出现并导致恐慌以前，这些数值已经开始恶化，为此，美国金融机构的管理者提前意识到危机必将来临。他们也意识到必须早下决断，自己的金融机构到底应该尽快从有危机隐患的亚洲国家抽身，还是在这些国家长期投资。换言之，这些管理者已经明白了对这些新兴国家而言，经济数据对他们到底有什么意义；他们也懂得了应该如何组织这些情报，分析这些情报并且解读这些情报。他们将数据变为了情报，并且能够未雨绸缪，及时制定了应对之策。（摘自彼得·德鲁克《21世纪的管理挑战》）

行动指南:

确定你所在环境中主要的变数。确保你能够得到和这些变数相应的情报，从而做到有备无患。

11 月 5 日

未来预算

不管世道景气与否，都应该保持未来预算的稳定不变。

不仅仅是企业，大多数组织都只有一种预算，该预算还会根据商业周期进行调整。世道景气时，预算会全面增加；世道不景气时，预算会全面削减。然而，这样做，组织就会和未来的机遇擦肩而过。变革的领导者的第一种预算就是运营预算，该预算能够显示出维持组织运营和当前业务所需的开支。在拟订这一预算时，必须要明确如下问题："维持组织运营所需最少需要多少成本？"在世道不景气时，预算必须下调。

变革的领导者的第二种预算，就是独立的"未来预算"。在拟定"未来预算"时，必须要明确如下问题："为了达到最佳绩效，这些业务活动最大的可能预算是多少？"除非企业面临严重的困难，导致维持未来预算将会威胁到企业的生存，否则不管世道好坏，都应该保持未来预算的稳定不变。（摘自彼得·德鲁克《21世纪的管理挑战》）

行动指南：

制定"发展预算"，该预算要为发掘机遇提供资金保障。要确保无论世道好坏，都要维持该预算的稳定不变。

11 月 6 日

制胜的战略

> 圣奥古斯丁曾说过:"一个人可以祈求奇迹的出现,但是最终还得要靠努力来取得成果。"

俗话说得好:良好的意愿并不能推动大山,而是要使用推土机。在非营利组织的管理过程中,如果只有使命和规划,那么它们就仅仅是"良好的意愿"罢了。战略则是"推土机",它能将你的愿望转化为实际成果。战略对于非营利组织而言是非常重要的,因为它能使工作更有成效,而且它还能告诉你为了取得成效,需要哪些资源和人力的投入。

曾经有一段时期,我对使用"战略"一词颇为反感,因为我认为这个词带有太多的军事意味。后来,我逐渐改变了自己的看法。在很多企业和非营利组织中,规划未来是一种"智力操练";它就像是把音响调到了最佳音量,让每个听到音乐的员工都感到自己心灵高尚,因为他们会认为未来的规划已经完成。但是除非着手开展实际工作,否则这种规划就只能算是纸上谈兵。而战略却与此不同,它注重的是行动。我逐渐接受"战略"一词的原因,正是因为它不是人们的愿望,而是人们努力的目标。(摘自彼得·德鲁克《非营利组织管理》)

行动指南:
为你的组织制定战略。

11 月 7 日

失败的战略

大多数一意孤行的人，必将一无所获，最终只得自食恶果。

当制定的战略或是行动看起来不易奏效时，应对的法则便是："第一次失败后，再努力一次。如果还无法成功，就另辟蹊径。"因为第一次实施某一战略的时候，它往往难以奏效。这时，你就应该静下心来反思经验教训。你可以试着去改良、创新并且再次努力。你甚至应该做第三次尝试——其实我并不推荐。接下来，你应该找出绩效的真正源泉，并且对症下药。时间有限，资源亦有限，但是工作却多得无穷无尽。

当然也会有特例。一些成功人士为了取得成功，几十年如一日地追求自己的目标。但这仅仅是些难得一见的特例。大多数一意孤行的人，必将一无所获，自食恶果。诚然，有一些人意志坚定，献身于事业，根本不在乎成功失败。我们需要这样的人，他们代表着我们的责任心。但是他们很少能够有所建树。或许他们的成就要等到进入天国后才能体现。圣奥古斯丁早在 1 600 年前就写下了这样的名言："面对人间空空如也的教堂，天国里不会有欢乐。"他当时是要给一位修道士提出劝告，因为这位修道士在沙漠里勤勤恳恳地建造了一座又一座的教堂。因此，当你没有收到成效的时候，不妨再搏一把。但如果还无法成功的话，你就应该仔细反省，并另辟蹊径。(摘自彼得·德鲁克《非营利组织管理》)

行动指南:
第一次没成功的话，静下来反省。试着改进方法并再次努力。如果有必要，还可以第三次尝试。如果还不成功，不如另辟蹊径。

11 月 8 日

战略性计划

战略性计划关注的是当前决策的未来形态。

传统的计划会有这样的问题："最可能发生的事情是什么?"在为具有不可预测性的未来作计划时则会问:"已经发生过的哪些事情会塑造未来?"

战略性计划不是魔术箱,不是组合起一大堆的技巧。战略性计划应该是一种分析性的思维,应该是将各项资源用于行动的承诺。结合对组织未来的认识来系统化地制定企业当前的决策,系统化地组织执行这些决策所需的工作,并有组织的、系统性的反馈这些决策的成果与预期比照的评价。战略性决策制定者所面对的并不是"组织未来要做些什么"的问题,而是"为了不确定性的未来,我们今天要作好怎样的准备?"决策制定者所面对的也不是"未来会发生什么"的问题,而是"在我们当前的思想与行动中,我们要构建怎样的未来? 我们要考虑这样做需要多长的时间跨度? 当前我们又该怎样利用这些信息作出理性的决策?"

(摘自彼得·德鲁克《变化中的管理界》、《管理:任务、责任与实践》)

行动指南:

为你的组织开发战略性计划程序,关注涉及未来福利的当前的决策。为这些战略决策的执行与管理负起专门的责任。对每项决策的成果进行审核,以便提高制定战略决策的工作效率。

11 月 9 日

长期计划

一个人再努力地祈求，未来也不见得如你所愿。

未来需要决策，现在开始。未来会刺激风险，现在开始。未来要求行动，现在开始。未来需要对资源进行配置，特别是人力资源，也是现在开始。未来需要工作，现在开始。

实际上，人们在对"长期计划"含义的认识上存在着许多误解。所谓"长期计划"，大部分是由"短期决策"构成的。长期计划和决策如果不能以短期计划与决策作为基础，如果不能融合于短期计划与决策之内，那么最详尽的长期计划也必将只是纸上谈兵。反之，短期计划，即"当前的决策"，如果不能纳入于一致性的行动计划中，则短期计划也必只是一种揣测、一种权宜之计和一种无方向的盲动。"长期"与"短期"并不只是以时间跨度的长短来计的。一项决策虽然只需几个月即可完成，但不见得就是"短期计划"。这种区别的依据主要在于该决策的效果延续的时间的长短。谈到"长期计划"，管理者应该避免的是：不能无条件地将现在延续到未来；不能假定今天的产品、服务、市场和技术到了明天，必将继续盛行；此外，也不能自恃自身的资源与能力，便故步自封，不再前行。凡是"规划好"的事情，就要成为立刻执行的工作、立刻兑现的承诺。(摘自彼得·德鲁克《管理: 任务、责任与实践》)

行动指南:

在制订长期计划时，要先对这些问题进行考虑："我们应该放弃当前的哪些业务？我们应该减少对哪些工作的投入？而又有哪些工作是我们应该加力推进，并投入更多资源在内的呢？"

如何放弃

企业必须进行系统化的放弃。

"要放弃什么"和"如何放弃"必须要有系统地进行。不然，它们会被永远地搁置下来，因为它们从来不是受欢迎的政策。

某一家颇具规模的外包服务公司，它为许多发达国家提供服务。公司的每个管理层，上至高级管理者，下至每个领域的监理人，每月的第一个星期一都是用来开"放弃"会议的。在每次会议中，要检讨企业里的某个部分，比如第一个月，检讨某项服务；第二个月，检讨公司业务所涵盖的一个地区；第三个月的星期一早上，则检讨某种服务的方式等。在一年内，公司从头到脚把自己检讨了一遍，包括人事政策。一年内，差不多有三四个重大的决策是关于应该"放弃什么样的服务"，而有两倍的决策是关于"方法上应该怎样改变"。同时，每一年由这些会议中也产生了三五个新主意。所有关于变革的决定——不管是要放弃什么，怎样放弃，要从事哪些新的服务，每个月都告知所有管理层的人员。而一年两次，所有管理层要提出报告，说明会后已经采取了什么行动，变革的结果如何。(摘自彼得·德鲁克《21世纪的管理挑战》)

行动指南:

确立系统化放弃的安排，比如将每月的第一个星期一辟出来，召开讨论"放弃"会议。

11 月 11 日

资产剥离

有一句老话这样说:"为了给你的女儿找个丈夫,不应问:'适合她的最好的丈夫是谁?'而是'她会成为哪种男人的好妻子?'"

资产剥离不是一个"经销"的问题,而是一个"营销"的问题。问题不是"我们想要销售什么?以什么样的价格销售?"而是"我们企业的'价值'是为谁而产生的?又是在什么条件下产生的?"最关键的是要找出那些潜在的买家,在他们看来,卖家并不称意的东西却是他们颇为满意的选择;行将被卖家卖掉的某项业务却是他们最好的机会或能帮他们解决最棘手的麻烦。这样的买家,往往是能付得出最高价钱的。

一家大型印刷公司决定将它旗下一份有大众销路的杂志卖出去,因为它认为这份杂志至多也只能适合公司的部分需要。公司最初买下这份杂志,只不过为的是履行它的印刷合同。他们这样问:"对一家杂志出版公司,什么才是有价值的?""如果这是一家正在成长中的杂志公司,"他们回答,"它最需要的东西就是现金。因为一份正在成长的杂志需要非常大的现金投入,这样才能维持最初几年的流通。"他们的第二个问题会是:"我们如何利用自己的优势来满足潜在的顾客需要?"回答是:"将他们向我们的印刷厂付印刷与纸张费用的时间,从常规的 30 天调整成 90 天。"于是,印刷公司很快就找到了一个符合它们要求的出版集团。(摘自彼得·德鲁克《管理:任务、责任与实践》)

行动指南:

在你的企业里,你先确认对你算是"部分适合"的业务,这一业务对哪家公司是"完全适合"呢?

11 月 12 日

管理者的工作

管理者可以通过提高他所管辖的工作的绩效来提高自身的绩效。

管理者的工作可以归纳为以下五条：

第一，管理者首先要设定目标。他要决定目标是什么，并分别就每一目标，决定其应达到的水平。他应该确定为达成目标，必须做些什么；还应该将他确定的目标明白地告知有关人员，这样才能使目标有效；

第二，管理者必须组织。他应该分析各项必需的业务、必要的决策，以及业务与决策之间的关联。他必须将各项工作一一归类。然后将其分解为各种可以控制和管理的业务项目，再将业务项目分化成可以控制和管理的职位。在此之后，他还必须将这些职位编组成单位，从而确立一种组织结构。最后，他得为每一个职位和单位选定适当的负责人；

第三，管理者必须给予员工激励，并懂得交流。这样，他才能组成一个各司其职的团队；

第四，管理者必须进行测评。他必须建立各种测评的标尺——在影响组织绩效及影响组织中人员的绩效的各项因素中，恐怕没有任何因素比测评的标尺更为重要的了；

第五，管理者还必须培养人才，也包括对自己的培训。

以上所设定的目标、组织、激励与交流、测评以及人力开发等，只有通过管理者的经验，才能使这些工作更为充实、更具意义。这些都是"常规"的工作，所以可以说适用于每一位管理者，可以适用于指导管理者所从事的每一项业务。(摘自彼得·德鲁克《管理：任务、责任与实践》)

行动指南：

设立目标、组织、激励、交流、测评与人员的开发，包括你自己。

11 月 13 日

目标管理与个人自由

"控制"是个模棱两可的字眼。

目标管理的最大好处，也许就是使管理者控制自己的绩效表现成为可能。自我控制意味着较强的激励：一种尽可能作为自己最大努力而不是只求勉强通过的欲望；它也意味着较高的绩效目标和较广的视野。即使目标管理不能绝对使企业的方向和管理团队的努力具有一致性，自我控制也必然需要目标管理。

"控制"既可以表示指导自身与自己工作的能力，也可以指一个人受另一个人的支配。在第一种含义中，"控制"的基础是目标；但在第二种含义中，目标却绝非"控制"的基础。相反的，这种"控制"只会毁掉目标。而目标管理的主要贡献之一，就是使我们能够以自我控制式的管理取代支配式的管理。管理者应该清楚地了解，哪些行为与方式是公司认为不道德、不够专业或是不够稳妥而应该禁止的。但是在这个限制之下，每个管理者都必须能够自由决定他的职责。（摘自彼得·德鲁克《管理实践》）

行动指南：

目标管理得到了广泛的运用，但自我控制却没有得到同等的重视，这是为什么呢？

11 月 14 日

如何运用目标

目标不是命运的主宰，而是方向的指标。

如果说目标仅是一种"良好的意愿"，这些目标便将形同废纸。企业的目标，必须转化成各项工作。而谈到所谓工作，总是具体的，它应该包括一种清晰的、确切的并可以测评的结果，一个期限，以及特定的责任指派。但是如果企业的目标变成了企业的一件"紧身衣"，那就弊大于利了。目标，总是以某种预期作为基础的，而预期至多也就是一种"有所依据的猜测"。世界没有一刻是静止不动的，时刻都充满了变数。

目标最好的运用方式，就如同航空公司运用飞行时刻表与飞行计划的方式一样。时刻表上说明某班飞机上午 9 时自洛杉矶起飞，下午 5 时抵达波士顿。但如果当天波士顿气候不佳，有骤风暴雨，班机便转而在匹兹堡降落，直至风暴过去。飞行计划中规定的飞行高度为 3 万英尺，并需要飞越丹佛市与芝加哥上空。但如果高空遇上强气流，驾驶员会征询地面控制中心的许可，将飞行高度再增加五千英尺，并改飞明尼亚波利斯—蒙多利尔的路线。但是，任何航线却不能因充满变数就没有时刻表和飞行计划。临时的改变，都必须立即回报，以便产生另一个新的时刻表与飞行计划。目标并不是命运的主宰，而是方向的指标；不是命令，而是承诺。目标不能决定未来，它们只是一套用来调动各项资源与能力去创造未来的方法。(摘自彼得·德鲁克《管理：任务、责任与实践》)

行动指南：
如航空公司运用飞行时刻表与飞行计划的方式一样，去设立与运用这些目标。

11 月 15 日

致管理者的信

执行管理工作的人不仅要明确共同方向，还要有降低误入歧途可能性的特别能力。

设立目标是非常重要的事，我所认识的一些最有成效的管理者，每年都会让下属给他们写两封"致管理者的信"。在信中，每位下属首先要说明他所理解的上司的工作目标和他自己的工作目标，然后列出他认为合适的绩效标准。接着，他要列出为实现这些目标他自己必须完成的工作，并提出他对自己工作存在的主要障碍的看法，以及上司和公司在哪些方面对他有帮助，哪些方面对他有妨碍。最后，他要概略地叙述本人为实现目标，下一年度的工作打算。如果他的上司接受了这意见，这封"致管理者的信"便成为了管理者执行工作的"纲领性文件"了。

仅仅是"自上而下的沟通"或仅仅是谈话，并不足以促成相互理解。只有通过"自下而上的沟通"，才能够实现。而这种"自下而上的沟通"一方面有赖于上级主管乐意聆听，另一方面也有赖于一套有效的工具，能使下属的声音得以被上级"听到"。（摘自彼得·德鲁克《管理实践》、《管理：任务、责任与实践》）

行动指南:
每年给你的上司写两封《致管理者的信》，将你的想法与他沟通。

11 月 16 日

适当的组织

组织中不断衍生的是无序、纷争与绩效失灵。

一个世纪以前，管理学的创始者认为组织化的结构是必要的。现代企业仍然需要组织。但是创始者们的假设中也有错误，那就是他们不该认为存在着——或者说应该存在着一个适当的组织。与其说去寻求适当的组织，不如学会去找寻、去发掘并检测组织是否与他所做的工作相适应。

组织有一些"原则"。一个就是组织要透明化。员工要认识并了解自己为之工作的组织的结构。在特定领域，组织内要有人享有作出最后决定的权利，且这种权利还要有与之相应的责任，这样的组织原则才具有合理性。同时，合理的原则还要求，组织内的任何一个人应该只有一个"雇主"。这些原则与建筑师所遵守的工作原则并没有什么区别。没有人会告诉建筑师该去建什么样的建筑物，但他会被告知有哪些设计限制。各种组织结构的原则也是出于同样的目的。(摘自彼得·德鲁克《21世纪的管理挑战》、《管理：任务、责任与实践》)

行动指南:

探查一下你的组织是否透明化，决策权是否明晰，权利与义务是否相平衡，是否每个人只有惟一的"雇主"。

量化的局限性

> 在社会生态学中，对大部分现象进行量化，只会引起误
> 导，至少也是毫无用处的。

我之所以不是一个精于数字的人，其中一个最重要的原因就是在社会事件中，有重大影响的事件往往是无法量化的。比如说，哈里·福特在 1900 年或是 1903 年并没有留意主流经济观点，当时的主流经济理论主张，使利润最大化就是通过成为垄断厂商——也就是通过降低产量、抬高价格的方式来实现的。而福特则认为，赚钱要通过降低价格增加产量的方式来实现。这也就是所谓"规模生产"的产生，它完全改变了产业经济。然而，直到 1918 年或是 1920 年，也就是福特的成功使自己成为美国乃至全世界最富有的产业家之后多年，若想对当年事件的影响进行量化，也仍然是不可能的事。他给工业生产、汽车业乃至整个经济领域都带来了革命性影响，尤其重要的是，他彻底改变了我们对工业的看法。

改变万物的独一无二的事件，却是"置于边缘"的事件。而若是等到这样的事件具备了数据分析的重要性的时候，它已经不再是"未来"了，实际上，连"现在"都算不上，只能算是"过去"了。（摘自彼得·德鲁克《生态愿景》）

行动指南:
找出可能在未来十年改变你的组织独一无二的事件，这一事件也许正在成形当中。把握住这一事件将会带来的机遇，并善加利用。

11 月 18 日

等级与平等

人们现今常听到"等级制度的终结"的说法，这简直是一派胡言。

　　一个感情用事的平均主义者会抨击工业社会，因为他认为工业社会是建立在从属关系的基础之上，而不是平等的基础之上。但这是对工业社会本质的一种误解。就好像任何一个致力于将人的努力与其社会目标协调处理的机构一样，公司必须要按照等级线来进行组织。但在一个企业内部，上至老板下至清洁工都必须被一视同仁，对企业的成功而言，每个人都是必不可少的。与此同时，大型企业也必须为晋升提供平等的机会，这是出于传统的正义需要，源自基督教中人的尊严的概念。

　　并非如人们平常所误解的那样，对平等机会的需求就意味着对绝对平等的回报的需求。反之，平等机会自然决定了不平等的回报。正义的概念就暗示着所得的回报是由不平等的绩效与责任决定的。（摘自彼得·德鲁克《公司的概念》、《21 世纪的管理挑战》、《成功运转的社会》）

行动指南：
　　你的组织是对老板与清洁工一视同仁，还是只看重老板所做的贡献，而无视清洁工的贡献呢？

11 月 19 日

组织的特色

组织是一种工具。和任何工具一样，越是专门化，它产生的绩效能力越强。

组织是具有特定目标的机构。它之所以有效率是由于它总是集中精力去完成一项任务。如果你到美国肺科协会去抱怨："90%的美国成年人正饱受'趾甲内生症'之苦。我们需要你们协会发挥专业特长，帮助大众消除这一病痛。"你肯定会得到这样的答复："我们只对人体臀部以上、肩部以下的部位感兴趣。"这一回答恰恰说明了为什么美国肺科协会、美国心脏协会或其他任何医疗保健组织，能够取得成效的理由。

社会、社区和家庭必须应付所有出现的危机。但如果在组织内这样做，那就是"多样化"。组织内的"多样化"意味着"工作细化"。而无论是在企业、工会、学校、医院、社区服务机构还是在教会内，"工作细化"都会破坏组织的绩效能力。组织是由专家组成的，每个专家都有自己相对狭窄的知识领域，所以组织任务的界定必须要非常明晰。必须要目标集中，否则它的员工就会无所适从。专家必须依赖自己的专长来开展工作，他们会用自己的专长来界定"成效"，并将自己的价值观强加到组织上。只有一项目标明确、界定清晰的共同任务，才能把组织内的员工凝聚在一起，并且产生成果。(摘自彼得·德鲁克《后资本主义社会》)

行动指南：
确保你的组织有一个明确的目标，每一个员工都能认同并且注重产生成果的使命。

11 月 20 日

联邦制原则

联邦制原则减轻了最高管理层的经营责任，从而能够腾出更大的精力投身与己相称的职责。

企业需要的是一种真正能够赋予总部和各部门管理职权的原则。这一原则就是联邦制原则。在这一原则之下，我们认为企业由自主的单位构成。联邦制企业及其各单位同处在一个经营体之中。相同的经济因素决定着企业整体和各个单位部门的未来；整体和部门需要相同的基本决策；整体和部门也需要相同类型和性质的管理职位。为此，企业整体在行使其基本职能时，需要在以下方面实行统一管理：关于企业所从事经营业务的决策，人力资源的组织，以及对未来领导者的遴选、培养和考核。

同时，每一个单位自身又是一个经营体，为不同的目标市场而生产不同的产品。因此，在企业整体决策所规定的范围内，每个单位必须要享有广泛的自主权，必须要有自己的管理。单位管理层首先是一个经营管理层，它主要关心的是现在以及不久的将来，而非基本政策。但是，在有限的范围内，它也必须要真正行使最高管理职能。(摘自彼得·德鲁克《新社会》)

行动指南:
创造出许多能提高整体绩效的单位，从而最大限度地发挥联邦制原则的功效。

11 月 21 日

联邦分权制的优点

在我们所知道的所有组织原则中，惟有联邦分权制，最能帮助我们尽早培养经理人承担高层管理的责任，并考核他们承担高层管理责任的表现。

所谓"联邦分权制"组织，是指在公司下面有很多自主运营的分公司。这些分公司作为一个个相对独立的单位，对自身的绩效、成果以及对整个公司的贡献负责。每一个单位有各自的管理层，实际上经营着自己独立的业务。

在联邦分权制的组织结构之下，每一位经理人都和公司的绩效和成果紧密联系在一起，因而能够密切关注它们。因此，联邦分权制的组织原则能使我们将规模庞大、结构复杂的公司组织，划分为若干个规模较小、界定明确的单位。这样一来，经理人就可以确认他们所做工作的意义，并且致力于提高整体绩效，而不是只成为本单位工作、努力和技能的奴隶。因为在这种组织结构之下，目标管理和自我控制都变得卓有成效，同一经理人之下的员工人数或单位数目，不再受到"控制幅度"的限制；而是受到"管理责任幅度"的限制，当然它要比前者宽泛得多。联邦分权制的最大优点在于经理人的发展方面。仅此一项优点，就足以使它的优越性超越其他组织原则了。(摘自彼得·德鲁克《管理：任务、责任与实践》)

行动指南：

采取联邦制原则的组织形式，从而赋予员工最大程度的责任。要使得你的组织能够培养无数的人才。在培养他们的过程中，给予他们晋升的机会。

11 月 22 日

联邦分权制的要求

作为公司中最小构成部分的"单位"，必须要为公司作出利润贡献，但并非仅为公司的利润作出贡献。

联邦分权制的实行有其不可或缺的条件。只有当公司划分为若干个自主经营的"单位"，联邦分权制才能够真正得以实施。这是最根本的限制条件。作为公司中最小的构成"单位"，必须要为公司贡献利润，并且该利润必须是以市场目标判断为出发点的真实利润。

只有对高层管理的任务进行明确的界定和思考后，联邦分权制才能发挥作用。联邦分权制倘若运用得当，可使高层管理者将精力集中在制订公司的发展方向、战略、目标和关键性决策上，而不必在日常事务上耗费精力。联邦分权制的实行，也需要各个"单位"，或称为自主经营的分公司，享有最大的自主权，承担最大的责任。联邦分权制也需要中央控制和共同的评价标准。无论是经理人还高层管理者，都需要明白：每一个单位的目标是什么？"绩效"又是什么？哪些发展是重要的？要将自主权赋予各个部门，就必须首先对其有信心；要有信心，就必须建立必要的控制，而不能仅仅依靠一己之见。要推行目标管理，就必须知道各部门是否已经达到目标；要想知道这一点，就必须有明确而且可靠的评价标准。推行联邦分权制，必须要有"共同的视野"。公司下设的"单位"是"自主"的，但并非"独立"的。各单位的"自主"是为了整个公司实现更大的绩效。(摘自彼得·德鲁克《管理：任务、责任与实践》)

行动指南：

确保你所在的"自主"单位中，管理者享有最大的自主权，也肩负着最大的责任。为此，可以建立一套能够明确评估绩效的控制系统。

11 月 23 日

决策权限的保留

对于影响公司整体及长远利益的决策，必须要建立一种"最高条款"，将决策权限赋予公司的最高管理层。

联邦分权制的公司必须要认真考虑：最高管理层应该保留哪些决策权限。因为很多决策是事关整个公司的决策，是事关公司完整性的决策，是事关公司前途的决策。具体来说，如果一个公司要想保持整体性，并避免分崩离析的局面，有三个决策权限必须要保留在最高管理层中。

第一，公司采用什么技术，进入什么市场，生产什么产品；公司从事什么业务，放弃什么业务；公司的基本价值观、信仰和原则等决策必须要由最高管理层来制定，也惟有最高管理层才能制定。

第二，资金是公司的重要资源，它的分配权也必须由最高管理层来控制。资金的供应和投资都是最高管理层的职责，而不能交给联邦分权制公司内部的各个单位。

第三，人力资源是公司内部又一重要资源。联邦分权制公司内部的员工，尤其是经理人以及核心技术人员，都应视为整个公司的资源，而非各单位的资源。公司的人事政策以及对各分权化单位的重要人事任命，应该是最高管理层的权限。当然，各单位的经理人也应该积极参与其中。(摘自彼得·德鲁克《管理：任务、责任与实践》)

行动指南：

将一些关键的决策权限保留在最高决策层，特别是那些涉及组织使命、价值观、发展方向、资金分配以及重要人事任命的决策。

11 月 24 日

模拟分权化

关键在于要将模拟分权化视为最后的应急策略。

只要一个单位能够组织成为一个事业部门，联邦分权制对于它而言就是再适合不过的了。但是问题在于很多公司根本无法划分为若干个事业部门。这些公司的规模太大而且过于复杂，已经超出了功能式结构或团队结构适用的范围。为了解决这个问题，模拟分权化就应运而生了。在模拟分权化的制度下，公司的各个"单位"并非事业部门，却视同为事业部门。它们享有最大的自主权，而且有各自的管理层。各个单位承担独立的盈亏责任，它们之间的销售是以内部的"转移价格"而非外部的市场价格为基础的。而所谓的利润就是在各单位的总成本上再添加一项"标准费用"，例如相当于成本 20% 的标准费用。(摘自彼得·德鲁克《管理：任务、责任与实践》)

行动指南：

消除公司里的内部垄断功能。在条件可行的情况下，采用"微观"的利润中心来引入竞争。对于各单位的收入和成本两个要素，要综合加以考虑，并做到均衡原则。将所有的非核心业务和非营利成本中心"外包"出去。

11 月 25 日

组织的构建

业务的贡献大小决定了其地位和定位。

"哪些业务活动可以合为一类？哪些业务活动又必须分别对待？"
如果按照"贡献"类型来划分，企业的业务大致可以划分为以下四类：
第一种是"产生成果的业务"。这种业务直接或间接地和整个企业的成
果和绩效相关，它能产生可以测度的成效。第二种是"支持性业务"。
这种业务是企业不可或缺的，但其本身并不产生成果。支持性业务的
"产出"需要通过使用企业内的其他要素发挥功效。第三种业务活动和
企业的成果没有直接或间接的关系，它们完全是辅助性的。即所谓的
"后勤保障业务"。最后一种业务就是"高层管理业务"。

在"产生成果的业务"中，有些是能够直接带来"收益"的（例如
在服务性机构中"治疗病患"或"提供教学"）。在这一类业务中，包括
各种创新性业务，例如销售，以及各种和销售相关的系统的有组织的准
备工作；还包括财务方面的业务，例如企业资金的供应和管理。

企业的核心业务决不应该从属于非核心业务。创造收益的业务决不
应从属于不创造收益的业务。支持性业务也决不应和创造收益的业务以
及贡献成果的业务混为一谈。(摘自彼得·德鲁克《管理：任务、责任与实践》)

行动指南：
在你的组织内，要给予产生成果的业务以核心地位。确保支持性
业务从属于产生成果的业务。将涉及员工福利的业务交付给员工
团队。

11 月 26 日

沟通的基本原理

要改进沟通，主动权是掌握在信息接收者手中，而非信息传播者手中。

离开了"信息接收者"，就无法进行沟通。因为除非有人在听，否则声音只是噪声而已，就不会有所谓的"沟通"。人只能在其能力范围之内进行"觉察"。人们只能使用信息接收者的语言，或是他所掌握的术语来进行沟通，而这些术语必须是以经验为基础的。通常，"期待"决定了我们的察觉对象。我们的所见所闻，往往也是我们期待的所见所闻。而对于那些不曾期待的对象，我们往往会根本无法察觉。沟通往往会产生要求。它会要求信息接收者转变成什么，做些什么或是相信些什么。沟通总要调动所谓的"动机"。如果沟通和信息接收者的愿望、价值观和动机相违背，那么信息可能根本就无法被接收，倘若能不遭到信息接收者的抵触就已经很不错了。

沟通是一种觉察，而信息则属于逻辑范畴。因此，信息只有规定的形式，而不具有意义。信息总是"符号化"的，因此信息要能够被接收并加以使用，则信息接收者必须知道并了解信号的含义。为此，这就需要事先作出约定，即需要沟通。（摘自彼得·德鲁克《管理：任务、责任与实践》）

行动指南：

让信息接收者提出信息沟通的建议，从而来改进沟通。不妨提出这样的问题，"下个季度，你认为在自己职责范围内，实现怎样的目标算是合理的呢？"

11 月 27 日

参谋工作应遵循的原则

参谋工作并非是要提供知识，它存在的惟一理由就是要提高执行人员和整个组织的绩效。

参谋人员首先要把精力集中在那些时间跨度很长的重要任务之上。那些时间跨度不长的重要任务，例如公司管理层的重组，最好是当成一次性的工作来处理。参谋工作总可以集中解决一些重要任务，但参谋职能的扩大化只能造成工作效率的下降。更有甚者，这样做还会导致创造绩效的执行人员效率尽失。必须严格控制参谋工作的任务数量，否则参谋就会越来越多地占用执行人员最宝贵的资源——时间。

要使参谋工作变得卓有成效，就要给它界定具体的目标、明确的任务和时间期限。"我们计划在三年内将员工缺勤率降低一半。""两年后，我们要通盘掌握公司的市场分割信息，从而将我们的产品生产线至少减少三分之一。"类似上述的明确目标会使得参谋工作成效显著。然而，诸如"了解员工的行为特征"或是"研究顾客的消费动机"等模糊的目标，是无法让参谋工作取得成效的。大约每隔三年，你应该和所有的参谋坐下来一起反思，并提出这样的问题："在过去三年中，你们作出了什么贡献，使得公司发生了真正的变化?"(摘自彼得·德鲁克《管理前沿》)

行动指南:

要让参谋队伍精简干练。为参谋工作制定具体的目标和时间期限。确保参谋工作的目标和组织的一个或多个目标是直接相关的。

11 月 28 日

参谋人员应遵循的原则

除非参谋人员能在实际的业务操作中证明自己，否则他们将
无法受到执行人员信任，而会被当成空谈的"理论家"加以排斥。

参谋人员应当遵循的原则和参谋工作应遵循的原则一样重要。担任
参谋工作的人员必须要有实际业务操作经验，最好是在不同职能部门工
作过。如果参谋人员缺乏实际业务的操作经验，他们会以"规划师"自
居，心高气傲，对实际业务操作不屑一顾。但是今天，很多刚从商学院
或法学院毕业的年轻人，却被安排到了极为重要的参谋工作岗位上。他
们有的担任分析师，有的担任规划师，有的还担任顾问；这一现象在政
府机关中比在企业中更为严重。因为他们自以为是，而且受到执行机构
的排斥，所以注定会毫无成效。

通常而言，参谋工作不应该是一个人的终身工作，而只应该是他职
业生涯的一部分而已。当他在参谋的岗位上待了 5 年到 7 年之后，就应
该重新回到实际业务操作领域中去，在 5 年左右的时间内不要返回参谋
的岗位。否则，他注定很快就会蜕变成为一个幕后的操纵者，成为一个
"灰衣主教"①，成为一个"废立国王的权臣"，或是成为一个"挑拨离
间的奸臣"。(摘自彼得·德鲁克《管理前沿》)

行动指南:
将参谋人员轮换到实际业务操作岗位上加以锻炼。

---

① "灰衣主教"一词起源于 16 世纪至 17 世纪，当时在罗马天主教廷中有一位担任红
衣主教秘书的法国僧侣弗朗西斯科（Francois），这位秘书因为掌控着外交谈判等重
要权力，所以用"灰衣主教"一词来形容非官方、非正式的权力中心。——译者

11 月 29 日

公共关系的作用

"公共关系"现在已经有了广告攻势、宣传效应以及粉饰太平等多重涵义了。

对于大众而言，"公共关系"意味着"广告宣传"。就其本质而言，它是把产品广告的概念进一步扩展，扩大为给企业做广告。但是，重点在于让大众知道企业的问题，而非用企业的优点和长处去打动大众。这就要求我们进一步认识到，要使大众了解企业的问题，企业首先要了解大众的问题。

大型公司的每一个重要决策都会影响大众，不管大众是公司的员工、顾客，还是普通的公民。为此，大众对于公司的每一个举措，都会有意识地或下意识地给予反应，大众的这些反应制约着公司决策的效率。这其实是用另一种方法简明地阐述了公司必须在社会中生存的真理。因此，要使公司决策富有成效，不仅要了解公司内部的问题，还要了解大众对这些问题的态度。为此，公共关系工作应该给公司高层和各部门的管理者提供信息，这些信息要能反映大众所持的态度、信仰及其背后的原因。(摘自彼得·德鲁克《公司的概念》)

行动指南：

了解大众对公司决策的态度。了解大众对公司的态度，并对此加以分析。要认识到公司只有适应大众的意愿，才能生存下去。

11 月 30 日

控制中层管理层的规模

着手控制中层管理层的规模。

现在已经到了开始控制中层管理层"体重"的时候了。第一种方法就是"自然裁员"。当一个职位由于员工退休、去世或是辞职等原因而空缺出来时,不要自动地去填补它。让职位空缺 6 个至 8 个月,静观其变;除非人们纷纷要求填补这一职位,否则就将它去除。有几家公司采取了这一做法,最后的反馈表明,6 个月之后大约一半的"空缺"不见了。减缓中层管理人员臃肿局面的第二种方法,就是以"工作扩大化"来代替晋升。让那些年富力强的经理人和管理者及其麾下更加年轻的员工感到满意,实现其工作成就的惟一途径,就是让工作任务更多,更有挑战性,要求更高,而且自主性更大。同时要更多地通过不同工作岗位之间的横向调动,而不是通过晋升,来作为对杰出绩效的奖赏。

40 年前,当我们在对管理人员的绩效进行评估时,我们会问:"他们应该得到晋升吗?"今天,我们应该将这个问题改为:"他们能够承担任务更多、更具挑战性的工作吗?他们能够承担在现有工作岗位上新增的责任吗?"(摘自彼得·德鲁克《管理前沿》)

行动指南:

创造一个扁平式的组织结构。利用信息处理过程的结构、内容和方向,从而使得公司变得灵活机动、富有成效。

十二月

12 月 1 日

社会生态学家的工作

如果说变革与我们息息相关且意味深长，那么它又提供了怎样的机遇？

社会生态学家的工作到底是什么呢？首先，它意味着在看待社会和社区时，要把握好如下几个问题：社会发生了怎样的变革？而且这些变革是和"众所周知的常识"截然不同的；哪些变革是属于"范式的变革"；有什么证据表明这是一种变革，而非一时的风尚；最后，还要明确这样一个问题：如果变革与我们息息相关且意味深长，那么它又提供了怎样的机遇？

知识日益成为社会的关键资源，这就是一个显而易见的例子。美国在"二战"结束后通过了《退伍军人权利法案》，这提醒我社会正在发生变革。该法案规定向每位"二战"退伍军人提供进入大学接受教育的机会，而且由政府资助学费，这是前所未有的新趋势。这促使我思考这样一个问题："该趋势会对人们的期望值、价值观、社会的结构和就业形势产生什么冲击呢？"对于这个问题，我在 20 世纪 40 年代末，第一次给予了回答："知识已经成为社会的生产力要素，它在人类社会中的地位达到了历史最高点。我们正处在历史的转折点上。"大约 10 年后，也就是在 20 世纪 50 年代中期，人们已经非常确信：社会已经成为"知识社会"，"知识工作"已经成为新经济的中心，而且"知识型员工"已经成为新兴的、主导的劳动力大军。(摘自彼得·德鲁克《生态愿景》)

行动指南:

明确社会发生了怎样的变革？而且这些变革是和"众所周知的常识"截然不同的。抓住这些变革蕴藏的机遇。

12 月 2 日

面临动荡的年代

在动荡的年代里，管理部门的首要任务就是确保本组织能够经受得起打击。

在动荡的年代里，管理部门的首要任务就是确保本组织的生存能力，确保其结构的坚固性，以使组织能够经受得起打击，能够适应突变，并且能够把握和利用全新的机遇。动荡，从字面上看，是不规则的、非线性的和不确定的意思。但是我们能够对动荡背后的原因加以分析、预测并进行管理。

管理部门应该而且也能够管理的，正是纷繁芜杂的动荡现象背后的最重要、最新出现的事实：人口结构和人口动态发展的显著变化，西方发达国家和日本的变化尤为明显。这些变化已经在改变整个世界的经济整合方式了，而且很有可能促使以生产分工和市场控制为基础的新型"跨国公司联合体"的出现，从而在很多方面取代以往以财务控制为基础的"多国公司"。这些变化正在创造出新的消费市场，并对现存旧有的消费市场进行重新组合。这些变化还在很大程度上改变着劳动力状况，使得只有"劳动力群体"才能生存，并且每个群体都有着各自的期望和特点。这些变化使得我们不得不放弃"固定退休年龄"的传统观念。这些变化既对管理部门提出了新的要求，也提供了新的机遇，那就是要为物质财富的极大丰富制订有组织的计划。(摘自彼得·德鲁克《动荡时代的管理》(精装本，1980))

行动指南:

确定如今影响到你企业的动荡因素的成因。你应该采取什么措施来保护你的组织，并且保证让它在动荡时代里依旧繁荣昌盛呢?

12 月 3 日

新型的企业家

历史已经反复证明：它总是循环往复的，会回到原来的起点，但却是一种更高层次的反复，并呈螺旋式上升趋势向前发展。

我们再一次步入了一个重视企业家精神的时代。但是，现在所推崇的企业家精神和一个世纪前的已经截然不同，因为那时的企业家精神指的是某个企业家单枪匹马地经营、控制并拥有一家企业。然而现在的企业家精神则更加注重创造新机遇、迎接新挑战的精神。我们需要这样的企业家，他要能在过去 80 年中形成的管理基础之上，创立新型的企业家精神。历史已经反复证明：它总是循环往复的，它会回到原来的起点，回到原来的问题，但却是一种更高层次的反复，并呈螺旋式上升趋势向前发展。通过这种方式，我们会从过去那种强调独立性的低层次企业家精神，上升到一种强调经理人作用的更高层次的企业家精神。因此，企业家需要培养全新的能力，这些能力从本质上而言都是属于企业家精神，而这些精神都需要通过组织的管理来得以实现。(摘自彼得·德鲁克《不连续性时代》)

行动指南:
在你所在的组织内创造企业家文化。

12 月 4 日

成本与价值信息

只有我们掌握了成本与价值信息，我们才能创造成果。

基本的结构化信息是建立在为顾客和资源所创造的价值之上的。现今，会计的概念和工具正在承受着根本性变革的阵痛。新型的会计工具并不仅仅要反映出交易记录，还要反映出业务及成果的不同概念。所以，即使是最不懂会计的管理者，比如说一位在研发实验室工作的研究经理，也需要了解这些会计变革所代表的基本理论与概念。这些新的概念与工具包括：以作业为基础的成本会计制度，价格主导成本，经济链成本，经济附加值以及标杆分析。

直到顾客实际购买该产品，并将成品与价值作为整体分析的基础，以作业为基础的成本会计制度也就能够反映出所有产品与服务的成本。
(摘自彼得·德鲁克《21世纪的管理挑战》、《从数据到信息普及》(美国 Corpedia 德鲁克网上教育培训课程))

行动指南:
找一本有关以作业为基础的成本会计制度方面的书，并做到熟知这一会计概念中的战略、概念以及程序问题。

12 月 5 日

价格主导成本

问题不在于技术，而在于人的意识。

西方公司传统的定价模式是"成本主导价格"，即在总成本上再加上期望的利润值，得到的就是最终的价格。而在"价格主导成本"的定价模式下，消费者愿意支付的价格决定了允许开支的成本，包括设计成本和服务成本等一系列成本。营销能够提供有关价格的信息，这是顾客愿意为公司的产品或服务支付的价格。

一个跨部门团队将该价格作为既定条件，并进行分析。该团队在价格中减去公司用于资本投资和资本风险的开支，从而得到产品或服务允许开支的成本；之后，该团队再对产品可以提供的效用和允许开支的成本进行权衡比较。在"价格主导成本"的定价模式下，整个经济活动的中心就在于：为顾客创造价值，实现成本目标，并同时达到必要的投资回报率。(摘自彼得·德鲁克《21 世纪的管理挑战》、《从数据到信息普及》(美国 Corpedia 德鲁克网上教育培训课程))

行动指南：

审视你所在组织的定价步骤，是一种"成本主导价格"的定价模式还是"价格主导成本"的定价模式呢？集中精力为你的顾客创造价值，并且实施"价格主导成本"的定价模式。

12 月 6 日

作业成本

以作业为基础的成本是一种全新的思维模式。

以作业为基础的成本定价法，正迅速地取代传统的定价方法。传统的定价模式从生产流程的底端出发，包括劳动力、原材料和杂项开支等。这种定价模式最关注的是和生产相关的成本，即所谓的"存货成本"。然而，以作业为基础的成本定价模式却是从生产流程的终端出发，而且会提出这样一个问题："为了使得以成本为对象的价值链保持完整，要涉及哪些作业和相关成本？"以作业为基础的成本包括质量成本和服务成本。

在产品和服务的设计阶段，如果考虑到质量因素，那么设计成本必然会增加，但是质量保证和服务的成本就有可能减少。这样做，价值链的终端就没有增加任何成本。和传统的定价模式不同，以作业为基础的成本包括制造产品和提供服务的全部成本。(摘自彼得·德鲁克《21世纪的管理挑战》、《从数据到信息普及》(美国 Corpedia 德鲁克网上教育培训课程))

行动指南:

以作业为基础的成本定价模式是一种全新的思维模式，这一点对于会计而言尤其如此，因为他们的财务报表中并不需要作业成本。和你的会计员工们一起解决这一问题。

12 月 7 日

经济链成本模式的障碍

要想转而采用经济链成本模式，就要求整个经济链上的各个成员采用一致的会计制度。

真正的成本应该是整个生产流程的成本。在这一流程中，甚至规模最大的公司也只是其中的一个环节而已。因此，公司逐渐从计算内部的成本到计算整个经济流程的成本，即整个经济链的成本。在采用经济链成本模式时会遇到一些障碍，因为很多公司要转变模式时会遭受剧痛。采用这一成本模式要求整个经济链上的所有公司采用一致的会计制度，至少是相容的会计制度。但是每个公司都有各自的会计制度，并且都相信自己的制度才是惟一可行的。此外，经济链成本模式要求所有的公司都能分享信息。但是，哪怕是在同一家公司中，人们往往还会反对分享信息。但是无论遇到怎样的障碍，采用经济链成本模式都是一种趋势。否则，即便是最有效率的公司，都会遭受成本上升的不利影响。(摘自彼得·德鲁克《21世纪的管理挑战》、《从数据到信息普及》(美国 Corpedia 德鲁克网上教育培训课程))

行动指南：

找出经济链成本模式推行过程中的障碍，并克服它们，从而保证这一模式在组织内得以施行。

12 月 8 日

经济附加值分析 （EVA）
——生产率的一种衡量标准

除非一项经营活动带来的利润大于资金成本，否则该营业活动非但没有创造财富，反而侵蚀了财富。

在知识工作年代，管理者面临的一个重大挑战就是衡量"全要素生产率"。对于体力工作而言，衡量工作的"量"就足够了。而在知识工作年代，我们不仅要衡量工作的"量"，还要衡量"质"，但是对此我们还没有应对的良方。我们必须努力采用通用的收入和支出标准，来对"全要素生产率"进行评估分析。EVA 通过衡量在总成本之上的经济附加值，得出了全部生产要素的实际生产率（或者说是所有使用资源的真实经济成本）。

不要认为一个公司缴纳了所得税，就一定表示该公司获得了利润。除非营业报告显示利润超过了资金成本，否则公司并没有能够补偿所有的成本消耗。如果公司获得的利润少于资金成本，那么公司是在亏本经营。这就是为什么 EVA 日渐为人们广为接受的原因。EVA 本身并不能告诉我们为什么某一产品或服务并没有产生经济附加值，也不能告诉我们应该采取什么对策。但是，EVA 能够向我们表明哪些产品、服务、业务以及作业具有极高的生产率，并且能够带来极高的经济附加值。然后，我们应该自问："从这些成功的例子当中，我们又能学到些什么？"（摘自彼得·德鲁克《21 世纪的管理挑战》、《从数据到信息普及》（美国 Corpedia 德鲁克网上教育培训课程））

行动指南:

计算你所在组织的经济附加值，或者是组织所提供的产品和服务的经济附加值。

12 月 9 日

竞争力的标杆分析

标杆分析认为，至少做到和业界的领袖一样出色，才可能具备竞争力。

经济附加值分析（EVA）是分析企业在全球市场上竞争力的有益尝试，但是仅有 EVA 还不够，必须要加上标杆分析。标杆分析是一种工具，运用它能够说明一家企业是否具有全球竞争力。标杆分析认为：一家公司能够做好的，另一家公司一般也能做到；这一观点是确定无疑的。"最佳绩效者"往往是出现在组织内的相同服务部门和职能部门里，或是竞争对手的组织里，但是也有可能出现在行业以外的组织里。综合使用 EVA 和标杆分析，就能提供"全要素生产率"测度和管理的诊断标准。EVA 和标杆分析给企业管理者提供了具体的实例，要掌握那些新的分析工具，来对企业内部发生的情况进行测度和管理。如果能够结合起来使用，将是迄今为止我们拥有的最佳分析工具。(摘自彼得·德鲁克《21 世纪的管理挑战》、《从数据到信息普及》(美国 Corpedia 德鲁克网上教育培训课程))

行动指南:

通过收集一家具有可比性组织的产品、服务和流程的数据，或是一家行业外部组织的相关数据，来进行标杆分析。制定绩效评价标准，从而来确保你的组织具有和最佳绩效者竞争的实力。

12 月 10 日

资源分配决策

资金与人员的分配决定了一个组织是否能够表现出色。

资金与执行人员的分配，能够将经理人的所有业务知识转化为行动，这决定了组织是否能够表现出色。组织分配人力资源，必须要做到和分配资金一样，具有目标性而且经过深思熟虑。为了掌握资本投资的情况，公司必须要从以下四个评价标准着眼：投资回报、投资成本回收时间、资金流动和折现值。上述的每一个评价标准，都能说明管理者关于未来资本投资不同的信息。每一个评价标准都是从不同的角度看问题的。决策者不应该孤立地评价资本投资，而应该将它视为一系列项目中的组成部分。随后，决策者应该选择机会成本最大的投资组合。在事后审计的过程中，要将资本支出的实际情况和预期进行比较。在这一过程中所取得的信息，可以用于帮助决策者制定未来投资规划。

对于管理者而言，员工的雇用、解聘和晋升等决策也是至关重要的。这些决策的难度要比资金分配的决策更大。组织需要制定人事决策的系统程序，该程序应该和制定资金使用决策的程序一样周密。管理者也需要将人事决策的实际效果和预期进行比较评价。（摘自彼得·德鲁克《21世纪的管理挑战》、《从数据到信息普及》（美国 Corpedia 德鲁克网上教育培训课程））

行动指南:

回顾过去一年中你的资金分配决策。它们达到了你的预期目标了吗？回顾过去一年中你的员工雇用和晋升决策。它们又达到了你的预期目标了吗？根据反馈分析取得的信息，改进你的资源分配程序。

成功收购的六条规则

收购本该是成功的事情，但大多数收购并非如此。

收购本该是成功的事情，但大多数收购并非如此。出现这些不尽如人意的情况的原因是相同的：对那些广为人知且得到了普遍认定的成功收购的原则，没能给予足够的重视。

成功收购的六条原则包括：

（1）成功的收购必须要建立在企业策略的基础上，而不是只考虑财政策略；

（2）成功的收购必须要建立在收购者为收购所作出的贡献基础上；

（3）两个企业实体必须建立一个共同的团结核心，比如在市场与营销、技术或是核心优势等方面；

（4）收购者必须要对被收购公司的业务、产品或是顾客给予尊重；

（5）在较短的时间内，至多一年的时间里，收购者必须要向被收购的公司提供高层管理人员。否则，被收购的公司可能很快陷入群龙无首的混乱中；

（6）成功的收购还必须确保很快为收购企业的员工以及被收购企业的员工提供可预见的晋升机会。（摘自彼得·德鲁克《管理前沿》、《成功的收购》（美国 Corpedia 德鲁克网上教育培训课程））

行动指南:

用上述的六条原则来检测三项收购的前景。你认为你的组织应该选取哪一种方案？

12 月 12 日

企业不只需要财务策略

"不是没有便宜货,""你得到的最多也就是你所应得的。"

成功的收购是确立在企业计划的基础上的,而不是财务分析。收购目标必须要与收购公司的企业策略相符合,否则,收购就很可能失败。20 世纪最后十年最糟糕的收购记录,是由彼得·格雷斯创下的,他是 W. R. 格雷斯公司一位任职很久的首席执行官。他是个很有才能的人,自 20 世纪 50 年代起他就开始利用以财政手段为基础的收购来营造这个世界级的跨国公司。他将当时最有能力的财务分析师汇集起来,成立一个工作组,并派这些人到世界各地的工业企业中去搜寻低价位/收入率的公司。他用自认为是便宜的价格收购下这些公司。格雷斯每一次收购的财务分析都并没有出错,但他根本没有商业策略可言。

与之相对应的是,这里还有另一个以收购为契机从而使企业得到了最成功的发展的例子。那便是通用电气在 1981 年到 2001 年杰克·韦尔奇任首席执行官时,通用自身的实力得到了强化,使公司在销售与收入上取得长足进步,并促进公司市场价值提升的一个最大的原因便是,通用电气资本的收购扩张。当然,也不是全部的收购都是成功的,期间也有一个重大失误,那就是收购了一家经纪人公司。但无论如何都可以说通用电气资本的收购是取得了非比寻常的影响的。在这些成功收购的背后,实际所强调的是一套合理的企业策略。(摘自彼得·德鲁克《成功的收购》(美国 Corpedia 德鲁克网上教育培训课程))

行动指南:

思考你的组织或是其他组织所进行的收购,收购的基础是策略还是财务? 取得的进展如何?

收购者的贡献是什么？

> 成功的收购，要建立在收购者为被收购公司所作出贡献的基础上。

只有收购公司充分考虑了它能够为所要收购的企业作出什么贡献，而不是被收购公司能为收购公司作什么贡献，收购才会成功。不管双方预期的"协同作用"看起来是多么吸引人，都该如此考虑。收购公司的贡献可以是多种多样的，它可以是管理、技术或销售能力等资金以外的方面，当然，其中资金的贡献是绝不可少的，但仅仅有资金提供也是决然不够的。

花旗银行与旅行者公司的合并就是一个非常成功的例子。因为旅行者作为收购公司，仔细考虑并计划了它能为花旗银行所作的贡献，哪些贡献可能对花旗银行产生重大的影响。花旗银行在世界各地成功建构了自己的事业，与此同时，也确立起了跨国管理机制。但就它的产品和服务来说，花旗银行仍首先是个传统银行，它的贡献与管理能力大大超出了商业银行所能够提供与传播的产品和服务。旅行者就具备相当数量的这类产品与服务。它自认为自己的贡献，可以使花旗银行在世界领先的分销系统以及管理所能负担的销售量显著增加，并只需负担很小或甚至不需负担额外成本。（摘自彼得·德鲁克《管理前沿》、《成功的收购》（美国Corpedia 德鲁克网上教育培训课程））

行动指南:
在执行收购之前，要关注贡献，而不是协同作用。

12 月 14 日

共同的团结核心

必须具有一种"共同文化",或至少有一种"文化上的姻缘"。

与所有成功的多种经营一样,要想通过收购来成功地开展多种经营,需要有一个共同的团结核心。两个企业,尽管生产过程相似,偶尔也能在生产经验与技能专长方面具有很多的一致性,但是,这两个企业必须在市场方面和技术方面具有共同性,还得有共同语言,这样才将这两个企业结合为一体。没有这样的团结核心,多种经营,尤其是通过收购开展的多种经营,绝不会有什么好的效果,只是在财务上建立关联,是远远不够的。

有这样一个例子,一家大型的法国公司通过收购各类奢侈品生产厂家的方式而建立起来,这些产品包括香槟、高档时装、价值昂贵的手表、香水以及手工制鞋等。从表面上看来,这似乎是个糟透了的"杂烩"企业。这些产品毫无共同点。但是全部这些产品,顾客选购的理由却只有一个,既不是为了实用也不是为了价格,而是出于彰显某种"地位"的需要。所有这些被成功收购的企业也都有着共同点,那就是它们关注的都是顾客的价值。卖香槟和卖高档时装是肯定不同的,但顾客买它们的理由却大抵相同。(摘自彼得·德鲁克《管理前沿》、《成功的收购》(美国Corpedia 德鲁克网上教育培训课程))

行动指南:

在任何收购中,都要确保在两个企业实体间建立起共同文化或是"文化上的姻缘"。

12 月 15 日

尊重企业及企业价值

收购必须要"情投意合"。

除非收购公司的员工能够尊重被收购公司的产品、市场及顾客，否则兼并就不会起作用。尽管许多大的药品公司收购了化妆品公司，但都没有取得很大的成功。药物学家和生化学家是关心健康与疾病的"正派"人物，他们对口红及口红的使用者们不屑一顾。基于同样的原因，一些大的电视网络与其他娱乐公司，在买下图书出版公司后，很少有干得出色的。书籍不是"传媒工具"，书的购买者与作者——这两位出版商的顾客，与创下"尼尔森收视率"①中的"观众"也没有任何相似之处。迟早，通常是很快的，公司需要作决策，而对企业、企业的产品及产品的用户不尊重或感到不相容的人，必然会作出错误的决策。(摘自彼得·德鲁克《管理前沿》、《成功的收购》(美国 Corpedia 德鲁克网上教育培训课程))

行动指南：
找出一个你所熟悉的收购活动。两个公司间是否"情投意合"？两个公司是否相互尊重对方的企业？

---

① A. C. 尼尔森公司自 1935 年起开始从事无线电节目收听的调查，而后又扩展到电视节目收看率统计，受到美国各大电视台和观众的重视。——译者

12 月 16 日

提供新的高层管理人员

这些人所卖掉的企业就像他们的"孩子"一样。

在一年左右的时间内，收购公司必须能够向被收购公司提供最高层管理人员。收购公司必须做好被收购公司最高层管理人员挂冠而去的准备。这些高层管理人员，过去是老板，现在可不想当什么"分部经理"。如果他们是"被收购公司"的所有者或部分所有者，那么收购行动已使他们变得非常富有，财大气粗，倘若他们不乐意留下来，就无需留下来。如果他们是没有所有权的专业管理人员，另找一份工作通常也很容易。录用新的高层管理人员，可以说是一种很少取得成功的冒险。

对于那些首席执行官尤其如此，他们所卖掉的公司恰恰是他们当初亲手创建的。通常收购也是由他发起的。他们显然预料到收购者能够作出他们以前所不情愿作出的调动——比如，辞掉一位老员工，这个员工可能是他的一位好友，为了公司的成长一直忠心耿耿，但多年来已经丧失了对他所从事的工作的兴趣。但无论如何，这些人所卖掉的企业就像他们的"孩子"一样。一旦他们看到这些企业为别人所有，就会激发他们的保护欲，并认为他们的工作就是要保护"孩子"，不要受到现在公司的拥有者这个无情的"外人"的伤害。（摘自彼得·德鲁克《管理前沿》、《成功的收购》（美国 Corpedia 德鲁克网上教育培训课程））

行动指南：

去调查你的公司或是别家公司最近的一次收购活动。被收购公司的高级管理层发生了怎样的变故？

12 月 17 日

破格晋升

从政治层面上看，被收购公司的员工变成了"我们"，并决心保护自己原来的公司不受收购公司的"他们"的伤害。

尽管许多公司切实遵守了全部的规则，但有的收购还是以失败告终，或至少有的则在达到预期的目标之前经历了漫长的时间。从法律上来讲，被收购的公司已经成为了收购公司的一部分；但从政治层面上看，被收购公司的员工变成了"我们"并决心保护自己原来的公司不受收购公司的"他们"的伤害。在收购公司中，实际上也存在着类似"我们"与"他们"的分别。有时候，这种无形而又无法穿透的障碍，要花上一代人的努力才能被消除掉。因而，在收购之后的最初几个月，极为重要的是要让两个公司管理队伍中的大批人，都得到破格晋升。这样做的目的，就是使得两方面都将收购视为个人机会。

这样做的目的，是使得两个公司的管理者都相信，收购为他们提供了个人机会。这一原则，不仅要运用到接近最高层的管理人员身上，也要运用到较年轻的管理人员和专业人员身上，企业主要依赖于它们的努力和贡献。如果他们认为，收购的结果阻碍了自己的前途，他们就会"身在曹营心在汉"。通常他们较之被取代的最高层管理人员能更容易找到新工作。(摘自彼得·德鲁克《管理前沿》、《成功的收购》(美国 Corpedia 德鲁克网上教育培训课程))

行动指南:
这篇文章对于股票持有人以及收购中的失败者可以得到怎样的启示?

12 月 18 日

谋求发展的战略联盟

管理实践必须建立在新的假设之上，这种假设认为：管理的范围并非是法律界限，而是整个经济链。

世界各地的企业成长和扩张，不再是仅仅依靠兼并和收购，也不是依靠建立新的全资企业。它们不得不日益倚重新的方式，那就是和其他政治管辖权下的组织发展企业战略联盟、合伙制、合资企业以及其他形式的合作关系。它们不得不日益倚重新的结构，这种结构是一种"经济单位"，而不是"法律单位"，因此也不是"政治单位"。

从今以后，由于多重因素的制约，企业成长将会建立在各种合伙制的关系之上，而不是完全建立在所有权以及命令与控制的基础之上。另一个更为严峻的挑战在于：企业必须要在经济全球化和政治多元化的格局中开展经营。合伙制并不能给解决这一挑战提供完美的策略。但是，如果经济实体并非法律实体，而是一种合伙制、企业战略联盟或合资企业的话，那么经济实体和法律实体之间的矛盾就会大为减少。因为这样的合作关系能将政治和法律表象从经济实体中剥离出去。(摘自彼得·德鲁克《21世纪的管理挑战》)

行动指南：

一家非常成功的美国公司在南美洲开设了多家工厂，而一家相对逊色的美国公司却决定和南美洲的其他公司进行战略联盟。最后，第一家公司惨败而归，而后一家公司却业绩斐然。从后一家公司的成功和第一家公司的失败经历中，你得到了什么启示呢？

12 月 19 日

战略联盟的成功法则

当它们取得成功后，战略联盟经营往往会遭遇严峻的
威胁。

在企业战略联盟出现的早期，失败的几率并不比新创立的企业高。
但是当它们成功后，往往会遭遇严峻的，甚至是致命的威胁。当企业战
略联盟经营成功时，合作伙伴之间的目标不相容性往往就变得明显了。
为了能够预见并且避免这些问题的发生，我们可以遵循以下五条法则：

（1）在完成企业战略联盟之前，合作各方要仔细考虑它们各自的目
标，以及"新生联盟"的目标。

（2）合作各方事先要对如何开展联合经营达成协议，这同样重要。

（3）接下来，各方要仔细考虑由谁来管理企业战略联盟。

（4）合作各方要对自己的企业结构，以及在实施联盟过程中各方的
工作协调制定规范。最好的解决方式，尤其是在大型组织中，就是将这
些"危险的联姻"交给一位高层管理者。

（5）最后，联盟各方要事先对如何解决分歧达成一致意见。最好在
争执产生以前约定好仲裁人，该仲裁人是各方都认识并尊重的人士，他
的仲裁结果也是各方都会接受而无异议的。(摘自彼得·德鲁克《管理未来》)

行动指南：

有人将企业战略联盟描述为"危险的联姻"。企业战略联盟中到
底是什么因素如此危险呢？

12 月 20 日

行善的诱惑

公共服务机构力图最大化，而非最优化。

对于公共服务机构而言，"行善"是其创新的最大障碍。换而言之，它们容易把自己的使命看作是纯道德性的，而非可用成本收益分析法进行界定的经济任务。经济学总是致力于寻求相同资源的最优配置方式，以期得到更大的收益。而在公共服务机构中，就不存在所谓"更大的收益"。如果是在行善，就没有"更好"一说。事实上，如果没有达到"行善"的目标，仅仅意味着还需加倍努力。

"十字军消灭饥馑运动"的负责人会坚定地表示："只要地球上还有一个孩子在忍饥挨饿，我们的使命就没有完成。"但是，倘若他敢说："如果大部分孩子能够通过现有的分配渠道获得足够食物，不至于发育不良，那么我们的任务就完成了。"那他肯定会被解职。然而，如果目标是"最大化"，那么这样的目标也就永远无法实现。事实上，如果离目标越近，前进所需的努力就越大。这是因为一旦实现最优化以后，成本就会呈指数级递增，而新增的成果却会呈指数级递减。为此，公共服务机构越接近目标，它的挫折感就会加剧，从而继续努力往前推进就愈加困难。（摘自彼得·德鲁克《创新与企业家精神》）

行动指南：

监狱团契组织①致力于降低囚徒释放后因为累犯而再度入狱的几率。对于该组织而言，为什么完全消除累犯的目标是不切实际的呢？

---

① 监狱团契组织（Prison Fellowship）是由查尔斯·柯尔生（Charles Colson）创立的。他曾是美国前总统尼克松的助理，因涉及水门事件入狱。在假释出狱后，创立了这一组织，该组织在世界各地都有分部。——译者

12 月 21 日

"吹哨者" [1]

"吹哨者"揭露黑幕的行为，在伦理上的界定是模糊的。

如今，关于组织伦理争论的焦点在于：要让员工尽到一个"吹哨者"的责任，并且要保护"吹哨者"不受其上司或组织的报复与压制。这一点听起来确实非常高尚。诚然，即使算不上责任，部下至少也有权将上司的过错公布于众，并寻求补救措施。当上司或雇用自己的组织触犯了法律，就更应该这么做了。但是，考虑到各成员休戚相关的组织伦理时，"吹哨者"的行为在伦理上的界定却是模糊的。

员工的上司以及雇用他的组织，固然有可能行为极其失当，甚至严重到触犯法律，以至于员工本人（或是他的朋友、孩子甚至是妻子）无法再保持缄默了。这其实就是"重罪"一词暗指的涵义：如果一个人不揭发别人的重罪，而是采用私了的做法，那么他就成了从犯而且负有刑事责任。但这样做又有什么合理性呢？主要的并不是因为，鼓励揭露黑幕会侵蚀联结上司和部下的信任纽带，而是因为，如果鼓励揭露黑幕，会使得部下不再相信上司愿意而且能够保护他的员工。员工就会离心离德，成为上司潜在的敌人或是"第五纵队"。(摘自彼得·德鲁克《生态愿景》)

行动指南：
《萨班斯·奥克斯利法案》鼓励内部员工在遇到公司腐败案件时，要积极地揭露黑幕。这项法案会对上司和部下之间的关系产生什么影响呢？

---

① "吹哨者"一词指的是从组织内部挺身而出，揭发黑暗内幕的人。——译者

12 月 22 日

社会责任的局限性

"一个企业机构如果只是凡事'做得好'还不够，还必须'行善事'。而企业若是为了能够'行善事'，企业自己必须先'做得好'。"

企业若是不顾及自身经济绩效的限度，肩负起自身经济力量所不足以肩负的社会责任，则必将遇到麻烦。

这样看来，联合炭化公司在西弗吉尼亚的维也纳设厂，以缓和当地的失业情况，实际上并不是对社会负责的事情。这简直可以说是该公司一种失职的表现。该厂一设立就已经濒于生死边缘。它采用的是落伍的工艺流程，可以说工厂至多也就是勉强维持运转。而这表示，该厂是不可能承担社会责任的，甚至于不可能对自身的行为负责任。正因为该厂一开始便造成了浪费，联合炭化公司长期顶着要求撤销该厂的呼声。在20世纪40年代后期，公司是看不到后来发生的环境问题的，因为当时对就业的关切要远大于对环境的关注。但这方面的需求在当时也不能说是丝毫看不到的。因此，该公司明知所做的事情超出了它所能负担的社会责任，从经济角度上看也是毫不合理、根本站不住脚，却还是采取了这样的行动，可以说这是没有任何责任感的。这一行动，完全是出于感情冲动，结果也必然是造成更为巨大的损害。(摘自彼得·德鲁克《管理：任务、责任与实践》)

行动指南：
想想为什么要说"如果一个企业想要'行善事'，首先要能把事情'做得好'，或者说是'做得非常好'"？

12 月 23 日

精神价值

只有同情能够拯救认知——为很少几个上帝的孩子所做的任何事情，我所该担负的无以言传的责任的认知。这是对精神的认知。

社会需要一种精神价值的回归——并不是说要抛弃所有物质性的东西，而是为了使物质充分创造价值。不论物质的繁荣与富足对于芸芸众生曾是多么遥不可及，今时今日我们看到了实现这一梦想的光明前景。人类需要精神价值的回归，因为人类需要同情心。人们需要深深地体会，"你"和"我"皆是更高信仰的追求者。在我们所生活的这个充满恐怖、迫害和杀戮的时代，道德冷漠的坚硬外壳或许是必要的生存保护。失去了这个外壳，我们可能会陷入麻痹不前的绝望中。但这种道德的冷漠也是对思想与灵魂的亵渎，蕴藏着可怕的危险。即使不能说它纵容了冷酷与迫害，它也难逃帮凶之嫌。我们都知道，19 世纪那符合伦理观念的人道主义并没能阻止人类沦为野兽。

个人需要精神价值的回归，因为人若要在现世生存，就必须要明确人绝不仅仅是生物生理学意义上的存在，而更是一种精神存在。人是一种生物，是为了他的造物主的意志而存在，并服从造物主的安排。惟其如此，个人才能够理解，任一物种瞬间肉体的灰飞烟灭给人的威胁并不能磨灭人本身的存在、人的价值与人的责任。(摘自彼得·德鲁克《未来的里程碑》)

行动指南:

在即刻将会毁灭的威胁面前，丢掉了精神价值，我们何以能够维系自身的价值与责任？

12 月 24 日

紧张中的人类存在

基尔克果①认为，人类只有在紧张之中才有存在的可能——在紧张中人类能够同时作为精神个体与社会公民而存在。

社会的理性特征与个人和社会之间的理性关系的相互割裂，这可以说是我们这个时代的最具创新性的显著特点。

社会如果想要使一个人能够独一无二的存在于世，就必须使人能够死而无憾。实现这一点只有通过一种方式：那便是使个人的生命变得毫无意义。如果你认识到自己不过是沧海一粟，是社会这个大机体中的一个小小细胞，那么你的死就不足以为死了，"死"最好称之为一种新陈代谢的必然过程。但这样看，你的生命本身也就不再是真实的生命了，不过是社会整体生活的一个功能性程序，除了对整体发挥价值以外，别无效用。所以，这种昭示人类在社会中存在的乐观主义会直接导致绝望。而这种绝望又只会导致集权主义。人类的存在可能并不是在绝望中的存在，也可能不是在悲剧中的存在，但却可能是在信仰中的存在。信仰，就是相信上帝可以将一切不可能化为可能，相信它是时间与永恒的惟一缔造者，相信生与死同样含义丰富。(摘自彼得·德鲁克《生态愿景》、《经济人的终结》)

行动指南：

"人类只有在紧张之中才有存在的可能——在紧张中人类能够同时作为精神个体与社会公民而存在"，你是否同意这种观点？

---

① 基尔克果（1813—1855），丹麦神学家，存在主义学派的先驱。——译者

12 月 25 日

不受欢迎的基尔克果

信仰赋予人生死。

我的工作确实是完全属于社会的。但我立刻意识到若是追溯到遥远的 1928 年，我的生活不是也不可能是完全属于社会的，那时的生活还有着一个超越了社会的存在维度。可以说，我的工作一直以来是完全属于社会的——除了这篇关于基尔克果的文章以外。

尽管基尔克果的信仰并不能逾越人类存在的可怕的孤独、孤立与不协调，他却可以通过将它变得富有意义而使信仰易于接受。集权主义信条的哲学会使人去死。低估这种哲学是危险的，因为在充满感伤与痛苦的时代，由于灾难与恐怖的缘故，能够去死也是件很了不起的解脱了。但只是不低估还是不够的，基尔克果的信仰不但能够使人去死，也能够使人去生。信仰，就是相信上帝可以将一切不可能化为可能，相信它是时间与永恒的惟一缔造者，相信生与死同样含义丰富。信仰是一门学问，就是指人作为一种生物，不是自发的，不是主人，不是终结，不是中心，但却是有责任的，是自由的。信仰就是要接受这样一个事实，即人类本性中的孤独，能够被上帝"直到临终最后一刻"的陪伴所改变。

(摘自彼得·德鲁克《生态愿景》)

行动指南:
社会的救赎往往难逃失败的命运。为自己找到一种意志，既能维系你在社会中的存在，也能使你作为人的本体而存在。

12 月 26 日

魔鬼的回归

如果自由和安全不可兼得，人们会选择安全。

如果放弃自由能够确保重建世界的理性，那么人们已经作好放弃自由的准备了。如果自由和平等不可兼得，人们会放弃自由。如果自由和安全不可兼得，人们会选择安全。自由与否已成为一个次要问题，因为拥有自由并不能帮助我们驱散魔鬼。因为"自由的"社会受到魔鬼的威胁，所以谴责自由的做法，或者在绝望中以牺牲自由来换取拯救的想法，其理由都显得极为冠冕堂皇。(摘自彼得·德鲁克《经济人的终结》)

行动指南:

上述段落指的是欧洲人为了摆脱战争和经济萧条的"恶魔"，顺从了纳粹的统治。为什么当社会缺少强有力的独立组织时，人们更有可能会顺从高压统治和极权主义呢?

12 月 27 日

经济与社会的和谐并存

无法整合工业化的现实，给我们这个时代埋下了危机的祸因。这一切都是由于缺乏一个运转正常的工业化社会所造成的。

人的社会和政治存在必须要有一个运转正常的社会，这就好像人作为生物体的存在必须要呼吸空气一样。人们需要这样一个社会是不争的事实，但并不意味着人们一定拥有这样的社会。没有人会认为发生海难时，那些乱作一团、惊慌失措、四处奔命的人群是一个"社会"。在这样的环境下，虽然有人群中的个体，但却没有社会。实际上，这种惊慌失措正是源于社会的崩溃；而克服它的惟一方法就是重塑一个具备社会价值观、社会自律性、社会权力和社会关系的社会。

社会生活离开了社会是无法正常运行的，而且可以预见的是，它根本无法运行。过去 25 年西方文明发展的历程，使得我们根本无法自豪地说：社会生活运行得有条不紊，从而为运转正常的社会提供了一个显而易见的存在基础。(摘自彼得·德鲁克《工业人的未来》)

行动指南：

上述段落写于第二次世界大战期间。作者认识到：经过几个世纪的工业发展，社会其他机构并没有和经济成就一样取得进展。经济领域是否应该总是具有比人、社会和政治领域更高的地位呢？

12 月 28 日

家族企业

大部分的企业，都是由家族控制和管理的。

美国和所有其他发达国家中的大部分企业，都是由家族控制和管理的。家族管理并不局限于中小型企业，世界上某些最大的企业也是由家族经营的。例如，杜邦公司由家族控制和管理达 170 年之久（从 1802 年创办起，直到 20 世纪 70 年代由专业管理层接替），目前已成长为世界最大的化工公司。罗斯柴尔德银行也是如此。200 年前，一个名不见经传的硬币经销商把他的儿子们送往欧洲某个国家的首都开办了这家银行。如今，以罗斯柴尔德命名的并由罗斯柴尔德家族经营的这家银行依然挺立在世界主要私人银行之列。

然而，有关管理的书籍和课程却几乎完全是针对公共和专业管理的企业——它们难得提到家族经营的企业。当然，就所有功能性的工作而言，专业管理和家族管理的企业之间没有任何区别，它们的功能性工作大都是研究、营销、会计等。但是在管理方面，家族企业需要有其自身的完全不同的规则。这些规则必须严格遵守，否则，家族企业就难以生存，更不用说长足发展了。(摘自彼得·德鲁克《变动中的管理界》)

行动指南:
不到 30% 的家族企业可以维持到第二代，而只有 10% 可以维持到第三代，4% 维持到第四代。（《家庭杂志》网页，2004 年 6 月）去思考一下为什么这些家族企业难以代代相传。

12 月 29 日

家族企业的规则

"家族企业"中的关键词不是"家族",而应该是"企业"。

第一条规则是,家庭成员不可以在企业里工作,除非他们至少能和其他非家族成员的雇员一样能干和勤奋。第二条规则同样简单:无论公司管理层有多少家族成员,也无论他们多么出色,有一个高层职位必须由非家族成员来担任,典型的职位是财务主管和研究部主管——这两个位子的技术要求性都是最高的。第三条规则是,家族企业,除极小的家族企业外,越来越需要在关键的位子上安排非家族成员的专业人士。无论是在生产还是在营销、财务、研究、人事管理等方面,鉴于知识和专长所需,最好不要由哪怕是最能干的家族成员来胜任,不管他的意图是多么良好。

甚至是在忠实遵守上述三条规则的家族企业里,当管理层发生继承问题时也会有麻烦——常常是分裂。那是因为经营的需要和家族的需要发生了冲突。解决的办法只有一个:把继承问题的决策交给一个既不是家族成员也不是企业一部分的外来者。(摘自彼得·德鲁克《变动中的管理界》)

行动指南:

多了解家庭式企业的高层管理,向成员询问他们计划如何解决管理继承问题,以确保企业可以延续到"下一代"。并要决定这一计划是否是由企业决定,还是由家庭决定的,抑或是两者兼顾考虑。

12 月 30 日

创新与机遇最大化

若想使已经成为可能的事情变得更有成效，还欠缺些什么？

创新者的一个特点就是具有预见的能力。对别人来说毫不相干、分离的因素，在他却可以融成一个系统。找到并提供那些可以使已经存在的因素发生转化的哪怕是最为微小的环节。要找到一个能够使创新创造出最大化的机遇的领域，管理者需要回答以下三个问题："若想使已经成为可能的事情变得更有成效，还欠缺些什么？哪个微小步骤能够改变我们的经济成果？哪些微小的改变能够改变我们的资源的整体能力？"

描述需求并不意味着满足需求。但对需求进行描述也就等于对令人期待的成果进行了细分。这些需求是否能够得到满足是可以决定的。创新是适用于发现企业的潜力并创造未来的。(摘自彼得·德鲁克《成果管理》)

行动指南:
问自己上文提到的三个问题。

12 月 31 日

从数据到信息普及

管理者与知识型员工只有一样工具：那就是信息。

信息能够使组织成为整体，信息也能够使个别的知识型员工变得卓有成效。企业与个人都要了解他们需要什么信息以及该怎样去获得这些信息。他们需要了解如何将信息组织成他们的核心资源。他们并不需要对信息技术关注过多，而是需要更多地关注如何将数据转化成真正的信息。

若要从数据普及发展到信息普及，你就要回答这样两个原则性问题，"我的企业需要什么信息"以及"我需要什么信息"。而为了回答这两个问题，你要重新思考：

- 你的工作是什么，你的工作应该是什么；
- 你的贡献是什么，或者你的贡献应该是什么；
- 你的组织的根本是什么。

你需要三种不同类型的信息，且每种信息都有自己的概念。三类主要的信息是：外部信息、内部信息及跨组织信息。你和你的组织的成功都取决于是否能够正确回答出这些问题，是否能够获得并组织信息，从而将正确的信息转化成行动。(摘自彼得·德鲁克《21世纪的管理挑战》、《从数据到信息普及》(美国 Corpedia 德鲁克网上教育培训课程))

行动指南：

明确你的工作所需要的信息，并回答出这些问题，"我的工作是什么，我的贡献应该是什么"以及"我的组织的根本是什么"。之后，再回答这两个问题，"我的组织需要什么信息"以及"我需要什么信息"。

参考书目与网上材料注解

参考书目

《旁观者》（*Adventures of a Bystander*）
2月12日，4月21日，4月22日，4月25日，6月23日

《不连续性时代》（*The Age of Discontinuity*）
1月2日，1月4日，1月18日，2月1日，2月4日，2月19日，5月6日，5月10日，5月30日，10月22日，10月23日，10月24日，10月25日，11月1日，12月3日

《公司的概念》（*Concept of the Corporation*）
2月16日，5月27日，6月25日，10月20日，11月18日，11月29日

《德鲁克论亚洲》（*Drucker on Asia*）
1月24日，1月25日，6月1日，6月7日，6月22日，8月31日，10月1日

《生态愿景》（*The Ecological Vision*）
1月2日，1月17日，1月21日，1月22日，1月26日，2月10日，2月20日，3月15日，3月18日，4月27日，4月28日，5月21日，5月31日，6月2日，6月3日，6月4日，6月5日，8月7日，8月8日，11月17日，12月1日，12月21日，12月24日，12月25日

《经济人的终结》（*The End of Economic Man*）

1 月 20 日，6 月 28 日，10 月 17 日，10 月 18 日，12 月 24 日，12 月
26 日

《德鲁克精华》（*The Essential Drucker*）

4 月 8 日，4 月 18 日

《卓有成效的管理者》（*The Effective Executive*）

1 月 5 日，1 月 15 日，4 月 7 日，9 月 1 日，9 月 2 日，9 月 3 日，9 月 4
日，9 月 5 日，9 月 6 日，9 月 8 日，9 月 16 日，9 月 20 日，10 月 2 日，10 月
3 日，10 月 4 日，10 月 5 日，10 月 7 日，10 月 8 日，10 月 9 日，10 月 10 日，
10 月 11 日，10 月 13 日，10 月 14 日

《管理前沿》（*The Frontiers of Management*）

1 月 27 日，3 月 2 日，3 月 4 日，4 月 1 日，5 月 11 日，6 月 6 日，9 月
22 日，10 月 26 日，11 月 27 日，11 月 28 日，11 月 30 日，12 月 11 日，12 月
13 日，12 月 14 日，12 月 15 日，12 月 16 日，12 月 17 日

《成功运转的社会》（*A Functioning Society*）

1 月 31 日，3 月 19 日，4 月 12 日，4 月 13 日，4 月 18 日，10 月 28 日，
11 月 18 日

《工业人的未来》（*The Future of Industrial Man*）

1 月 19 日，1 月 31 日，2 月 13 日，2 月 17 日，2 月 24 日，10 月 16 日，
12 月 27 日

《创新与企业家精神》（*Innovation and Entrepreneurship*）

2 月 10 日，3 月 6 日，7 月 12 日，7 月 13 日，7 月 14 日，7 月 15 日，7
月 16 日，7 月 17 日，7 月 18 日，7 月 19 日，7 月 20 日，7 月 21 日，7 月 22

日，7 月 29 日，8 月 4 日，8 月 6 日，8 月 10 日，8 月 11 日，8 月 12 日，8 月 13 日，8 月 16 日，8 月 17 日，8 月 18 日，8 月 19 日，8 月 20 日，8 月 21 日，8 月 22 日，8 月 23 日，8 月 24 日，12 月 20 日

《未来的里程碑》（*Landmarks of Tomorrow*）
3 月 29 日，4 月 4 日，12 月 23 日

《管理：任务、责任与实践》（*Management: Tasks，Responsibilities，Practices*）
1 月 1 日，1 月 10 日，1 月 16 日，1 月 28 日，2 月 27 日，2 月 28 日，2 月 29 日，3 月 7 日，3 月 13 日，3 月 29 日，4 月 2 日，4 月 3 日，4 月 6 日，4 月 9 日，4 月 16 日，4 月 29 日，6 月 20 日，6 月 21 日，6 月 27 日，7 月 1 日，7 月 3 日，7 月 23 日，7 月 26 日，8 月 1 日，8 月 2 日，8 月 3 日，8 月 28 日，9 月 10 日，9 月 21 日，9 月 23 日，9 月 24 日，9 月 25 日，9 月 26 日，9 月 27 日，9 月 28 日，9 月 29 日，9 月 30 日，10 月 6 日，10 月 12 日，10 月 15 日，11 月 8 日，11 月 9 日，11 月 11 日，11 月 12 日，11 月 14 日，11 月 15 日，11 月 16 日，11 月 21 日，11 月 22 日，11 月 23 日，11 月 24 日，11 月 25 日，11 月 26 日，12 月 22 日

《21 世纪的管理挑战》（*Management Challenges for the 21st Century*）
1 月 5 日，1 月 6 日，1 月 7 日，1 月 8 日，2 月 8 日，2 月 25 日，3 月 1 日，3 月 2 日，3 月 9 日，3 月 11 日，3 月 14 日，3 月 15 日，3 月 25 日，3 月 28 日，5 月 1 日，5 月 3 日，5 月 6 日，5 月 13 日，5 月 20 日，5 月 23 日，5 月 24 日，5 月 25 日，5 月 26 日，5 月 28 日，6 月 1 日，6 月 10 日，7 月 7 日，7 月 8 日，7 月 9 日，7 月 10 日，7 月 11 日，9 月 5 日，9 月 11 日，9 月 12 日，9 月 13 日，9 月 14 日，9 月 15 日，9 月 17 日，9 月 18 日，9 月 19 日，11 月 2 日，11 月 3 日，11 月 4 日，11 月 5 日，11 月 10 日，11 月 16 日，11 月 18 日，12 月 4 日，12 月 5 日，12 月 6 日，12 月 7 日，12 月 8 日，12 月 9 日，12 月 10 日，12 月 18 日，12 月 31 日

《管理未来》（*Managing for the Future*）

5月22日，6月18日，6月30日，7月25日，8月5日，12月19日

《成果管理》（*Managing for Results*）

3月5日，4月23日，7月6日，7月28日，8月14日，8月15日，12月30日

《变动中的管理界》（*Managing in a Time of Great Change*）

1月5日，2月10日，3月9日，3月24日，4月24日，5月2日，5月7日，5月9日，5月19日，6月29日，7月1日，7月2日，7月3日，7月4日，7月5日，7月24日，7月27日，9月9日，11月8日，12月28日，12月29日

《未来社会的管理》（*Managing in the Next Society*）

1月9日，1月30日，2月5日，2月26日，3月1日，3月10日，3月21日，3月22日，3月23日，3月26日，3月27日，5月1日，5月4日，5月6日，5月8日，5月12日，5月13日，5月14日，5月15日，5月16日，5月17日，5月18日，6月13日，6月14日，6月24日，8月9日，10月19日

《动荡时代的管理》（*Managing in Turbulent Times*）

1月5日，2月2日，3月8日，3月20日，8月3日，12月2日

《非营利组织管理》（*Managing the Non-Profit Organization*）

4月5日，4月6日，4月8日，4月10日，4月11日，4月15日，4月17日，4月19日，4月20日，6月8日，6月9日，6月11日，9月7日，10月29日，10月30日，10月31日，11月6日，11月7日

《新现实》（*The New Realities*）

1月12日，1月13日，2月1日，2月11日，2月14日，3月30日，3

月 31 日，5 月 5 日，5 月 11 日，5 月 13 日，10 月 25 日，10 月 27 日

《新社会》（*The New Society*）
1 月 14 日，4 月 30 日，12 月 20 日

《养老基金的革命》（*Pension Fund Revolution*）（originally published as *The Unseen Revolution*）
6 月 16 日，6 月 17 日，6 月 19 日

《后资本主义社会》（*Post-Capitalist Society*）
1 月 18 日，2 月 1 日，2 月 3 日，2 月 7 日，2 月 9 日，2 月 15 日，2 月 18 日，2 月 22 日，2 月 23 日，5 月 7 日，5 月 22 日，5 月 29 日，5 月 30 日，6 月 15 日，10 月 21 日，11 月 19 日

《管理实践》（*The Practice of Management*）
1 月 3 日，1 月 15 日，1 月 23 日，1 月 29 日，2 月 21 日，3 月 9 日，3 月 12 日，3 月 16 日，3 月 17 日，11 月 13 日，11 月 15 日

网上材料注解

"变革的推动力"（Driving Change）（模块 8116）
7 月 14 日，7 月 15 日，7 月 16 日，7 月 17 日，7 月 19 日，7 月 20 日

"决策制定的因素"（The Elements of Decision Making）（模块 8104）
10 月 5 日，10 月 7 日，10 月 8 日，10 月 9 日，10 月 10 日，10 月 11 日，10 月 14 日

"企业家战略"（Entrepreneurial Strategies）（模块 8110）
8 月 16 日，8 月 17 日，8 月 18 日，8 月 19 日，8 月 20 日，8 月 21 日，8 月 22 日，8 月 23 日，8 月 24 日

"企业致命的五宗罪"（The Five Deadly Business Sins）（模块 8018）

3 月 24 日，7 月 24 日，7 月 27 日

"从数据到信息普及"（From Data to Information Literacy）（模块 8115）

3 月 3 日，3 月 25 日，7 月 7 日，11 月 2 日，11 月 3 日，12 月 4 日，12 月 5 日，12 月 6 日，12 月 8 日，12 月 9 日，12 月 10 日，12 月 31 日

"知识型员工的生产率"（Knowledge Worker Productivity）（模块 8015）

1 月 8 日，5 月 24 日，5 月 25 日，5 月 28 日

"自我管理"（Managing Oneself）（模块 8101）

6 月 1 日，9 月 12 日，9 月 13 日，9 月 14 日，9 月 15 日，9 月 17 日

"管理你的上司"（Managing the Boss）（模块 8103）

9 月 16 日

"未来社会"（The Next Society）（模块 8114）

1 月 9 日，3 月 14 日，3 月 23 日，3 月 27 日，5 月 3 日，5 月 14 日，5 月 15 日，5 月 16 日，5 月 17 日，6 月 14 日，8 月 9 日，9 月 19 日

"人事决策"（People Decisions）（模块 8102）

4 月 18 日，4 月 19 日，9 月 21 日

"永恒的成本控制"（Permanent Cost Control）（模块 8109）

7 月 28 日，7 月 29 日，7 月 30 日，7 月 31 日

"成功的收购"（The Successful Acquisition）（模块 8106）

12 月 11 日，12 月 12 日，12 月 13 日，12 月 14 日，12 月 15 日，12 月 16 日，12 月 17 日

每日主题汇总

Acquisitions
收购
12 月 11 日，12 日，13 日，14 日，15
日，16 日，17 日

Abandonment
放弃
1 月 5 日，6 日，2 月 9 日，10 日，11
月 10 日，11 日

Alliances
企业战略联盟
12 月 18 日，19 日

Business Ethics
商业伦理
3 月 18 日，4 月 26 日，27 日，28 日，
29 日，12 月 21 日

Business Intelligence Systems
商业情报系统
11 月 2 日，3 日，4 日

Business Purpose
企业的宗旨
1 月 21 日，3 月 12 日，3 月 17 日

Capitalism
资本主义
10 月 18 日，19 日

Change
变革
3 月 1 日，9 日，10 日，11 日，11 月
5 日

Communications
沟通
11 月 26 日

Continuity and Change
连续性和变革
2 月 8 日

Core Competencies
核心优势
7 月 6 日，8 日，9 日

Cost Control
成本控制
7 月 27 日，28 日，29 日，30 日，31 日

Creative Destruction
创造性的破坏

2 月 9 日，10 日

Decision Making
决策制定
10 月 2 日，3 日，4 日，5 日，6 日，7
日，8 日，9 日，10 日，11 日，12 日，
13 日，14 日，15 日，12 月 10 日

Dual Time Frames
两个时间维度
3 月 15 日，16 日，9 月 28 日

E-commerce
电子商务
3 月 23 日，24 日

Economics
经济
1 月 21 日，22 日，23 日，3 月 17 日，
25 日，5 月 11 日，31 日，6 月 19 日，
28 日

Effectiveness
有效性
9 月 1 日，2 日，3 日，4 日，5 日，6
日，7 日，8 日

Face Realities
面对现实
2 月 2 日

Faith
信仰
12 月 23 日，24 日，25 日，26 日

Family Business
家族式企业
12 月 28 日，29 日

Freedom
自由
2 月 13 日，17 日

Government
政府
2 月 13 日，14 日，17 日，18 日，19
日，20 日，21 日，22 日，23 日，5 月
10 日，10 月 16 日，21 日，22 日，23
日，24 日，25 日，27 日

Governance
治理
2 月 24 日，25 日

Government and Business
政府和企业
10 月 26 日，27 日，28 日

Government and Society
政府和社会
1 月 30 日，31 日，2 月 17 日，10 月 16
日，17 日

Growth
增长
8 月 1 日，2 日，3 日，4 日，10 日，11
日，12 日，13 日

Incentives
动机
6 月 5 日，9 月 30 日

Information-Based Organization
信息化组织
6 月 2 日，3 日，4 日，5 日

Information for Decisions

决策所需的信息
12 月 4 日，5 日，6 日，7 日，8 日，9
日，10 日，31 日

Information Technology
信息技术
3 月 21 日，22 日

Innovation
创新
3 月 4 日，5 日，6 日，14 日，7 月 9
日，10 日，11 日，12 日，13 日，14
日，15 日，16 日，17 日，18 日，19
日，20 日，21 日，22 日，8 月 6 日，7
日，8 日，9 日，15 日，16 日，17 日，
18 日，19 日，20 日，21 日，22 日，
23 日，24 日，25 日，26 日，27 日，
12 月 3 日，30 日

Knowledge Work
知识工作
1 月 7 日，8 日，2 月 4 日，5 月 8 日，
9 日，14 日，15 日，23 日，24 日，25
日，26 日，28 日，29 日，30 日

Knowledge Workers
知识型员工
5 月 6 日，7 日，29 日，30 日，6 月
13 日

Leadership
领导
1 月 1 日，15 日，2 月 14 日，4 月 3
日，5 日，6 日，7 日，8 日，9 日，10
日，11 日，12 日，13 日，14 日

Management
管理

1 月 3 日，9 日，10 日，11 日，12 日，
14 日，16 日，17 日，18 日，27 日，
28 日，29 日，2 月 3 日，11 日，3 月
25 日，26 日，27 日，29 日，4 月 1 日，
14 日，5 月 27 日，6 月 13 日，6 月 27
日，11 月 12 日，9 月 6 日，7 日，9 日

Management and Society
管理和社会
1 月 17 日，18 日，23 日

Management as a Liberal Art
管理作为一种人文艺术
1 月 11 日，13 日

Management by Objectives
目标管理
11 月 13 日，14 日

Management Education
管理学教育
6 月 12 日

Management Letter
致管理者的信
11 月 15 日

Management Science
管理科学
3 月 29 日，30 日，31 日

Managing Oneself
自我管理
1 月 24 日，25 日，2 月 7 日，4 月 30
日，6 月 7 日，8 日，9 日，11 日，9
月 1 日，9 日，10 日，11 日，12 日，
13 日，14 日，15 日，16 日，17 日，
18 日，19 日，22 日

Managing Turbulence
动荡管理
2 月 29 日, 7 月 7 日, 23 日, 24 日,
25 日, 26 日, 27 日

Measurement
评价
9 月 23 日, 24 日, 25 日, 26 日, 27 日

Misdirection
误导
9 月 29 日

New Realities
新现实
2 月 1 日, 2 日, 5 日, 6 日, 7 日, 3
月 25 日, 26 日, 27 日, 5 月 1 日, 2
日, 3 日, 4 日, 5 日, 8 日, 9 日, 12
日, 13 日, 14 日, 15 日, 16 日, 17
日, 18 日, 19 日, 28 日, 8 月 28 日

Nonprofit Organizations
非营利组织
6 月 29 日, 30 日, 10 月 29 日, 30 日,
31 日

Objectives
目标
2 月 26 日, 3 月 15 日, 16 日, 19 日,
20 日

Organizing
组织
4 月 4 日, 11 月 16 日, 17 日, 18 日,
19 日, 20 日, 21 日, 22 日, 23 日,
24 日, 25 日, 26 日, 27 日, 28 日,
29 日, 30 日, 9 月 20 日, 21 日, 22 日

Pension Funds
养老基金
6 月 14 日, 15 日, 16 日, 17 日, 18
日, 19 日

People
员工
4 月 15 日, 16 日, 17 日, 18 日, 19
日, 20 日, 21 日, 22 日, 23 日,
30 日

Performance
绩效
1 月 16 日, 29 日, 3 月 16 日

Pluralism
多元主义
5 月 5 日

Productivity（Manual，Service，Knowl-
edge）
生产率（体力劳动，服务，知识）
5 月 20 日, 21 日, 22 日, 23 日

Purpose of a Business
企业的宗旨
2 月 27 日, 28 日

Regulation
干预管制
6 月 18 日, 20 日

Religion
宗教
2 月 15 日, 12 月 23 日, 24 日, 25 日,
26 日

Responsibility

责任
6 月 6 日, 23 日

Social Ecology
社会生态学
12 月 1 日, 1 月 26 日

Social Responsibility
社会责任
4 月 24 日, 25 日, 26 日, 27 日, 28
日, 29 日, 12 月 20 日, 21 日, 22 日

Society of Organizations
组织化社会
1 月 18 日, 19 日

Staff Work
参谋工作
11 月 27 日, 28 日, 29 日

Strategic Planning
战略性计划
11 月 8 日, 9 日

Strategy

战略
3 月 13 日, 28 日, 11 月 5 日, 6 日,
7 日

Theory of the Business
商业理论
7 月 1 日, 2 日, 3 日, 4 日, 5 日

Totalitarianism
极权主义
1 月 10 日

Transnational Organization
跨国组织
2 月 6 日

Values
价值
1 月 15 日, 2 月 16 日, 17 日

Work and Human Nature
工作与人性
1 月 20 日, 2 月 11 日, 6 月 21 日, 25
日, 26 日

每日材料来源

除非另有注明，否则"每日材料来源"中的书目页码指的是参考书目最新版本中的页码。

		Source Page Number
January 1	*Management: Tasks, Responsibilities, Practices* (Hardcover)	462–463
January 2	*The Ecological Vision*	450–451
	The Age of Discontinuity	37
January 3	*The Practice of Management*	4
January 4	*The Age of Discontinuity*	193, 194, 195
January 5	*The Effective Executive*	104
	Managing in Turbulent Times	45
	Managing in a Time of Great Change	33
	Management Challenges for the 21st Century	75
January 6	*Management Challenges for the 21st Century*	74–75
January 7	*Management Challenges for the 21st Century*	148–149
January 8	*Management Challenges for the 21st Century*	146
	Knowledge Worker Productivity (Corpedia Module 8105)	
January 9	*Managing in the Next Society*	287
	The Next Society (Corpedia Module 8114)	
January 10	*Management: Tasks, Responsibilities, Practices* (Hardcover)	ix–x
January 11	"Teaching the Work of Management," *New Management* (Winter 1985)	5
January 12	*The New Realities*	ix–x
January 13	*The New Realities*	223
January 14	*The New Society*	158
January 15	*The Practice of Management*	144, 145
	The Effective Executive	40, 78
January 16	*Management: Tasks, Responsibilities, Practices*	17
January 17	*The Ecological Vision*	143–145
January 18	*Post-Capitalist Society*	49
	The Age of Discontinuity	189–190, 211
January 19	*The Future of Industrial Man*	29
January 20	*The End of Economic Man*	45
January 21	*The Ecological Vision*	111–112
January 22	*The Ecological Vision*	75–76
January 23	*The Practice of Management*	390–391
January 24	*Drucker on Asia*	108–109

January 25	*Drucker on Asia*	98–101
January 26	*The Ecological Vision*	441–442
	The Age of Discontinuity	441–442
January 27	*The Frontiers of Management*	9
January 28	*Management: Tasks, Responsibilities, Practices*	380–381
January 29	*The Practice of Management*	9–10
January 30	*Managing in the Next Society*	xii–xiii
January 31	*A Functioning Society*	xv–xvii
	The Future of Industrial Man	27, 28
February 1	*The New Realities*	3
	Post-Capitalist Society	1
	The Age of Discontinuity	Preface
February 2	*Managing in Turbulent Times*	6
February 3	*Post-Capitalist Society*	33, 40, 42
February 4	*The Age of Discontinuity*	38, 351, 352
February 5	*Management in the Next Society*	235–236, 247
February 6	"The Global Economy and the Nation-State,"	
	Foreign Affairs, 75th Anniversary Edition	
	(September/October 1997)	168–169
February 7	*Post-Capitalist Society*	212–213
February 8	*Management Challenges for the 21st Century*	90–92
February 9	*Post-Capitalist Society*	60–62
February 10	*Managing in a Time of Great Change*	77
	The Ecological Vision	445
	Innovation and Entrepreneurship	253–254
February 11	*The New Realities*	220–221
February 12	*Adventures of a Bystander*	1, 6
February 13	"The Freedom of Industrial Man," *The Virginia Quarterly*	
	Review (Vol. 18, No. 4, Autumn 1942)	482–483
February 14	*The New Realities*	100–104
February 15	*Post-Capitalist Society*	13
February 16	*Concept of the Corporation*	17
February 17	*The Future of Industrial Man*	196, 197
February 18	*Post-Capitalist Society*	159–160
February 19	*The Age of Discontinuity*	234, 236–238
February 20	*The Ecological Vision*	149–150
February 21	*The Practice of Management*	22–23
February 22	*Post-Capitalist Society*	125–126, 133–134
February 23	*Post-Capitalist Society*	145–148, 159
February 24	*The Future of Industrial Man*	95–96
February 25	*Management Challenges for the 21st Century*	158–159
February 26	*Managing in the Next Society*	287–288
February 27	*Management: Tasks, Responsibilities, Practices*	77, 79

February 28	*Management: Tasks, Responsibilities, Practices*	80–82
February 29	*Management: Tasks, Responsibilities, Practices*	84–86
March 1	*Management Challenges for the 21st Century*	73, 93
	Managing in the Next Society	295
March 2	*The Frontiers of Management*	262
	Management Challenges for the 21st Century	86
March 3	*Management Challenges for the 21st Century*	22–25
	From Data to Information Literacy (Corpedia Module 8115)	
March 4	*The Frontiers of Management*	261–262
March 5	*Managing for Results*	173, 174, 183
March 6	*Innovation and Entrepreneurship*	139–140
March 7	*Management: Tasks, Responsibilities, Practices*	398–399
March 8	*The "How to" Drucker, American Management Association, 1977*	22–24
	Managing in Turbulent Times	41–71
March 9	*Managing in a Time of Great Change*	69
	The Practice of Management	70
	The Ecological Vision	146
	Management Challenges for the 21st Century	92–93
March 10	*Managing in the Next Society*	74–75
March 11	*Management Challenges for the 21st Century*	86–88
March 12	*The Practice of Management*	39–40
March 13	*Management: Tasks, Responsibilities, Practices*	128
March 14	"Management's New Paradigms," *Forbes*, October 5, 1998	174
	Management Challenges for the 21st Century	73–93
	The Next Society (Corpedia Module 8114)	
March 15	*The Ecological Vision*	116
	Management Challenges for the 21st Century	179
March 16	*The Practice of Management*	62–63
March 17	*The Practice of Management*	76–77
March 18	*The Ecological Vision*	112–113
March 19	*A Functioning Society*	131, 133–134
March 20	*Managing in Turbulent Times*	67–71
March 21	*Managing in the Next Society*	3–4, 19–20
March 22	*Managing in the Next Society*	30–31
March 23	*Managing in the Next Society*	60–61
	The Next Society (Corpedia Module 8114)	
March 24	*Managing in a Time of Great Change*	45–50
	The Five Deadly Business Sins (Corpedia Module 8108)	
March 25	*Management Challenges for the 21st Century*	114–115
	From Data to Information Literacy (Corpedia Module 8115)	
March 26	*Managing in the Next Society*	241–242
March 27	*Managing in the Next Society*	274–275
	The Next Society (Corpedia Module 8114)	

March 28	*Management Challenges for the 21st Century*	121–123
March 29	*Landmarks of Tomorrow*	6
	Management: Tasks, Responsibilities, Practices	508
March 30	*The New Realities*	157–159
March 31	*The New Realities*	252–254
April 1	*The Frontiers of Management*	226–227
April 2	*Management: Tasks, Responsibilities, Practices*	284
	second paragraph from a letter to Jack Beatty, *The World*	
	According to Peter Drucker, Jack Beatty (Free Press, 1998)	79
April 3	*Management: Tasks, Responsibilities, Practices*	455–456
April 4	*Landmarks of Tomorrow*	109–110
April 5	*Managing the Non-Profit Organization*	16–17
April 6	*Managing the Non-Profit Organization*	3
	Management: Tasks, Responsibilities, Practices	463
April 7	*The Effective Executive*	98–99
April 8	*The Leader of the Future,* Francis Hesselbein, et al., eds.	
	(Jossey-Bass, 1996)	xi–xiv
	The Essential Drucker	268–271
	Managing the Non-Profit Organization	9–27
April 9	*Management: Tasks, Responsibilities, Practices*	462
April 10	*Managing the Non-Profit Organization*	9
April 11	*Managing the Non-Profit Organization*	20–21, 27
April 12	*A Functioning Society*	35–36
April 13	*A Functioning Society*	35–36
April 14	*Management Cases* (Part Five, Case No. 2)	95–97
April 15	*Managing the Non-Profit Organization*	145–146
April 16	*Management: Tasks, Responsibilities, Practices*	108–109
April 17	*Managing the Non-Profit Organization*	149
April 18	*The Essential Drucker*	127–135
	People Decisions (Corpedia Module 8102)	
April 19	*Managing the Non-Profit Organization*	145–153
	People Decisions (Corpedia Module 8102)	
April 20	*Managing the Non-Profit Organization*	154–155
April 21	*Adventures of a Bystander*	280–281
April 22	*Adventures of a Bystander*	281
April 23	*Managing for Results*	223
April 24	*Managing in a Time of Great Change*	84
April 25	*Adventures of a Bystander*	292–293
April 26	"An Interview with Peter Drucker," *The Academy of*	
	Management Executive (Vol. 17, No. 3, August 2003)	11
April 27	*The Ecological Vision*	196–197, 199
April 28	*The Ecological Vision*	199–202
April 29	*Management: Tasks, Responsibilities, Practices*	366, 368–369

April 30	*The New Society*	200–201
May 1	*Management Challenges for the 21st Century*	21
	Managing in the Next Society	23–24
May 2	*Managing in a Time of Great Change*	65–66, 68–69, 72
May 3	*Management Challenges for the 21st Century*	61, 63
	The Next Society (Corpedia Module 8114)	
May 4	*Managing in the Next Society*	237–238
May 5	*The New Realities*	78–79
May 6	*The Age of Discontinuity*	268
	Management Challenges for the 21st Century	149–150
	Managing in the Next Society	238–239
May 7	*Managing in a Time of Great Change*	76, 250
	Post-Capitalist Society	215
May 8	*Managing in the Next Society*	262–263
May 9	*Managing in a Time of Great Change*	77, 226, 234
May 10	*The Age of Discontinuity*	213–214
May 11	*The Frontiers of Management*	66, 68
	The New Realities	121–122
May 12	*Managing in the Next Society*	263, 264–265, 266, 268
May 13	*Management Challenges for the 21st Century*	62
	The New Realities	xiii
	Managing in the Next Society	268
May 14	*Managing in the Next Society*	118–122
	The Next Society (Corpedia Module 8114)	
May 15	*Managing in the Next Society*	114–118, 276
	The Next Society (Corpedia Module 8114)	
May 16	*Managing in the Next Society*	292–294
	The Next Society (Corpedia Module 8114)	
May 17	*Managing in the Next Society*	283–284
	The Next Society (Corpedia Module 8114)	
May 18	*Managing in the Next Society*	286
May 19	*Managing in a Time of Great Change*	350–351
May 20	*Management Challenges for the 21st Century*	136–137, 141
May 21	*The Ecological Vision*	228–230
May 22	*Post-Capitalist Society*	93–95
	Managing for the Future	275
May 23	*Management Challenges for the 21st Century*	142
May 24	*Management Challenges for the 21st Century*	143–146
	Knowledge Worker Productivity (Corpedia Module 8105)	
May 25	*Management Challenges for the 21st Century*	147
	Knowledge Worker Productivity (Corpedia Module 8105)	
May 26	*Management Challenges for the 21st Century*	146–148
May 27	*Concept of the Corporation*	296–297

May 28	*Management Challenges for the 21st Century*	146
	Knowledge Worker Productivity (Corpedia Module 8105)	
May 29	*Post-Capitalist Society*	192–193
May 30	*Post-Capitalist Society*	56, 64
	The Age of Discontinuity	276–277
May 31	*The Ecological Vision*	99
June 1	*Management Challenges for the 21st Century*	163
	Managing Oneself (Corpedia Module 8101)	
June 2	*The Ecological Vision*	349–350
June 3	*The Ecological Vision*	350–351
June 4	*The Ecological Vision*	351
June 5	*The Ecological Vision*	352–353
June 6	*The Frontiers of Management*	204, 206–207
June 7	*Drucker on Asia*	107–108
June 8	*Managing the Non-Profit Organization*	201–202
June 9	*Managing the Non-Profit Organization*	189–190, 192–193, 200
June 10	*Management Challenges for the 21st Century*	178
June 11	*Managing the Non-Profit Organization*	195–196
June 12	"An Interview with Peter Drucker," *The Academy of*	
	Management Executive (Vol. 17, No. 3, August 2003)	10–12
June 13	*Managing in the Next Society*	281–282
June 14	*Managing in the Next Society*	288–289
	The Next Society (Corpedia Module 8114)	
June 15	*Post-Capitalist Society*	76
June 16	*The Pension Fund Revolution*	71–72
June 17	*The Pension Fund Revolution*	81–82
June 18	*Managing for the Future*	236, 248
June 19	*The Pension Fund Revolution*	195
June 20	*Management: Tasks, Responsibilities, Practices*	334–335
June 21	*Management: Tasks, Responsibilities, Practices*	181–182, 185
June 22	*Drucker on Asia*	103–104
June 23	*Adventures of a Bystander*	273
June 24	*Managing in the Next Society*	225, 231–232
June 25	*Concept of the Corporation*	152–153
June 26	"Meeting of the Minds," *Across the Board: The Conference Board*	
	Magazine (Nov/Dec 2000)	21
June 27	*Management: Tasks, Responsibilities, Practices*	807–811
June 28	*The End of Economic Man*	36–37
June 29	*Managing in a Time of Great Change*	273–274, 277–278
June 30	*Managing for the Future*	204
July 1	*Management: Tasks, Responsibilities, Practices*	74
	Managing in a Time of Great Change	29–30
July 2	*Managing in a Time of Great Change*	30

July 3	*Management: Tasks, Responsibilities, Practices*	96–97
	Managing in a Time of Great Change	29–30
July 4	*Managing in a Time of Great Change*	31–32
July 5	*Managing in a Time of Great Change*	37–38
July 6	*Managing for Results*	117–118
July 7	*Management Challenges for the 21st Century*	97–132
	From Data to Information Literacy (Corpedia Module 8115)	
July 8	*Management Challenges for the 21st Century*	118–119
July 9	*Management Challenges for the 21st Century*	119
July 10	*Management Challenges for the 21st Century*	82–83
July 11	*Management Challenges for the 21st Century*	80–81
July 12	*Innovation and Entrepreneurship*	34–36
July 13	*Innovation and Entrepreneurship*	37–39, 50
July 14	*Innovation and Entrepreneurship*	49–50, 153
	Driving Change (Corpedia Module 8116)	
July 15	*Innovation and Entrepreneurship*	57
	Driving Change (Corpedia Module 8116)	
July 16	*Innovation and Entrepreneurship*	69, 73
	Driving Change (Corpedia Module 8116)	
July 17	*Innovation and Entrepreneurship*	76, 85
	Driving Change (Corpedia Module 8116)	
July 18	*Innovation and Entrepreneurship*	88–89, 92, 96–98
July 19	*Innovation and Entrepreneurship*	99
	Driving Change (Corpedia Module 8116)	
July 20	*Innovation and Entrepreneurship*	36, 119, 132
	Driving Change (Corpedia Module 8116)	
July 21	*Innovation and Entrepreneurship*	177
July 22	*Innovation and Entrepreneurship*	183
July 23	*Management: Tasks, Responsibilities, Practices*	105–107
July 24	*Managing in a Time of Great Change*	45–46
	The Five Deadly Business Sins (Corpedia Module 8108)	
July 25	*Managing for the Future*	251–255
July 26	*Management: Tasks, Responsibilities, Practices*	64–65
July 27	*Managing in a Time of Great Change*	47–48
	The Five Deadly Business Sins (Corpedia Module 8108)	
July 28	*Permanent Cost Control* (Corpedia Module 8109)	
	Managing for Results	68–110
July 29	*Permanent Cost Control* (Corpedia Module 8109)	
	Innovation and Entrepreneurship	143–176
July 30	*Permanent Cost Control* (Corpedia Module 8109)	
July 31	*Permanent Cost Control* (Corpedia Module 8109)	
August 1	*Management: Tasks, Responsibilities, Practices*	674, 679
August 2	*Management: Tasks, Responsibilities, Practices*	664, 666, 668

August 3   *Managing in Turbulent Times*   48
            Management: Tasks, Responsibilities, Practices   774
August 4   *Innovation and Entrepreneurship*   162–163
August 5   *Managing for the Future*   281–282
August 6   *Innovation and Entrepreneurship*   189–192
August 7   *The Ecological Vision*   177–179
August 8   *The Ecological Vision*   179
August 9   *Managing in the Next Society*   277–279
            The Next Society (Corpedia Module 8114)
August 10   *Innovation and Entrepreneurship*   193
August 11   *Innovation and Entrepreneurship*   193–194
August 12   *Innovation and Entrepreneurship*   194–195
August 13   *Innovation and Entrepreneurship*   198–199
August 14   *Managing for Results*   151
August 15   *Managing for Results*   171–172
August 16   *Innovation and Entrepreneurship*   viii, 19, 209
            Entrepreneurial Strategies (Corpedia Module 8110)
August 17   *Innovation and Entrepreneurship*   210–211
            Entrepreneurial Strategies (Corpedia Module 8110)
August 18   *Innovation and Entrepreneurship*   220–221
            Entrepreneurial Strategies (Corpedia Module 8110)
August 19   *Innovation and Entrepreneurship*   225–227
            Entrepreneurial Strategies (Corpedia Module 8110)
August 20   *Innovation and Entrepreneurship*   243, 247
            Entrepreneurial Strategies (Corpedia Module 8110)
August 21   *Innovation and Entrepreneurship*   233–236
            Entrepreneurial Strategies (Corpedia Module 8110)
August 22   *Innovation and Entrepreneurship*   236–240
            Entrepreneurial Strategies (Corpedia Module 8110)
August 23   *Innovation and Entrepreneurship*   240–242
            Entrepreneurial Strategies (Corpedia Module 8110)
August 24   *Innovation and Entrepreneurship*   241
            Entrepreneurial Strategies (Corpedia Module 8110)
August 25   *Management Cases* Harper & Row, 1977 (Part One, Case No. 3)   8–9
August 26   *Management Cases* Harper & Row, 1977 (Part One, Case No. 3)   9
August 27   *Management Cases* Harper & Row, 1977 (Part One, Case No. 3)   9–10
August 28   *Management: Tasks, Responsibilities, Practices*   88, 106
August 29   "Meeting of the Minds," *Across the Board:*
            The Conference Board Magazine
            (Nov/Dec 2000)   21
August 30   "Meeting of the Minds," *Across the Board: The Conference*
            Board Magazine (Nov/Dec 2000)   20
August 31   *Drucker on Asia*   101

September 1	*The Effective Executive*	25, 51
September 2	*The Effective Executive*	35–37
September 3	*The Effective Executive*	29–31, 49–51
September 4	*The Effective Executive*	22–25
September 5	*The Effective Executive*	52–53
	Management Challenges for the 21st Century	182–183
September 6	*The Effective Executive*	85–86
September 7	*Managing the Non-Profit Organization*	147–149
September 8	*The Effective Executive*	173–174
September 9	*Managing in a Time of Great Change*	5–7
September 10	*Management: Tasks, Responsibilities, Practices*	456–457
September 11	*Management Challenges for the 21st Century*	182–183
September 12	*Management Challenges for the 21st Century*	164–168
	Managing Oneself (Corpedia Module 8101)	
September 13	*Management Challenges for the 21st Century*	164–168
	Managing Oneself (Corpedia Module 8101)	
September 14	*Management Challenges for the 21st Century*	164–168
	Managing Oneself (Corpedia Module 8101)	
September 15	*Management Challenges for the 21st Century*	183–188
	Managing Oneself (Corpedia Module 8101)	
September 16	*The Effective Executive*	93–95
	Managing the Boss (Corpedia Module 8103)	
September 17	*Management Challenges for the 21st Century*	188–193
	Managing Oneself (Corpedia Module 8101)	
September 18	*Management Challenges for the 21st Century*	194–195
September 19	*Management Challenges for the 21st Century*	192–193
	The Next Society (Corpedia Module 8114)	
September 20	*The Effective Executive*	71, 72–73, 75, 87
September 21	*People Decisions* (Corpedia Module 8102)	
	Management: Tasks, Responsibilities, Practices	409–410
September 22	*The Frontiers of Management*	147
September 23	*Management: Tasks, Responsibilities, Practices*	494–495
September 24	*Management: Tasks, Responsibilities, Practices*	496
September 25	*Management: Tasks, Responsibilities, Practices*	497
September 26	*Management: Tasks, Responsibilities, Practices*	497–498
September 27	*Management: Tasks, Responsibilities, Practices*	504–505
September 28	*Management: Tasks, Responsibilities, Practices*	398–399
September 29	*Management: Tasks, Responsibilities, Practices*	431
September 30	*Management: Tasks, Responsibilities, Practices*	434–436
October 1	*Drucker on Asia*	104
October 2	*The Effective Executive*	130
October 3	*The Effective Executive*	134–135
October 4	*The Effective Executive*	134–135

October 5	*The Effective Executive*	136–139
	The Elements of Decision Making (Corpedia Module 8104)	
October 6	*Management: Tasks, Responsibilities, Practices*	472–474
October 7	*The Effective Executive*	113–142
	The Elements of Decision Making (Corpedia Module 8104)	
October 8	*The Effective Executive*	155–156
	The Elements of Decision Making (Corpedia Module 8104)	
October 9	*The Effective Executive*	123–130
	The Elements of Decision Making (Corpedia Module 8104)	
October 10	*The Effective Executive*	126–128
	The Elements of Decision Making (Corpedia Module 8104)	
October 11	*The Effective Executive*	126–128
	The Elements of Decision Making (Corpedia Module 8104)	
October 12	*Management: Tasks, Responsibilities, Practices*	466–470
	The Elements of Decision Making (Corpedia Module 8104)	
October 13	*The Effective Executive*	141
October 14	*The Effective Executive*	139–142
	The Elements of Decision Making (Corpedia Module 8104)	
October 15	*Management: Tasks, Responsibilities, Practices*	543–545
October 16	*The Future of Industrial Man*	28, 32
October 17	*The End of Economic Man*	xx–xxi
October 18	*The End of Economic Man*	37–38
October 19	*Managing in the Next Society*	149–150
October 20	*Concept of the Corporation*	242–243
October 21	*Post-Capitalist Society*	120, 122–123
October 22	*The Age of Discontinuity*	229, 233
October 23	*The Age of Discontinuity*	233–234, 241
October 24	*The Age of Discontinuity*	236, 240–241
October 25	*The Age of Discontinuity*	225
	The New Realities	129–130
October 26	*The Frontiers of Management*	210, 212–213
October 27	*The New Realities*	22–23
October 28	*A Functioning Society*	143
October 29	*Managing the Non-Profit Organization*	4, 53–54
October 30	*Managing the Non-Profit Organization*	56
October 31	*Managing the Non-Profit Organization*	157–158
November 1	*The Age of Discontinuity*	192–193
November 2	*Management Challenges for the 21st Century*	122–123
	From Data to Information Literacy (Corpedia Module 8115)	
November 3	*Management Challenges for the 21st Century*	123–126
	From Data to Information Literacy (Corpedia Module 8115)	
November 4	*Management Challenges for the 21st Century*	128–130
November 5	*Management Challenges for the 21st Century*	88–89

November 6	*Managing the Non-Profit Organization*	59
November 7	*Managing the Non-Profit Organization*	71
November 8	*Managing in a Time of Great Change*	39–40
	Management: Tasks, Responsibilities, Practices	125–126
November 9	*Management: Tasks, Responsibilities, Practices*	122–123
November 10	*Management Challenges for the 21st Century*	79–80
November 11	*Management: Tasks, Responsibilities, Practices*	719–720
November 12	*Management: Tasks, Responsibilities, Practices*	398–402
November 13	*The Practice of Management*	130–132
November 14	*Management: Tasks, Responsibilities, Practices*	101–102
November 15	*The Practice of Management*	129–130
	Management: Tasks, Responsibilities, Practices	438–439
November 16	*Management Challenges for the 21st Century*	12–13, 16–17
	Management: Tasks, Responsibilities, Practices	523
November 17	*The Ecological Vision*	451–452
November 18	*Concept of the Corporation*	141–142
	Management Challenges for the 21st Century	11
	A Functioning Society	137–138
November 19	*Post-Capitalist Society*	53
November 20	*The New Society*	269, 270
November 21	*Management: Tasks, Responsibilities, Practices*	574–575
November 22	*Management: Tasks, Responsibilities, Practices*	577–580
November 23	*Management: Tasks, Responsibilities, Practices*	577–578
November 24	*Management: Tasks, Responsibilities, Practices*	585–586, 589
November 25	*Management: Tasks, Responsibilities, Practices*	530–532, 535
November 26	*Management: Tasks, Responsibilities, Practices*	483–484, 486–488, 490
November 27	*The Frontiers of Management*	194–196
November 28	*The Frontiers of Management*	196–197
November 29	*Concept of the Corporation*	95–96
November 30	*The Frontiers of Management*	200–202
December 1	*The Ecological Vision*	453–454
December 2	*Managing in Turbulent Times* (Hardcover)	1–2
December 3	*The Age of Discontinuity*	43
December 4	*Management Challenges for the 21st Century*	110–113
	From Data Information Literacy (Corpedia Module 8115)	
December 5	*Management Challenges for the 21st Century*	115–116
	From Data to Information Literacy (Corpedia Module 8115)	
December 6	*Management Challenges for the 21st Century*	111–113
	From Data to Information Literacy (Corpedia Module 8115)	
December 7	*Management Challenges for the 21st Century*	115
	From Data to Information Literacy (Corpedia Module 8115)	
December 8	*Management Challenges for the 21st Century*	117
	From Data to Information Literacy (Corpedia Module 8115)	

December 9	*Management Challenges for the 21st Century*	117
	From Data to Information Literacy (Corpedia Module 8115)	
December 10	*Management Challenges for the 21st Century*	120–121
	From Data to Information Literacy (Corpedia Module 8115)	
December 11	*The Frontiers of Management*	257–260
	The Successful Acquisition (Corpedia Module 8106)	
December 12	*The Successful Acquisition* (Corpedia Module 8106)	
December 13	*The Frontiers of Management*	257–258
	The Successful Acquisition (Corpedia Module 8106)	
December 14	*The Frontiers of Management*	258
	The Successful Acquisition (Corpedia Module 8106)	
December 15	*The Frontiers of Management*	258
	The Successful Acquisition (Corpedia Module 8106)	
December 16	*The Frontiers of Management*	259–260
	The Successful Acquisition (Corpedia Module 8106)	
December 17	*The Frontiers of Management*	259
	The Successful Acquisition (Corpedia Module 8106)	
December 18	*Management Challenges for the 21st Century*	34, 37, 67
December 19	*Managing for the Future*	288–291
December 20	*Innovation and Entrepreneurship*	179–180
December 21	*The Ecological Vision*	210–211
December 22	*Management: Tasks, Responsibilities, Practices*	345
December 23	*Landmarks of Tomorrow*	264–265
December 24	*The Ecological Vision*	429, 435, 437
	The End of Economic Man	55
December 25	*The Ecological Vision*	425, 437, 439
December 26	*The End of Economic Man*	78–79
December 27	*The Future of Industrial Man*	25–26
December 28	*Managing in a Time of Great Change*	51–52
December 29	*Managing in a Time of Great Change*	52–57
December 30	*Managing for Results*	148
December 31	*Management Challenges for the 21st Century*	97–102
	From Data to Information Literacy (Corpedia Module 8115)	

彼得·德鲁克著作总表

《经济人的终结》（*The End of Economic Man*）Transaction Publishers 1995（originally published by John Day Company，NY，1939）

《经济人的终结》是德鲁克的第一部鸿篇巨著。该书对极权国家进行了诊断分析，也是第一部探讨极权主义根源的著作。他在书中阐述了法西斯势力抬头的成因——既有组织的失败导致了法西斯主义的猖獗。德鲁克对极权社会的动态变化进行了深入分析，为的是帮助我们了解极权主义的成因，并避免这种灾难在未来再次出现。支持有效运转的社会、宗教、经济以及政治组织的发展，能够避免滋生出极权国家的温床。

《工业人的未来》（*The Future of Industrial Man*）Transaction Publishers 1995（originally published by John Day Company，NY，1942）

在《工业人的未来》一书中，德鲁克建立了适用于各种社会，尤其是适用于工业社会的社会理论，并通过该理论来描述社会正常运转的条件。德鲁克列举了任何社会要想做到具有合法性并且运转正常，应该具备的条件。这样的社会必须要赋予个人地位与功能。该书提及到了这一问题："在工业社会中，鉴于管理权力和公司处于主导地位，那么又该如何保护个人的自由？"该书写于美国卷入第二次世界大战之前，作者对第二次世界大战后的欧洲非常乐观，而且在一个绝望的年代再次表达了自己的希望与价值观。该书敢于提出这样大胆的问题："我们企盼的战后世界是什么样子？"

《公司的概念》（*Concept of the Corporation*）Transaction Publishers 1993（originally published by John Day Company，NY，1946）

这本经典著作第一次阐述并分析了规模巨大的通用汽车公司的结构、政策和实践。该书将"公司"视为"组织",也就是一种能网聚人的力量来满足经济发展需求和社区需要的社会结构。该书将"组织"定位于一种独特的实体,将组织的管理定位于一种对合法性的需求。该书是德鲁克最初两本关于"社会的著作"到"管理的著作"之间的过渡。在书中详尽地介绍了如分权化、定价、利润的作用以及工会的作用等管理实践方面的内容。德鲁克通过分析通用汽车公司的管理组织和尝试,来发掘该公司运转如此高效的原因。书中提出了一些问题,例如"公司的核心原则到底是什么?它们又是怎样为公司的成功作出了贡献?"等。该书提出的组织的原则以及通用汽车公司的管理实践,在世界各地都被奉为经典。该书涉及的领域远远超出商业公司的范畴,可称得上是一个"公司的王国"。

《新社会》(*The New Society*) Transaction Publishers 1993 (originally published by Harper & Brothers,NY,1950)

在《新社会》一书中,德鲁克将他从前两部著作《工业人的未来》和《公司的概念》的论述进一步拓展,系统而有组织地分析了第二次世界大战后出现的新工业社会。他分析了大型的商业企业、政府、工会以及在这些组织构成的社会背景中个人的地位。当《新社会》一书出版后,乔治·希金斯(George G. Higgins)在《大众福利》杂志里撰文这样评价该书:"德鲁克在《新社会》一书中,分析了私人公司(或称私人企业)中存在的工业化关系问题。其论述之精辟,不亚于任何一位现代作家。他对于经济学、政治科学、工业心理学以及工业生态学的把握非常到位,并且出色地将四个学科的发现成果综合起来,并运用于解决企业存在的实际问题。"德鲁克相信工人、管理者以及公司的利益都是可以与社会和谐共存的。他提出了"工厂社区"的理念,应当鼓励工人在工厂社区里,像经理人一样肩负更多的责任。他同时也对"如果鼓励工人像经理人一样承担责任,工会能否继续存在"提出了质疑。

《管理实践》(*The Practice of Management*) HarperCollins 1993 (originally published by Harper & Row Publishers,NY,1954)

在这本经典的著作里，管理被第一次界定为一种实践和一门学科，本书也奠定了德鲁克作为现代管理学之父的地位。管理已经存在了几个世纪，但这本著作则系统地将管理界定为一门可以教授和学习的学科。该书也给渴望提高工作效率和生产率的职业经理人提供了系统的指导。该书提出了用目标管理作为管理的锦囊妙计，从而将公司的利益与经理人和贡献者的利益联系起来。该书引用了福特公司、通用电气公司、西尔斯公司、通用汽车公司、国际商用机器公司和美国电报电话公司等案例。

《美国的未来 20 年》（*America's Next Twenty Years*）HarperCollins 已绝版（originally published by Harper & Brothers，NY，1957）

在这本德鲁克的论文集当中，涉及了他认为未来对美国将会非常重要的问题，包括即将出现的劳动力短缺、自动化、大量财富集中于少数人手中、大学教育、美国政治，以及更为重要的贫富差距扩大化问题。在这些论文当中，德鲁克的一个核心观点就是"已经发生的"事件将会"决定未来"。"把握已经发生的未来"也是贯穿德鲁克众多著作和论文的一个主要思想。

《未 来 的 里 程 碑》（*Landmarks of Tomorrow*）Transaction Publishers 1996（originally published by Harper & Brothers Publishers，NY，1957）

《未来的里程碑》一书从人类生活和经验中的三大角度来界定"已经发生的未来"。该书的第一部分涉及从笛卡尔的机械世界观，过渡到包含样式、目标和构造形态等要素的新世界观的转变。德鲁克认为，将有知识和有技术的人组织起来，为了共同的事业和绩效而努力的需要，是促使这一转变的一个重要因素。该书的第二部分勾画自由世界的人们面临的四个挑战：知识社会、经济发展、政府效率的降低以及东方文明的衰落。该书的最后一部分将关注的目光投向人类生存的精神实在。该书论述的内容，很多已经被当作 20 世纪末期社会的基本要素。在彼得·德鲁克为该书写的新导言中，他重温了该书中的一些主要发现成果，并且结合当前人们的关切评价了这些发现的有效性。

《成果管理》（*Managing for Results*）HarperCollins 1993（originally published by Harper & Row Publishers，NY，1964）

　　该书集中论述了经济绩效是企业的特殊功能和贡献，也是企业生存的理由。根据彼得·德鲁克的观察，有效的企业注重的是机遇而非问题。而如何实现经济绩效，从而使得企业繁荣昌盛并且规模扩大，则是《管理实践》一书论述的主题。《管理实践》关注的主题是管理作为一门学科和一种实践，是如何运行的；而《成果管理》表明了决策者为了把企业向前推进应该做些什么。该书最为人知的一个贡献就是，将具体的经济分析和促使商业繁荣的企业家力量结合在了一起。和德鲁克从前的著作相比，该书更多地论述了"应该怎样行动"，但是该书还是强调了企业的很多"质"的方面：每一个成功的企业都需要自己的目标和精神。该书也是第一次论述了现在广为人知的"商业战略"，也是第一次明确了我们现在所谓的"核心优势"。

《卓有成效的管理者》（*The Effective Executive*）HarperCollins 2002（originally published by Harper & Row Publishers，NY，1966，1967）

　　《卓有成效的管理者》阐释了为了使管理者的工作富有成效而需要采取的具体的实践活动，可谓是一本里程碑式的著作。本书是将作者对企业与政府中卓有成效的管理者的审视与观察作为基础而写成的。德鲁克提醒管理者，成效的评价标准就是看管理者是否具有"把该做的事情完成"的能力。这就需要五个方面的工作：（1）管理时间；（2）集中精力于问题而不是贡献；（3）使实力发挥成效；（4）确立工作优先次序；（5）进行有效的决策。本书主要部分致力于探讨制定有效决策的过程以及有效决策的标准。作者还提供了丰富的卓有成效的管理者的事例。在本书的结论中作者特别强调，管理者能够把握成效，也必须学会把握成效。

《不连续性时代》（*The Age of Discontinuity*）Transaction Publisher 1992（originally published by Harper & Row Publishers，NY，1968，1969）

　　德鲁克以他清晰的思路与超凡的洞察力，关注使经济前景发生转型并创造出未来社会的变革的推动力。他洞悉到在当时的社会文化现实生活中所潜在的四个具有不连续性的领域：（1）技术大爆炸所形成的新产业；（2）从国际经济到世界经济的变革；（3）在新的社会政治现实中，多元机构带来了巨大的政治、哲学以及精神的多重挑战；（4）新的知识工作的普及，建立在大众教育及其内容的基础之上。《不连续性时代》可以说是一张引人入胜而意义重大的未来蓝图，为人们塑造出已经融入我们生活中的未来。

《技术、管理与社会》（*Technology，Management，and Society*）HarperCollins，已绝版（originally published by Harper & Row Publishers，NY，1970）

《技术、管理与社会》阐释了现代技术的本质以及它与科学、工程及宗教的关系的概览。越来越多地融入技术进步因素的社会与政治力量，需要被纳入到广阔的机制性变革的框架内进行分析。一些学者与学生对于解决复杂的社会政治问题方案越来越依赖于技术感到厌烦，德鲁克的批判性观点受到了这些人的欢迎。

《人、观念与政治》（*Man，Ideas，and Politics*）HarperCollins，已绝版（originally published by Harper & Row Publishers，NY，1971）

本书是由 30 篇论述社会事件（包括论述人、政治与思想）的论文汇编而成。这些论文中包括了关于论述哈里·福特、日本式企业管理以及如何成为卓有成效的总裁等内容。书中还有两篇特别的文章体现出了德鲁克非常重要的思想。其中一篇文章是"不受欢迎的基尔克果"，倡导人类精神维度的开发。另一篇是探讨关于约翰·卡尔豪的政治哲学思想的，他的思想揭示出了美国式多元主义的基本原则，以及多元主义是如何塑造政府的政策与工程的。

《管理：任务、责任与实践》（*Management: Tasks，Responsibilities，Practices*）HarperCollins 1993（originally published by Harper & Row Publishers，NY，1973）

本书是德鲁克管理学论述的纲领性著作，它对《管理实践》一书进行了更新与拓展，是管理者必备的一本参考书。管理是一种知识的组织机体，包含着管理任务、管理工作、管理工具、管理责任以及高层管理的作用等方方面面的知识。如德鲁克所言："本书试图使管理者能够以理解力、思想、知识以及现在与未来的工作都需要的技能来武装自己。"作者有 30 多年在大学、管理者培训项目、研讨会从事管理学讲学的经历，他还担任各式企业、政府机构、医院和学校的顾问，并与管理者建立了密切关系，他对管理学经典进行了发展与检测。

《养老基金的革命》（*Pension Fund Revolution*）Transaction Publishers 1996（originally published as The Unseen Revolution，by Harper & Row，NY，1976）

在本书中，德鲁克描述组织投资者，特别是养老基金是如何成为美国大公司的控股人，以及国家的"资本家"的。他还探讨了控股权是如何高度集中于大机构投资者手中的，阐释了通过养老基金，"生产手段的持有人"未经"国家化"便已经"社会化"了。本书的另一主题则是探讨美国的老龄化问题。德鲁克指出，老龄化趋势会对美国经济与社会保健、养老基金管理以及社会福利等领域形成新的挑战；总而言之，德鲁克还分析了美国政治会如何越来越受到中产阶级利益与老年人价值观的主导。在本书再版的序言中，德鲁克还探讨了养老基金不断提升的主导地位代表了经济史中一大最令人惊异的力量转移，并对它们当前的影响进行了分析。

《旁观者》（*Adventures of a Bystander*）Transaction Publishers 1994；John Wiley & Sons 1997（originally published by Harper & Row，NY，1978）

《旁观者》一书收录了德鲁克的自传体式的故事与简述。在本书中，德鲁克从他所生活的时代更大的历史现实的视角，为自己的生活描绘画像。在德鲁克描述的生活故事中，包括了他在维也纳的早年生活，他在欧洲度过的两次大战之间的时光，再到他在美国度过的新政时期、二次大战时期，直到战后时期。德鲁克通过为在这些年间所结识的众多颇具影响力人物进行近距离评述，来记叙自己的故事。同银行家与交际花、艺术家、贵族、预言家以及帝国缔造者一道，我们还结识了德鲁克自己的家庭成员和他最为紧密的朋友圈中人物。这当中包括了众多卓有名望的人物，像西格蒙德·弗洛伊德、亨利·卢斯、艾尔弗雷德·斯隆、约翰·刘易斯以及巴克敏斯特·富勒等。《旁观者》一书，如同是覆盖了整个动荡与重要时代的亮光，书中也反映出德鲁克本人对人类、观念以及历史的敏锐洞悉与巨大兴趣。

《动荡时代的管理》（*Managing in Turbulent Times*）HarperCollins 1993（originally published by Harper & Row，NY，1980）

这本重要而合乎时宜的书关注着企业、社会与经济即刻将要应对的未来。如德鲁克所说，我们正步入一个由新趋向、新市场、全球经济、新技术与新组织所构成的新的经济时代。管理者与管理学要如何才能应对这些新现实所制造的动荡不安？本书如德鲁克自己所解释的那样："注重行动，而不是理解；注重决策，而不是分析。"书中所阐释的战略，是适应变革并将飞速变革转化成机遇的战略，是将变革所带来的威胁转化成富有成果的有利行动，从而为我们的社会、经济乃至个人带来积极影响的战略。组织必须建立起能够抵制住环境动荡打击的体制。

《迈向经济新纪元》（*Toward the Next Economics*）HarperCollins，已绝版（origin ally published by Harper & Brothers，NY，1981）

书中的论文论述了涵盖企业、管理、经济学与社会等多个领域的话题。它们都关注德鲁克所谓的"社会生态学"，还特别关注机构。这些论文反映出"已经发生的未来"，同时反映出德鲁克的信念，即在 20 世纪 70 年代的十年间，人口结构与动态将经历真切的变革，组织的职能将经历变革，科学与社会的关系将经历变革，经济学与社会的基本理论将经历变革，他的这些信念长期以来被人们奉为真理。这些论文所涵盖的内容是国际性的。

《变动中的管理界》（*The Changing World of the Executive*）Truman Talley Books，已绝版（originally published by Truman Talley Books，NY，1982）

本书集结了《华尔街日报》中所刊载的论文，涵盖了广泛的社会话题。这些论文大都探讨了"雇员社会"权力关系的变革以及世界经济中的技术变革以及劳动力的变革，其中还包括劳动者职业与期望值的变革。论文还探讨了许多大型机构，包括商业企业、学校、医院以及政府机构等所面对的问题与挑战。重新审视了管理者的任务与工作、绩效及绩效评价及管理者的薪酬等。尽管话题多样，书中的各个章节均贯穿着一个相同的主题，那就是变革中的管理者世界——组织内部的飞速变革，远见、志向的飞速变革，乃至员工、顾客及选举人性格的飞速变革，组织外部的变革等。此外，本书对这些变革的阐述还包括了经济、技术、社会与政治等多个角度。

《创新与企业家精神》（*Innovation and Entrepreneurship*）HarperCollins 1993 （originally published by Harper & Row Publishers，NY，1985）

本书是第一本将创新与企业家精神作为带有目的性的系统规则来进行剖析的书，书中还阐释并分析了企业与公共服务机构中日渐成形的企业家经济所带来的挑战与机遇。本书为运转正常的管理、组织与经济都作出了重大的贡献。全书可以划分为三个主要部分：（1）创新的实践；（2）企业家精神的实践；（3）企业家战略。在作者眼中，企业家精神既是实践又是需要遵循的规则，作者选择了通过关注企业家的行动来分析，而不是关注企业家的心理与性情。包括公共服务机构在内的所有的组织都必须具备企业家精神。惟有如此，企业才能在市场经济中生存发展。本书提供了企业家政策的介绍，还为正在形成规模以及已经取得了良好发展的组织发展创新性的实践提供了机遇的窗口。

《管理前沿》（*The Frontiers of Management*）Truman Tallay Books 1999 （originally published by Truman Talley Books，NY，1986）

本书收录了35篇先前发表的文章与论文，其中25篇都是发表在《华尔街日报》的社论版面。在为本书所作的序言中，德鲁克为新千年的商业趋势作出了预测。《管理前沿》为全球趋势以及管理实践作出了清晰明确又生动全面的检测。书中有部分章节论述了世界经济、敌意接管以及成功的意料不到的问题等。对工作、年轻人以及事业瓶颈在本书中也有相关讨论。贯穿全书，德鲁克强调了先见的重要性，也强调了在管理决策制定的所有环节都要认识到"变革即机遇"的重要性。

《新现实》（*The New Realities*）Transaction Publishers 2003（originally published by Harper & Row，NY，1989）

本书是一本关于"下个世纪"的书。它的主题是"下个世纪"早已到来，而事实上，我们现在已经进入了下一个世纪。书中德鲁克就"社会上层建筑"——即政治与政府、社会、经济与经济学、社会组织及新知识社会等进行了论述。他指出政府存在局限性和领导者"个人魅力"存在的风险性。指出未来组织将成为信息化的组织。这本书并不是宣扬"未来主义"，而是试图明确在即将到来的未来中成为现实的关注点、事件和争议。德鲁克特别关注为了未来的谋划考量今天所该做的事情。在个人能力范畴内，他试图为由过去的成功所造成的我们今天所面对的最棘手的问题提出解决议程。

《非营利组织管理》（*Managing the Non-Profit Organization*）HarperCollins 1992（originally published by Harper Collins，NY，1990）

服务性，或者说是非营利部门，在我们社会中发展迅速（拥有着800万名员工和8 000万名志愿者），这足以说明为了对这些组织进行有效地指导和管理，指导原则和专家意见都是极为重要的。本书便是德鲁克对各类非营利组织的管理观点的集中，他在书中举出许多实例，并对非营利组织的任务、领导者、资源、营销、目标、人员的开发、决策制定及更多的话题进行的阐释。书中还收录了对非营利部门的9位专家对关键问题发表评论的访谈录。

《管理未来》（*Managing for the Future*）Truman Talley/E. P. Dutton 1992

本书收录了德鲁克近期多篇关于经济学、企业实践、变革管理以及现代企业的演进形态的最为振奋人心的论文。《管理未来》以其深刻的洞察力，为如今所有时刻努力在市场竞争中，并保持领先地位的人们提供了启示。德鲁克的世界像一个不断延伸的宇宙，共分成四个领域：（1）影响外界生活与生活环境的经济力；（2）当前变革中的劳动力与劳动场地；（3）最新的管理学概念与实践；（4）组织的形态，这当中包括企业，需要对不断增加的任务与所担负的责任进行发展并作出回应。书中的每一个章节都探讨了在最近五年中凸显出来的企业、团体或是"人事"问题，德鲁克阐释了如何解决这些问题，以及如何将问题转化为变革的机遇。

《生态愿景》（*The Ecological Vision*）Transaction Publishers 1993

本书中的 31 篇论文横跨 40 多年的时间内写作完成。这些论文包罗了广泛的学科和话题。但这些论文的共同之处就在于它们都是"社会生态学论文",并都是探讨人为环境的问题的,且各篇文章都是从一定程度上,关注着个人与社区的关系。论文切入的角度包括经济、技术、艺术等,这些角度既是社会经验的维度,也是社会价值观的表达。本书中的最后一篇论文"不受欢迎的基尔克果",是对生物存在、精神和个人维度的一种确认。德鲁克写作本文的目的就在于宣扬他的观念,即社会是不够的,即便只是对于社会本身而言也是不够的。这篇文章也强调了希望。全书可以说是一本非常重要且极富洞察力的著作。

《后资本主义社会》(*Post-Capitalist Society*) Transaction Publishers 2005 (originally published by Harper Collins,NY,1993)

在《后资本主义社会》一书中,彼得·德鲁克指出世界每几百年就会发生急剧的转型,并对社会产生巨大的影响,这种影响会波及世界观、基本价值观、商业和经济以及社会与政治结构。如德鲁克所言,我们正身处于另一个巨变的时代之中,即从资本主义与民族国家向知识社会与组织化社会转变的时代。在后资本主义时代里,最可宝贵的资源就是知识,主导的社会群体将会是"知识型员工"。德鲁克在本书中回顾历史展望未来,探讨了工业革命、生产力革命、管理革命以及公司的治理等话题。他阐释了组织的新功能、知识经济学以及如何将生产率作为社会与经济的优先考量。他涵盖了从民族国家向巨型国家的转型,政治系统中的新多元主义以及政府要进行必要的转型等。最后,德鲁克将在后资本主义社会中的知识话题以及知识的地位和应用进行细分。后资本主义社会可以划分为三个部分,即社会、政体与知识,本书既为我们探寻未来也为我们对过去进行重点分析提供了视角,书中还关注当前这个变革的时代所呈现出的挑战,以及如果我们能够理解这些挑战并对挑战作出应对,我们怎样才能创建出一个崭新的未来。

《巨变时代的管理》(*Managing in a Time of Great Change*) Truman Talley/E. P. Dutton 1995

本书收录了德鲁克自 1991 年到 1994 年发表在《哈佛商业评论》和《华尔街日报》上的论文。全部论文都是探讨关于变革的：包括经济、社会、企业以及在组织中的变革。德鲁克为管理者应该如何在现今普遍的知识员工及全球经济的突现的情况下调整结构中心提供了建议。在本书中，德鲁克阐明了今天我们所面对的商业挑战，并对当前的管理趋势及其是否真正形成规模、政府的重塑对企业的影响以及管理者与劳动者权力平衡的转移进行了审视。

《德鲁克论亚洲》（*Drucker on Asia*）Butterworth-Heinemann，1995 已绝版（first published by Diamond，Inc.，Tokyo，1995）

《德鲁克论亚洲》是两位世界级商业领军人物彼得·德鲁克与中内工刀进行广泛对话的成果。对话中论及当前经济界中所发生的变革，并指出自由市场与自由企业现今所面对的挑战，当中特别提到中国和日本的问题。这些变革对日本而言意味着什么？日本为了实现"第三个经济奇迹"需要做些什么？这些变革对社会、个体公司以及个体专业人士和管理者又意味着什么？这些都是德鲁克与中内工刀两位大师对亚洲未来的经济角色的真知灼见中所考虑的问题。

《彼得·德鲁克论专业管理》（*Peter Drucker on the Profession of Management*）哈佛商学院出版社，1998

本书中收录的均是德鲁克在《哈佛商业评论》上发表的颇具影响力的文章。德鲁克对管理者所面对的最为重要的话题，从企业战略到管理风格，再到社会变革等多个方面，进行了探讨、辨析与检验。本书也为我们追溯工作环境的转变进程，更加清晰地理解管理者在平衡变革与延续性所付出的努力中所发挥的作用，后者也是德鲁克著作中所多次出现的主题。在本书中，这些内容错落有致地编排在一起，并强调两个统一的主题：第一个是检验"管理者的责任"，第二个则是探求"管理者的世界"。书中还收录了德鲁克关于"后资本主义管理者"的重要采访以及由德鲁克本人所写的序言，本书由《哈佛商业评论》的资深编辑南·斯通编辑。

《21 世纪的管理挑战》（*Management Challenges for the 21st Century*）HarperCollins 1999

继《后资本主义》之后，这是德鲁克又一本重要的著作。书中德鲁克探讨了管理的新范式——它们是如何改变并继续改变着管理的实践与原则的基本假设。德鲁克分析了战略的新现实，并阐释在变革的年代如何成为领导者；通过讨论解释了"新信息革命"；讨论管理者需要的信息以及管理者所欠缺的信息。他还审查了知识型员工的生产率，及个人与组织基本态度的变革以及提高的生产率所需要工作本身进行的结构变革。最后，德鲁克还探讨在较长的工作生命以及在不断变化的工作场所中进行自我管理的最终挑战。

《未来社会的管理》（*Managing in the Next Society*）St. Martin's Press 2002

在这本论文集中，收录了发表在 2001 年 11 月《经济学家》杂志上的一篇鸿篇巨论，以及在 1996 到 2002 年间对德鲁克的采访文章。德鲁克深刻洞悉我们这个不断变革的商业社会与不断增强的管理的作用。在本书中，德鲁克辨析出"未来社会"的现实是由三个主要趋势塑造而成的：年轻人口比重的下降、制造业的下降以及劳动力的转型（也包括信息革命所带来的社会影响）。德鲁克还断言，信息革命下的电子商务与电子知识就如同工业革命中的铁路一般，因而可以说一个新的信息社会正在形成。由于非营利组织能够创造出我们今时所需：比如公民团体，特别是那些正日渐在发达社会占统治地位的受到高等教育的知识员工自己的团体。德鲁克还论及社会部门（即非政府与非营利组织）的重要性。

著作选集

《德鲁克精华》（*The Essential Drucker*）HarperCollins 2001

用德鲁克自己的话来说，《德鲁克精华》一书为读者提供了"具有连贯性又相当全面的'管理学介绍'以及我所从事的管理工作的概况，从而也回答了我被一次又一次问到的问题'哪本著作是最精华的著作？'"本书中包含了26 篇探讨组织、个人与社会中的管理以及社会管理的选篇。本书内容涵盖管理的基本原则与关注点及管理的问题、挑战、机遇，并为管理者、执行官和专业人员提供了完成现在与未来社会与经济所要求他们完成的任务。

《功能社会》（*A Functioning Society*）Transaction Publishers 2003

在这些论文中，德鲁克从自己探讨社团、社会与政治结构的广泛著作中选编了多篇编辑成册。德鲁克首要关注的是使个人享有地位与功能的成功运转的社会。书中的第一部分与第二部分探讨了能够重塑共同体的机制，共同体的崩溃造成了欧洲极权主义的复苏。这些选篇都是在第二次世界大战期间写成的。第三部分则探讨的是在社会与经济领域中政府能力的局限性。这部分关注的是大政府与有效政府之间的差异。

其他

《人与绩效：德鲁克论管理精华》	1977	*People and Performance：The Best of Peter Drucker on Management*
《管理导论》	1977	*An Introductory View of Management*
《毛笔之歌：日本绘画》	1979	*Song of the Brush：Japanese Painting from the Sanso Collection*
《所有可能世界的终极》	1982	*The Last of All Possible Worlds*
《行善的诱惑》	1984	*The Temptation to Do Good*
《德鲁克日志》	2004	*The Daily Drucker*
《高效管理者的实践》	2006	*The Effective Executive In Action*

网上教学模块

自我管理及其他

模块 8101：自我管理	2001	美国 Corpedia 德鲁克网上教育培训课程
模块 8102：人事决策	2001	美国 Corpedia 德鲁克网上教育培训课程
模块 8103：管理你的上司	2001	美国 Corpedia 德鲁克网上教育培训课程

模块 8104：决策制定的因素	2001	美国 Corpedia 德鲁克网上教育培训课程
模块 8105：知识型员工的生产率	2002	美国 Corpedia 德鲁克网上教育培训课程

商业战略精选

模块 8106：成功的收购	2001	美国 Corpedia 德鲁克网上教育培训课程
模块 8107：联盟	2001	美国 Corpedia 德鲁克网上教育培训课程
模块 8108：企业致命的五宗罪	2001	美国 Corpedia 德鲁克网上教育培训课程
模块 8109：永恒的成本控制	2001	美国 Corpedia 德鲁克网上教育培训课程
模块 8110：企业家策略	2001	美国 Corpedia 德鲁克网上教育培训课程

领导变革

模块 8114：未来社会	2004	美国 Corpedia 德鲁克网上教育培训课程
模块 8115：从数据到信息普及	2004	美国 Corpedia 德鲁克网上教育培训课程
模块 8116：变革的推动力	2003	美国 Corpedia 德鲁克网上教育培训课程

译后记

　　"管理学之父"德鲁克的每一部作品都是巨著，都曾引起过非同一般的反响。这本将他数十本巨著和很多经典论文中精华融合在一起的《德鲁克日志》更是内容丰富，精神的光芒无处不在。

　　本书的一个特别之处在于它是以日记的形式出现，言简意赅，并附加上正文前的警句以及正文后的行动指南，形式上生动活泼，内容上又将德鲁克大师的经典思想浓缩在一起，方便了那些渴望走进大师思想殿堂，但又苦于工作繁忙，无法研读大师所有作品的读者。相信这本书会给已经从事管理和即将从事管理的人士带来帮助。

　　译者在翻译的过程中，为德鲁克大师渊博的学识和睿智的思考所深深折服，书中涉及管理学、社会学、组织行为学、心理学、经济学、政治学等方方面面的知识，提出很多极具新意的创见，想必读者也会和译者一样，不仅内心会获得无比的愉悦，也会感到自身的不足，从而促使自己不断充电，做到大师所说的持续学习（continuous learning）。另外，译者也为大师深深的人文主义情怀和笔耕不辍、追求完美的精神所感动，例如，"抽出你宝贵的时间，向一个找不到'归宿'的人伸出援助之手，他或许正饱受失业之苦，抑或已步入垂暮之年。为他写上一张写满鼓励话语的字条，或是邀请他共进午餐"（1月19日）。又如"当人们问我作品中最满意自己哪一本时，我会笑着答道：'下一本'"（10月1日）。也许这正是大师的人格魅力所在。

　　译者非常感谢上海译文出版社和北京燕清联合传媒管理咨询中心的信任，将这项翻译重任交给了译者，并且在翻译过程中也得到了燕清联合的大力协助。对于译者而言，一方面，德鲁克大师确有许多管理思想在国内管理界是广为人知的，如果不能将这些重要的思想正确地予以表达，不免贻笑大方。此外，本书中所涉及的近 30 本著作和多篇论文，有许多作品是之前没有人涉猎的，所以这也是将大师的许多思想用中文第一次推介到国内，因此译者感到责任重大。另一方面，翻译的时间非常紧迫，而且每一篇文章的篇幅不长，是大师原著中的节选，但是却简明扼要地论述了一个重要问题，可谓深入浅出。如何能够在这么短的篇幅中将大师在原作中完整的思想表现出来，译者尽管深入地考证英文原著，但还是感到了要传神地表达大师的思想难度很大，译者颇有如履薄冰之感。因为这本书涉及的材料非常广，而且很多书的引进和出版都是几十年前的事了，有些书后来没有再版，所以译者为了查阅学习各种资料，就着水和饼干在国家图书馆中度过了很多个冬日，但是，译者自己感觉非常充实，因为这是和大师的思想在对话，没有什么能比这更美妙的了，而且译者觉得自己做了一件有意义的事，即把大师的很多思想精华收集到了一起。译者在翻译的过程中，也感觉自己像大师说的"升华"的感觉，自身也有了提高。

　　在整个翻译过程中，译者的好友美国作家爱伦·桑德（Ellen Sander）和新加坡高等法院的资深翻译黄燕玲女士给予诸多的帮助。另外，译者也拜读了自己能够找到的所有前辈翻译德鲁克大师的作品，从中得到了很多启示。在此，对译者的两位好友和翻译界前辈一并表示感谢。最后，还要向家人致以最诚挚的敬意，并感谢他们在笔者从事翻译的过程中给予的物质上与精神上的巨大支持。

　　感谢在整个翻译过程中对我们的翻译提出过建议、提供了帮助以及予以鼓励督促的朋友、同学和老师。参与本翻译工作的有蒋旭峰、王珊珊、袁蓉、田敏、于洁、杨静、李小君、胡倩、谢晓霞、时希杰、颜扬、李诺丽、李仕宾、车建国、陈璐、罗力强、于君、王俊、赵浩、朱敏、杨力峰。由于译者水平有限，不当之处在所难免，望广大读者批评指正。

译　者

图书在版编目(CIP)数据

德鲁克日志 /（美）德鲁克（Drucker，P. F.），（美）马恰列洛
（Maciariello，J. A.）著；蒋旭峰等译.—上海：上海译文
出版社，2014.1（2024.8 重印）
（睿文馆）
书名原文：The daily drucker
ISBN 978 - 7 - 5327 - 6401 - 3

Ⅰ. ①德… Ⅱ. ①德…②马…③蒋… Ⅲ. ①德鲁克，
P. F.(1909～2005)－企业管理－通俗读物 Ⅳ.
①F279.712.3 - 49

中国版本图书馆 CIP 数据核字(2013)第 249995 号

Peter F. Drucker
THE DAILY DRUCKER
Copyright © 2004 by Peter F. Drucker
Foreword copyright © 2004 by Jim Collins.
Published by arrangement with HarperBusiness，
an imprint of HarperCollins Publishers.
Simplified Chinese translation in hardcover copyright © 2014
by Shanghai Translation Publishing House.
All RIGHTS RESERVED.

图字：09 - 2005 - 046 号

德鲁克日志

［美］彼得·德鲁克　约瑟夫·马恰列洛　著　蒋旭峰　王珊珊等译
责任编辑/李　洁　装帧设计/张志全工作室

上海译文出版社有限公司出版、发行
网址：www. yiwen. com. cn
201101　上海市闵行区号景路 159 弄 B 座
山东韵杰文化科技有限公司印刷

开本 890×1240　1/32　印张 14.5　插页 6　字数 212,000
2014 年 1 月第 1 版　2024 年 8 月第 7 次印刷
印数：21,001—21,700 册

ISBN 978 - 7 - 5327 - 6401 - 3/F · 209
定价：68.00 元

本书中文简体字专有出版权归本社独家所有，非经本社同意不得连载、摘编或复制
如有质量问题，请与承印厂质量科联系。T：0533 - 8510898